菅波
编著

完美胎教一本通

WAN MEI TAI JIAO YI BEN TONG

搜狐母婴 baobao.sohu.com 独家推荐阅读
ARTTIME 时代出版
时代出版传媒股份有限公司
安徽科学技术出版社

图书在版编目（CIP）数据

完美胎教一本通 / 菅波编著. -- 合肥：安徽科学技术出版社, 2013.4

ISBN 978-7-5337-5999-5

Ⅰ.①完… Ⅱ.①菅… Ⅲ.①胎教—基本知识 Ⅳ.①G61

中国版本图书馆CIP数据核字（2013）第071132号

完美胎教一本通 菅波 编著

出版人：黄和平 选题策划：王晓宁 责任编辑：黄 轩

出版发行：时代出版传媒股份有限公司 http://www.press-mart.com

安徽科学技术出版社 http://www.ahstp.net

（合肥市政务文化新区翡翠路1118号出版传媒广场，邮编：230071）

电话：（0551）63533330

印 制：北京盛兰兄弟印刷装订有限公司 电话（010）61232262

（如发现印装质量问题，影响阅读，请与印刷厂商联系调换）

开本：710×960 1/16 印张：16 字数：140千

版次：2013年5月第1版 2013年5月第1次印刷

ISBN 978-7-5337-5999-5 定价：32.00元

前 言

爱，是这个世界最美好的语言，是最纯真的感情，没有不爱自己孩子的父母。宝宝就是家庭的希望，出生后会得到来自大家庭成员的呵护和周围人的祝福，爸爸妈妈深情的爱更是全心全意地放在小宝宝身上。那么，你知道吗？当小宝宝还在母亲体内的时候，他已经可以用自己的感官来感知从母体传送而来的情感和信息。正是因为胎儿与准妈妈之间存在这样的一种联系，“胎教”——这个名词经过一系列的研究证实后，才出现在了我们面前。

那么，什么是胎教呢？一直以来，医学上将胎教作为“母体的精神卫生”来对待，因此，胎教并没有专门的体系化理论。但是毋庸置疑，胎教是一门科学，而不是无中生有的封建迷信。实际上，胎教的理念就是强调孕妇的心理状态和情绪变化可以影响胎儿的发育，而母体的健康也会对胎儿的发育起到良好的作用。如何通过母体使胎儿获得更好的成长发育空间，就是“胎教”的实质。

对宝宝来说，胎教到底有多重要？在我国古代，当时人们就很注意孕妇的情绪、生活环境对胎儿发育的影响，并且实践证明，胎教不仅对胎儿的生理发育有影响，而且与宝宝今后的智商、情商发育都有着密切的关系，甚至可以说，胎教就是父母对宝宝最初的家教。

著名的胎教案例中斯瑟蒂克夫妇是工人出身，但却是4个智商超过160的儿女的父母。他们一直坚信胎教能对孩子的发育起到决定性的作用，从而建立了斯瑟蒂克胎教法，成为全美国倍受准妈妈追捧的明星父母。

一个又一个的实例证实了胎教的效果以及重要性，但是很多父母并不知道如何科学地进行胎教。因此我们编写了这本书，用最通俗易懂的语言来深入讲解有关科学胎教的相关知识，为准父母提供多种方法以供选择。

本书其实就是为读者解决了一个问题——胎教，即胎教是什么，为什么要胎教以及怎样进行胎教，重点为读者讲述了怎样进行胎教，根据孕期时间顺序为准妈妈介绍了每个时期的胎教方法。本书的内容结构让读者一目了然，对胎教有一个全面而科学的认识，为胎儿的成长发育锦上添花。

看似简单的结构，但面面俱到，本书还为准妈妈准备了现成的“芝宝贝厨房”，让准妈妈尽享美味；还有“芝宝贝孕期札记”，为准妈妈归纳总结了每个时期的注意事项；本书最后的附录中，有适合胎教阅读的诗歌、散文和中华成语故事，极具国学特色，可以帮助胎儿开阔视野；最后，本书为准妈妈推荐了一些具有市场竞争力的孕产婴幼儿营养及家庭教育方面的书籍。

本书并没有局限在狭义的胎教概念，而是将胎教的理念渗透在孕期生活中。我们秉承专一、专注、专心的态度为每一位准父母量身打造一本适合中国父母阅读的胎教宝典，希望能够为您将来出生的宝宝呈递上一份礼物！

祝福您的宝宝健康茁壮地成长！

编　者

目 录

Contents

第一章

胎教也是一种教育

第二章

有胎教经历的宝宝更聪明

第三章

胎教的基础是健康怀孕

第四章

神奇的胎教旅程

附录3

附录4

第一章

胎教也是一种教育

1

理解胎教的含义

胎教的内容包括准妈妈的自我情绪调整和对感官进行良性刺激两方面。从怀孕之日起，每个准妈妈的情绪、对胎儿的喜爱、对新生命到来的渴望、饮食调养等方面，都是胎教的内容。

近年来，人们对于早教的关注程度在不断上升，实际上比起早教更值得关注的是胎教。如果换一个角度去认识胎教，也可以将其认为是早教的一种，即胎教是比早教更早的教育。

胎教的渊源

胎教一词源于我国古代。古人认为，胎儿在母体中能够感受准妈妈情绪、言行的变化，所以准妈妈必须谨守礼仪，给胎儿以良好的影响，这就是胎教。《大戴礼记·保傅》中说："古者胎教，王后腹之七月，而就宴室。"《列女传》中记载太任怀周文王时讲究胎教事例，一直被奉为胎教典范，并在此基础上提出了孕期有关行为、摄养、起居各方面之注意事项。如除烦恼、禁房劳、戒生冷、慎寒温、服药饵、宜静养等节养方法，以达到保证准妈妈身体健康，预防胎儿发育不良，以及防止坠胎、小产、难产等目的。

胎教的含义

一直以来，对胎教有研究的人员都极力坚持胎教是科学的。在近几年的研究中，这一观点同样得到有关专家的认同。

胎教分为广义的胎教和狭义的胎教。

广义胎教也称为间接胎教，指为了促进胎儿生理和心理上的健康发育成长，并确保孕产妇能够顺利地度过孕产期所采取的精神、饮食、环境、劳逸等各方面的保健措施。在这期间，利用一定的方法和手段，通过母体给予胎儿有利于胎儿大脑和神经系统功能尽早成熟的有益活动，进而为出生后的继续教育奠定良好基础。

狭义胎教也称为直接胎教或主动胎教，是根据胎儿各种感觉器官发育成长的实际情况，有针对性地积极主动地给予适当合理的信息刺激，使胎儿建立起条件反射，进而促进其大脑功能、躯体运动功能、感官功能及神经系统功能的成熟。换言之，这种胎教是在胎儿发育成长的各时期，科学地提供视觉、听觉、触觉等方面的刺激，如音乐、对话、拍打、抚摸等，使胎儿大脑神经细胞不断增殖，神经系统和各个器官的功能得到合理的开发和训练。

理解胎教的内涵

胎教的内容包括准妈妈的自我情绪调整和对感官进行良好的刺激两方面。早孕反应带来的身体不适，使很多准妈妈面临身体和心理的双重压力。准妈妈的情绪变化往往影响丈夫的心情和整个家庭的氛围，进而影响胎儿的生长发育。而胎教正是调节准妈妈情绪和家庭氛围，进而调节胎儿情绪的重要手段，其作用是显而易见的。

对准妈妈来说，除了适时调整自己的情绪之外，能够根据胎儿的生长发育状态，对胎儿进行适当的、超前的良性刺激，也是胎教的内容之一。一般而言，怀孕3个月时，胎儿已经具有对外界的触觉，能够感觉到抚摸、摇动等刺激。怎样把握对胎儿进行刺激的尺度，怎样运用正确的刺激方法，也是胎教的一项内容。

胎儿在准妈妈的腹中接受“硬件”和“软件”升级的过程中，如果能够持续接受具有一定积极意义的刺激，那么，将来出生后就能够脱颖而出。

2

胎教是什么

音乐胎教是人们通常认为有效的胎教方法，其实，胎教的种类有很多，各自发挥着不同的作用。

营养胎教是指准妈妈在怀孕的过程中，根据自身的变化和胎儿发育，适时、全面而均衡地补充各种营养素。这种胎教既可以为胎儿提供丰富的营养素，防止胎儿发育不良，又可以通过食疗法缓解孕期的各种不适。

运动胎教是通过各种运动来缓解准妈妈在各个时期的常见不适，如孕吐、腰酸背痛，从而使准妈妈健康、顺利地度过孕期，以愉悦的心情迎接分娩的到来。但要注意的是，进行运动胎教要经过专业医师的指导，掌握运动的方法和强度。一般来讲，进行运动胎教的时间，在傍晚胎动频繁时比较理想，但不要太晚，以免使胎儿过于兴奋。

按摩胎教主要是按摩准妈妈的脚部，可以有效缓解孕吐、腰酸背痛、抽筋、水肿等症状，还可以让胎儿获得愉快的心情。脚部是人体气血淤积的部位，人体的很多部位都可在脚部找到相应的反射区，因此按摩脚部反射区，可以缓解孕期不适。这种胎教方法既可以由准妈妈单独进行，也可以在丈夫的协助下完成。实施按摩胎教前，要咨询医师再进行，同时要注意按摩的力度，不可用力过猛。

心理胎教对胎儿的健康成长起着举足轻重的作用，当胎儿在母体中，最早听到的声音就是准妈妈的心跳和脉搏，而准妈妈的心跳和脉搏与情绪息息相关。胎儿根据准妈妈心跳的频率可以直接感受到准妈妈的喜、怒、哀、乐，特别是当胎儿感受到准妈妈爽朗的笑声和愉快的说话声或歌唱声时，也会相应做出专注和兴奋的反应。

语言胎教是准妈妈和丈夫与胎儿交流的最直接的手段。准妈妈和丈夫用文明、礼貌的语言，有目的地与胎儿进行交流，使胎儿感受最初的语言刺激，就称为语言胎教。语言胎教可促进胎儿语言能力的良好发育，加强母子之间和父子之间的交流。

色彩胎教对宝宝有着潜移默化的影响。准妈妈对色彩的选择，不仅关系准妈妈自身的情绪好与坏，还间接影响着腹中宝宝的健康发育和未来。

音乐胎教对准妈妈和胎儿的智力开发具有特殊的功能，可以向胎儿传递健康的“音符”，陶冶准妈妈自身情趣，使其进入一个宁静的精神状态。

除以上之外，胎教的类型还有：日记胎教、童话胎教、氧气胎教、森林浴胎教、视觉胎教、色彩胎教、阅读胎教等。在下面的各章节内容中，将针对准妈妈各个孕期的特点，具体教授准妈妈怎样科学地进行各种胎教。

3 胎教总动员

一般女性有很多自己认为重要的事情，比如保持良好的个人生活方式、人际关系，还有自己的工作和阅历等。对于准备怀孕的女性而言，为了怀孕而放弃这一切无疑是强人所难。随着怀孕一起到来的诸多变化会让准妈妈感到苦恼，此时她应当与自己的丈夫、双方的亲戚、同事以及整个社会一起努力，使自己从压力当中摆脱出来。

孩子是夫妇二人的结晶，是爷爷奶奶们的宝贝，也是叔叔、婶婶、姑妈这些亲戚们的可爱侄儿或侄女，进一步说还是祖国未来重要的人力资源。因此胎教并不应该是由准妈妈一个人承担的责任，而应该由以上所有的人齐心协力，共同进行。

让丈夫参与到胎教中来

对于准妈妈本身而言，即使自己不多想也会本能地去进行胎教。她会主动要求营养美味的食物，主动不去不安全的场所，主动听美妙的乐曲，在工作的时候受到压力，也能很好地进行自我调节。在心态平和的情况下想起自己以前对不起别人的地方，准妈妈会萌发出一丝歉疚和忏悔。这些都是准妈妈本能做出的胎教反应。

那些意识到胎教重要性的准妈妈，毫无疑问会在怀孕期间尽心尽力地进行胎教。在此基础上，如果胎教的合作伙伴——准爸爸能够给予一臂之力，胎教无疑将会进行得更加有声有色。毕竟从怀孕的那一刻，不，应当说是从怀孕之前开始，胎教就已经注定是妻子和丈夫两人共同的责任了。

近年来，逐渐意识到胎教重要性的准爸爸的人数不断增加，越来越多的准爸爸自发地参与到胎教活动当中。当然，与和胎儿连成一体、共同分享胎教乐趣的准妈妈相比，与胎儿的接触机会少之又少的准爸爸身上的负担着实轻多了。

然而，如果准爸爸知道胎儿能够对外部传入的说话声音产生强烈的、积极的反应，就一定不

会再对胎教采取马马虎虎、敷衍了事的态度了。他一定会常跟孩子说说话，甚至试着给妻子做适当的按摩。其实父亲可以为孩子做的事情有很多，其中最简单的就是陪妻子散步。

除了散步以外，丈夫为了让妻子保持平和的心态所做的一切努力，都会转化为胎教成果。

“准爸爸胎教”中最重要的事情，就是绝不能抱有“胎教主要是妻子的事情，丈夫仅仅起辅助作用”这种想法，胎教的核心是强调妈妈和爸爸二者合一。若要深究二者谁起到更重要的作用，则毫无意义。

与公公婆婆维持和谐的关系相当重要

在胎教的各个环节中，另一个起到重要作用的当属婆婆一家。婆媳关系对女性而言一直是个头疼的问题。因此，为了让儿媳妇心平气和地度过这十个月的孕期，婆婆一家确实应当给予她更多的关怀和照顾，不仅不让身体和神经皆处于敏感期的媳妇进行过多体力劳动或处理大小事务，还应该时刻牢记不说过分的、可能对她造成一定伤害的话。

如果家里有个聪明且健康的孩子出生，又怎么能说这只是媳妇一个人的幸事呢？那时大家都将沉浸在喜添贵孙（女）、喜添贵侄（女）的幸福之中，为了这一刻，大家一起照顾处在怀孕期的准妈妈吧。心里始终想着自己的言行举止都将对小生命一生的健康与幸福产生影响，举手投足皆应三思而后行。

将怀孕的消息公开并寻求上司和同事的理解

如今，有了越来越多的职业女性，我们不得不承认职业女性承受着更多的压力。在极为复杂并且保持高速运转的现代社会当中，准妈妈要想得到特殊的照顾真是难上加难。

在这种情况下，为什么不将自己怀孕的消息公开并寻求上司和同事的理解呢？当然在有些情况下，这种做法可能使自己的工作受到影响，但为了隐瞒事实真相而使胎儿受到不必要的影响，哪个更重要呢？

让我们来听听美国某著名杂志社理事会的一位女职员的故事吧。她在忙忙碌碌的杂志社里工作，曾因压力过大而生下一个有多种并发症的早产儿，在那之后，她为自己的第二次生育选择了一条完全不同的道路。这个女强人向丈夫和身边的人们发出了求助，于是压力随着她的工作量的减少一起得到减轻，她终于有精力去调节自己的运动和饮食了。

这个女强人将过去放在工作上的热情全部放在了胎教上，结果，她生了一个健康的孩子。当然，她是在经历了第一次生育的磨难之后才意识到的，但对于我们而言，谁都应该从这件事上吸取教训：再好的工作也无法与孩子身体的健康相提并论。

大家一起遵守那些怀孕期间的重要事项吧

胎教并不是准妈妈一个人的事情。准妈妈时刻需要身边人的帮助，来共同完成这个任务。可以说我们每个人都是这件事的主人公。我们应该一起为了保护准妈妈和胎儿去遵守各个注意事项，同时尽力缓解他们的压力。大家很快会意识到，保证一个人的幸福，其实是保证家庭、公司、社会乃至整个国家幸福的必经之路。

一直以来有人对“胎教是国家竞争力的基石”这样的说法持怀疑态度，认为把胎教的作用上升到决定国家竞争力这样的高度是不是有点夸张了。但是，胎教确实直接决定了国家的竞争力。国力的基础难道不是公民的素质吗？拥有健康、聪明公民的国家难道还会没有强大的国力吗？

对于现在的准父母来说，未来一家人的幸福此刻就把握在自己手中。因为健康的父母所生下的子女，在未来也将生下健康的下一代。

对于女性来说，在怀孕期间有许多她无法舍弃的：工作、家务……要让准妈妈一个人应付这些压力，实在是勉为其难。

由此可以看出，胎教并不是准妈妈个人的职责，丈夫、亲戚、同事和社会都应该共同参与，共同为准妈妈更为胎儿营造一个良好的健康的环境。

第二章

有胎教经历的宝宝更聪明

1

胎教可以让天才诞生于普通家庭

有些人认为，以前的人没进行过胎教，但也培养出不少人才。实际上，通过仔细研究会发现，很多有成就的人士，自小就接受过胎教，只不过这一过程是他们的父母在有意或无意中完成的。

目前医学界大多数人认为，胎儿已经具有记忆力和感觉能力，并随胎儿的生长发育不断增强。

有这样一项实验：在产科婴儿室内播放母亲的心脏搏动和子宫血流声音的录音，可以使情绪烦躁、不断哭闹的新生儿停止哭泣，进而使其情绪稳定，保持良好的睡眠、进食和体重增加状态。这是因为，胎儿对母体环境非常熟悉和眷恋，即使在出生后也会对这些声音感到亲切和怀念。

国外研究表明，外界所提供的有意识的刺激行为，除了能让胎儿感受到之外，还将长期保留在他的脑海中，并对他出生后的个性、智力、体力等产生深远影响。

正是胎儿拥有了记忆力，才使胎教的作用得以发挥，这就是胎教的依据。因而，父母必须利用好胎儿的记忆力，提前培育健康聪明的孩子。可见，胎教早于孩子出生后所接受的一切教育，是比后天教育更深刻、更自然的教育方式。

有的夫妻生活虽然清苦，但身体健康，彼此拥有很好的爱情基础，妻子受孕时拥有非常和谐的家庭环境。怀孕后，他们对胎儿非常关心，时刻盼望胎儿早日诞生；丈夫在妻子怀孕期间非常勤快、体贴；妻子情绪稳定而良好，处于安静而愉悦的环境之中；饮食可口，用餐环境干净卫生等。这都是胎教，是夫妻双方，甚至是全部家庭成员共同协作的结果，而这些是在无意中完成的，被称为无意胎教。

值得注意的是，无意胎教虽有一定的作用，但其科学性、规范性和实用性都会受到很大限制，因而我们更重视有意胎教。所谓有意胎教，就是自觉而有意识地进行的胎教，具有一定的科学性和很好的效果。本书中就会为广大的准妈妈及其家庭详细介绍有意胎教的相关知识。

2 胎教能够让孩子更健康

我们向准妈妈们提出了如下问题：

“希望能生出什么样的孩子？”

调查结果显示，排在第一位的回答依然是“身心健康的孩子”，将健康作为第一选择的准妈妈占到被调查者的一半以上。紧随其后的是“正直、善良的孩子”“听话的孩子”以及“成绩优秀的孩子”。

看到这一调查结果的人多少会有点惊讶。想想看，曾有多少准妈妈在确认自己怀孕后，学起了多年没碰过的英语。“成绩优秀的孩子”这一选择怎么会屈居第四位呢？调查结果会不会不客观呢？

尽管有些人会这么想，但不可否认，这项调查确实反映了出妈妈们最直接的想法。早期教育、英才教育必须以孩子的身心健康为最大前提。也就是说，“孩子五官端正、手脚健全”始终还是准妈妈们关心的第一件事。

所以说，父母最大的心愿是生出健康的宝宝，除此之外，还有培养最聪明的宝宝这一目标。但不管怎么说，在怀孕期间，怎样使宝宝更加健康地出生是首当其冲的课题。

胎教还能影响胎儿的健康

胎教决定的不仅是孩子出生时的健康状态，还包括孩子一生的强健体质。毕业于英国剑桥大学，现担任美国康奈尔大学受孕及生育研究所所长的彼德·诺德尼尔斯教授认为，决定人一生健康的要素就是胎内的生长环境。母亲与胎儿之间在身体上、激素上、感应上的相互作用，对孩子一生的身体和心理健康都有显著的影响。

所以，和遗传因子相比，子宫内的环境起着更重要的决定作用。彼德教授认为，准妈妈所进行的胎教左右着孩子的健康，那么“健康是一种非人力因素所能及的、由命运所决定的东西”这样的观念也就不攻自破了，此项成果可以称得上是为人类带来的巨大贡献。

准妈妈的健康是胎儿健康的保证

如果我们想追求近乎完美的怀孕计划，就应该接受这样的主张：女性在怀孕以前就将包括子宫在内的、身体的每一个部分都调整到最适合怀孕的黄金状态。因为我们都相信，只有健康的妈妈才能生出健康的宝宝。

孩子的健康决定于宫内环

境。不仅仅是畸形、心脏病、高血压、糖尿病、癌症等这些疾病，其他如身体素质等也多多少少都和子宫环境的好坏有关。保证准妈妈的健康是走向胎儿健康的黄金通道,也可以被称作是国家未来竞争力的重要根基。健康的体魄是母亲能给予子女的最佳礼物。进一步说，孩子的健康将会成为家庭和睦的重要基础。由此，我们再不应该漠然地抱着“胎教，做做看也没什么不好吧”这样肤浅的想法。若想生个健康的孩子并让其幸福地成长，就不能马马虎虎地应付胎教。这不仅关系到孩子一时的健康，而且对其一生都大有益处，如此说来，我们难道不应该再多花一些精力吗?

健康的胎教造就健康的孩子

让我们一起来看看彼德·诺德尼尔斯教授的一项研究吧。

在一年四季温暖如春的美国加利福尼亚州的一个小家庭里，一对普通的中产阶级夫妇生下了他们的第一个儿子詹姆斯。在母亲怀有詹姆斯的那段时间里，家里一直安然无恙，夫妇二人以最为平和的心态度过了怀孕期。顺利出生的詹姆斯在满周岁之前，一直幸福地和父母生活在一起。

然而就在詹姆斯1岁时，不幸降临到这个家庭。詹姆斯的父亲在一场交通事故中变成了残疾人，并且因此失去了工作。难以维持生计的父母带着詹姆斯搬迁到亲戚们居住的匹兹堡市。在那里，詹姆斯的母亲在一家洗衣店里干活，她每天都要搬运沉重的待洗衣物，工作十分辛苦。即使这样，一家还是没能摆脱穷困的处境，只能经常吃一些不新鲜且没有营养的食物。在这样的困顿中，母亲怀孕了，生下了第二个孩子威廉。

大家可以明显发觉詹姆斯和威廉的宫内生长环境的巨大差异。詹姆斯在具有良好气候条件、经济毫无困难、母亲精神愉悦的状况下顺利来到人间，而威廉则是在母亲精神压抑的状况下出生的。

弟弟威廉在40岁的时候出现了高血压的症状，50多岁患上了糖尿病，60多岁的时候就因心肌梗死而死亡。相反，哥哥詹姆斯仍然健康地活着。

尽管是由同一对夫妇所生，成长环境完全相同，两人的健康情况有着天壤之别，由此可知宫内环境对胎儿是多么重要。因此，为了生出真正健康的孩子，应当尽早迈出平安胎教的第一步。

尽管我们拥有数量众多的事例，但詹姆斯和威廉这两个兄弟的情况最能够体现宫内环境的重要性。彼德·诺德尼尔斯教授对宫内环境与胎儿关系的持续研究已经超过了30年，至今仍没有人对研究结果提出任何质疑。

如今不断有人提出主张，这种将早在肚子里就开始看、开始听、开始感觉并有一系列活动的胎儿视为一个生命体的做法，事实上是更为科学的。现在越来越多的人将视线焦点延伸到怀孕期间，甚至在怀孕以前，为准妈妈量身订做的怀孕计划正大受欢迎，这样的计划完全是根据准妈妈的健康状况、起居习惯、运动方式、压力大小而配套制订的，会对将来孩子的健康加分。

3 孩子的IQ和EQ都会得益于胎教

一直以来，人们都很相信遗传的力量，认为孩子的智力或性格一般都是来自于遗传因素。其实不然，人们只看到了事物的一个面，而另一面则是胎教的影响，无论是对孩子将来的IQ还是EQ都会有不可忽视的作用。也是就说，当孩子在妈妈腹中时，这些宝宝们就开始人生的赛跑了。

“IQ是遗传的”这一理论已开始动摇

尽管关于智商有这样那样的说法，父母们还是希望自己的孩子聪明，换句话说就是希望生育一个IQ指数比较高的孩子。尽管大家知道那不是幸福的必要条件，但依然无法抛弃“聪明的人可以较为轻松地生存”这样的观点。那么，要怎样生育聪明的孩子呢？

大部分人都认为孩子的智商是先天的、遗传的。但也有人认识到智商的后天因素、环境因素，从而迫不及待地让自己的孩子接受英才教育。

现在普遍流传着“IQ指数80%来自遗传”的说法。然而随着最新得出的研究结果，这一观点已经慢慢地开始动摇了。

既非遗传，又非后天环境，具有决定性影响力的其实是胎教。

在近期的许多项研究中，最令人信服的莫过于美国匹兹堡大学有关机构的最新研究成果。该成果指出，尽管基因决定人的IQ，但它的作用不会超过48%，人类的智商更多的还决定于子宫内的环境，即“宫内环境是具有决定性作用的”。

看到这样的结果也许会有人产生疑问：是不是对胎教强调的有些过头了。但曾有足足5万个婴儿参与了这项研究相关的实验，研究成果还被登在了全球著名科学杂志《Nature》上，如此一来又增强了该成果的说服力。

胎教可以使孩子拥有更高的EQ指数

研究发现，实施过胎教的婴儿，其突出的特点是：在社会交往中情绪比较稳定，只要在他啼哭时给予安慰，他的哭声马上就会减小，多数会停止哭声，并且追溯声源；吃奶后入睡快，清醒时目光透着聪慧，亮而有神；手的伸张抓握能力强，四肢活动有力，肌力强，能在抚摸肌体后高兴地挥动四肢；扶坐时颈部肌力强，俯卧时可抬头；对音乐明显喜爱，听到音乐便不哭了。

孩子在婴儿期的表现尚且如此，如果日后再拥有良好的教育环境，个个都会成为学习的“天才”。长大后就会成为善于交往、情绪稳定、勇敢而坚强的人。

4

胎教案例：让孩子变成天才的斯瑟蒂克胎教法

美国有一对普通的夫妇生下的孩子竟然都是智商高达160以上的天才，他们所采用的胎教方法很快成为人们的热门话题。根据这对夫妇的名字，此胎教法被称为斯瑟蒂克胎教法，其主要内容是对胎儿说话并通过卡片教授他们文字与数字。斯瑟蒂克胎教法的中心思想是，只要以父母对孩子的爱为基础制订完全的怀孕计划，并积极地将其付诸实践，无论是谁都可以生下聪明伶俐的小孩。

身为机械工人的父亲和平凡的母亲所生下的4个女儿智商都超过了160，这一事件几乎震惊了整个美国。它意味着有某一因素能够超越遗传，对人类的智商起到决定性的作用。

每一个胎儿都是天才

这对夫妇看重的东西就是宫内教育。“孩子在出生前就开始学习了”，虽然每个人都知道这句话，但是究竟应该怎样对胎儿进行教育却是一个不折不扣的难题。但对于这一点，斯瑟蒂克夫人的心中却有着明确的答案。

斯瑟蒂克夫妇一直坚信“每一个胎儿都是天才”，正是在这种观念下他们从怀孕开始的时候起就坚持对胎儿说话，还利用卡片教授胎儿文字和数字。除此以外，他们的胎教方法还包括听音乐和浏览图书，以及将准爸爸和准妈妈的生活趣事用非常自然的语调说给胎儿听。

实际上，这对夫妇对胎教的信念并没有在一开始就达到现在的程度。他们的胎教历程是在丈夫的劝导下开始的，那时斯瑟蒂克夫人对胎教的态度并不像后来那样坚决。然而随着时间的推移，她也逐渐意识到了胎教的必要性，对胎教的热情也自然而然地高涨起来了。

斯瑟蒂克夫人心里十分清楚，不顺应自然而去人为地制造天才是一种徒劳的行为。孩子可以清楚地察觉到父母的声音和情感，也可以分辨出话语的意图。所以这对夫妇告诫人们：准父母的心中不能有一丝急功近利的思想，而应该怀着即将与胎儿相见的喜悦心情进行胎教。

胎教的方法

斯瑟蒂克夫人究竟用了什么方法让4个女儿都聪明伶俐呢？在她的胎教法中有一个不可缺少的要素，这就是所谓的“子宫对话”。子宫对话并不是什么需要高超技术的胎教法，无论东西古今，对准妈妈们来说它都是一种不可或缺的胎教手段。

准妈妈应该以比做任何事都积极的态度来对待与胎儿的谈话，尽管一直以来有着养育小孩的女性“应该把自己变成话匣子”这样的话，但按照胎教的理念，这个时间范围应该扩大到怀孕阶段。在对话的过程中，应该把自己在日常生活中所遇到的事情非常详细地说给胎儿听，争取用语言把自己所接受的五感刺激全部表达出来。

斯瑟蒂克夫人每次怀孕时都会不停地和自己的孩子对话。这些对话的直接目的并不是让孩子进行某种学习，而是要表达自己对孩子的爱意。

在孩子出生以后，她一直坚持用深情的声音呼唤孩子的小名，不仅如此，她还为她们唱歌、讲故事、哄她们玩。

再者就是，斯瑟蒂克夫人在孕期阅读有图画的书籍。我们都知道童话书对胎儿有很大的益处。斯瑟蒂克夫人是一个思想较为朴实的人，但她牢记着要给胎儿朗读印有美丽图画的童话书。插图的线条和色彩鲜明、文字内容丰富的童话书可以把梦想、希望和友情的概念传递给胎儿，使子宫对话的内容范围瞬间变得宽广起来。

同时，斯瑟蒂克夫妇在孕期中，灵活地运用卡片，为胎儿讲解数字、文字和图形等概念。在白色的图纸上用鲜明的颜色写下文字或数字等内容，然后把图纸裁剪成卡片。这是一种简单而实用的方法。接下去可以首先简单地说明符号的样子，然后描述一下联想到的相关画面，最后再直接拿实际生活中的对应事物举例，让胎儿留下深刻的印象。

一切源自心底无限的爱

斯瑟蒂克夫人在胎教之后又对4个女儿实行了早期教育，使姊妹4个都变得极为聪明，并成长为感情丰富且情绪安定的女孩。

除了胎教方法得当这个重要的原因之外，另一个不能不提的根本原因就是伟大的母爱。从斯瑟蒂克胎教法中极为朴实的胎教内容就可以看出，要想和这对夫妇一样持有坚定的信念和积极的行动并不是一件容易的事，斯瑟蒂克夫妇的成功告诉我们，应该让自己的内心对胎儿的爱变为胎教的根源和基础，而不是某一种简单的期望或者目标，只有做到这一点，胎教这棵树才能结出最饱满的果实。

确立怀孕计划

每次说起胎教，人们很容易将其想像成一件从怀孕以后才开始的事情；实际上，胎教的概念十分广泛，它涵盖了精子和卵子相遇时的注意事项，以及怀孕成功以后父母为即将降临的孩子所提供的环境和教育。

斯瑟蒂克夫人也特别看重在怀孕前做好为人父、为人母的心理准备。丈夫和妻子要相敬相爱，随后在确定完整的怀孕计划之后，竭尽全力地创造让健康的精子和卵子相遇的良好条件。

要想让健康的精子和卵子相遇，夫妻两人就必须将精神和身体调整到最佳状态；反之，如果心绪不宁，人的血液就会偏向酸性，这会对胎儿产生不好的影响。

提前做好怀孕计划也很重要。有详细的怀孕计划时，即使不能确定自己是否已经怀孕，也可以在相应的期间里有意识地回避会给胎儿造成危害的行为和言语。

可以说，怀孕计划的制订既是丈夫和妻子各自做好心理准备的过程，也是给胎儿营造安稳的子宫环境的开端。

为胎教做好准备

确定怀孕计划之后就应该开始准备孕期将要用到的胎教用品。首先需要购买的就是能够使人产生联想和希望的色彩鲜艳的图书，虽然怀孕后期才会用到文字卡片和数字卡片，但你可以把它们事先做好并保存起来。最好制成两套，写上从1～10这10个数字的卡片，并在另外几张卡片上画出“+”“—”“=”等数学符号。制作的材料最好选用白色的卡片纸，并将不同的颜色搭配起来在纸上写字，争取达到一目了然的效果。文字卡片的制作要点也与之相类似。

从受孕开始到怀孕第16周

用一句话来说就是“要让准妈妈把自己变成话匣子”，从早上起床直到晚上睡觉把自己的所有想法、行动和感觉通通讲给胎儿听。

这种进行胎谈的习惯可以使准妈妈和准爸爸更清晰地意识到胎儿的存在，并迅速传达父母对胎儿的爱。从怀孕的那一瞬间起，我们就应该把胎儿当作实际存在的对象，在此基础上与胎儿进行积极的交流和对话。

斯瑟蒂克夫人曾回忆说，她在怀孕2个月时就阅读一些画有动物图片的童话书。那些书籍给人带来一种朴素而美好的感觉。

其实，胎儿到底能不能理解书里的内容，甚至他们能不能清楚地听到准妈妈的声音都不重要。重要的是准妈妈能否带着兴趣去阅读，并从中感受到乐趣。在厌倦甚至是反感的状态下阅读毫无用处。

斯瑟蒂克夫人说，胎儿也对童话书有着自己的偏好。他们喜爱那些由原色红、蓝、绿构成的线条，并且色彩鲜明、画面简洁的图书。此外，书中最好不要有太多的文字，文字不要超过整个页面的50%。

准妈妈应该根据自己的喜好为胎儿播放音乐，或是直接哼唱歌给胎儿听。让胎儿倾听音乐可以丰富他们的感性认识能力，并陶冶他们的情操。此时最好选择一些旋律平缓而优美的音乐。

准妈妈和准爸爸可以把胎儿

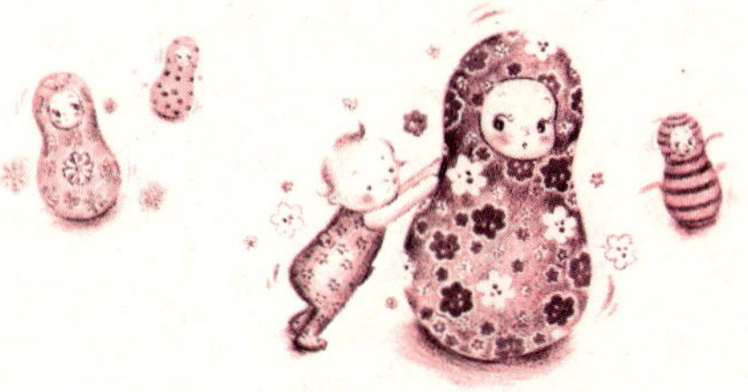

的小名创作到歌词里再唱给胎儿听，也可以把平时喜爱的几首曲子录到一起连续播放，这些做法都将提升胎教的效果。

准爸爸的声音较为低沉，所以比准妈妈的声音更容易让胎儿听到。但一般情况下准爸爸陪在胎儿身边的时间十分有限，所以大多数胎儿对准爸爸的声音并不是特别的熟悉。

因此，为了让孩子熟悉自己的声音，准爸爸应该每天固定拿出一点时间为胎儿阅读。将日常生活中产生的所有想法和感情都说给胎儿听，会明显提高其智力。“硬梆梆的”“软绵绵的”“甜丝丝的”……把这些通过感觉器官接受到的信息直接表达出来，就可以使胎儿很快对其产生认识，并达到使胎儿自身的感觉变得更加灵敏的效果。

从怀孕17周到分娩

5个月以上的胎儿已经在具有了学习的可能。由于其接受能力的提高，谈话内容也就变得更为宽泛了。

怀孕之前制作好的数字卡片终于可以在这时被派上用场了。取出画有数字的卡片并仔细观察每一个卡片的形状和色彩，直到脑海中的印象变得十分鲜明为止。接着对这些数字的外观和它们的作用一一加以说明，用各种各样的方法使胎儿产生相应的认识。

例如，在看到“1”这个数字时，你可以把它描述为“把铅笔竖起来的模样”“跟黄瓜差不多”，然后拿起身边的某一样物体，说出类似于“一本书”这样的短语。一定要在观察对象的同时用清晰的声音把“一”这个单词表达出来。

此外，还可以在提出“把这边的一个苹果和那边的一个苹果加起来，一共是几个苹果呢？”这样的问题之后，认真地看着放在一起的苹果，体会与胎儿一起思考的感觉，然后再说出“两个”的答案。计算完之后还不要忘记做出“你真行！”这样的夸奖和称赞。

斯瑟蒂克夫人一直认为准妈妈和胎儿共同思考的过程能够使胎儿的脑部受到有益的刺激。由此我们可以推想到：准妈妈在进行胎教的过程中，不良情绪会转移到胎儿身上，在这种情况下无论怎样胎教也不会得到任何的效果。

胎儿的记忆能力从怀孕第6个月开始提升，在怀孕第8个月时逐渐稳定下来。在这一时期对其进行文字教育往往可以取得最佳效果。

在此基础上，我们还可以让胎儿接触一些单词，在遇到没有见过的文字时应该正确读出这个字，并用手指写出来。每一个字再组3个词，然后最好能把与每个单词相关的画面也一起描绘出来。

散步对准妈妈来说是一项非常有益的运动。它既可以让人接触到新鲜空气，又可以达到锻炼的效果，甚至还可以给胎儿带来各种各样的体验。

在散步或者逛街时准妈妈可以把周围的风景描述给胎儿。天上的云朵、玩耍的孩子、橱窗里漂亮的衣服和在道路上穿梭的汽车都可以是描述的对象。

准妈妈若能饶有兴致地观察，就可以给胎儿带来感官上和认识上的刺激，从而让其得到丰富的间接体验。

散步时速度过快，或是时间太长很容易带给人疲劳的感觉。因此准妈妈最好能做到闲庭信步。散步的最佳时段是上午10点到下午2点，因为这段时间内宫缩较少，身体状况都比较稳定。

准妈妈可以借助童话书让胎儿了解勇气、情义和友谊这些概念。准妈妈应该通过自己的声音把图画里的各种动植物、风光、陆地和天空展现在胎儿面前。

在阅读过程中，准妈妈可以让自己的脑海中浮现出一幅幅画面，然后将它们活灵活现地转述给胎儿。照片和图片的好处就在于它们可以帮助准妈妈将自己身边难以接触到的东西表达出来。

与胎儿交谈其实并不需要做什么特别的准备，只要用柔和的声音把当天所发生的日常琐事说出来就行了。在与胎儿进行交流时，准爸爸要和准妈妈的腹部距离保持在50厘米左右。

10个月的胎教比出生后的教育更加重要

目前越来越有这样的说法：人类的智力48%靠遗传，52%胎教。现在的很多父母都相信有效的胎教可以生出聪明又健康的孩子，并把此当作进行胎教的核心理由。

各种研究成果都说明了这样的事实是有理论根据的。一直以来，人们都认为“人类智力有80%受到遗传因素的影响”。但最近美国的一个研究小组，通过长期的观察和实验得出了“人类智力只有48%受遗传因素影响，剩余52%与胎内环境有关”的论断。

此外，英国著名生物医学博士诺塔尼茨也指出肥胖症、糖尿病、癌症和心脏病等各种疾病，与胎内环境有关。由此我们可以得出结论，没有任何东西可以取代胎儿时期对人一生的健康所起到的重大的、决定性影响。

我们应当清楚地意识到，一旦错过胎教的好机会就再没有挽回的可能了，毕竟孩子出生以后就不会再回去。由此看来，错过胎教的时机将会成为父母们毕生的遗憾。

但怀孕后才开始胎教并不是十分正确的做法，只有从制订怀孕计划时做出胎教计划才能使胎教获得最真实、最明显的效果。

胎教不能仅仅局限于听听音乐，保持心情愉快，而是要从方方面面来进行胎教。夫妻双方身体健康，准妈妈宫内环境良好，准妈妈的生活环境，周围的与之交往的人，经历的事，准妈妈的心情，为胎教实施的一些方法等这些，都可以说是胎教所包含的。

纵观以上，10个月的胎教对于胎儿来说，确是决定未来人生关键的时期，胎教其实就是教育的开始。

第三章

胎教的基础是健康怀孕

1

有计划地怀孕，孩子会更健康

为了孩子的健康一定要有计划地怀孕。在怀孕计划中应该考虑到准妈妈和胎儿两人的健康。在此过程中的每一个环节都要考虑仔细。

制订受孕计划

年轻的新婚夫妇有时因为性生活没有限制而意外妊娠。没有计划的怀孕虽然也可以说是喜事，但恐怕带来更多的还是烦恼和负担。也许家庭的经济情况还没有到十分宽裕的地步，或者怀孕是在身体欠佳、服用药物或是酒精中毒时发生的，这些都容易导致不理想的结果。

在这种情况下怀孕，准妈妈将会战战兢兢地度过接下来的10个月。这种不安的感觉不仅对母亲有害，对胎儿也同样是有害的。

有计划地怀孕不仅可以有效地防止畸形儿的出生，还会让夫妻二人在所有亲朋的祝福中，愉快地度过每一天。

选择最佳受孕季节

如果有搬家、长期旅行或是留学的打算，就暂时不要怀孕了。因为一般认为每年的4月是不错的生育季节，若想让孩子在这个时候出生，就要在前一年的6～8月怀孕。

呕吐症状严重或在自己母亲怀孕时也曾经常呕吐的准妈妈，应避免在身体敏感的季节里怀孕。一般情况下，孕期呕吐发生在春季和夏季的比较多。

家庭状况也是不得不考虑的因素之一。生育和孩子的教育都需要很大一笔开销，因此在家庭经济情况宽裕的条件下怀孕才是明智的选择。

精子与卵子结合可以决定孩子的一生

夫妻在性生活中所持有心理状态的不同，精子和卵子的相遇状况也会千差万别。因此，在制订受孕计划时，就应当开始接受健康检查并锻炼身体，避免对身体有害的物质和行动，制造健康的精子和卵子。准妈妈和准爸爸只有进行过充分的准备，才能得到最健康的孩子。

精子偏爱较为凉爽的环境。健康的精子是指活动性强的精子。为了让精子能够自由活动，就应该尽量避免到温度过高的场所和环境。有研究结果表明，高温作业、长时间驾驶、长期案前工作的男性，其精子的活动能力会明显下降。

与人体内的其他器官和物质相比，精子适宜在2℃~3℃的环境下生存，这也就是为什么睾丸和阴茎都长在人体外部的原因。男性穿勒得过紧的内裤或者紧贴身体的牛仔裤会对睾丸产生刺激，使生产精子的能力下降，因此应尽可能穿宽松的内裤和外裤。

相反，卵子喜欢的是温暖的环境。所以与睾丸不同，女性的性器官生长在人体的内部。如果想让一个月才排出一次的卵子保持健康的状态，避免压力是非常重要的。保护卵子，其实也就是保证整个身体的健康。

相敬相爱与和谐的夫妻性生活

确定排卵日期以后，应如何孕育出一个小生命呢？和谐的夫妻关系是孩子未来健康的第一条件。首先必须要做到相敬相爱，在醉酒、不安或是有厌恶情绪的状态下过性生活会对胎儿造成不良影响。过性生活时，应该将其他事情全部忘掉，而只把对配偶的爱铭记在心。

另外，还要做到的就是节欲。想得到健康的精子和卵子，就一定要防止性生活过度。只有这样，才能够保证孕育出的小生命是一个健康的精子和一个健康的卵子的结晶。

2 计划怀孕就要有胎教计划

为了生出健康聪明的孩子，夫妇二人在怀孕之前制订周详的计划是相当必要的，如身体准备、思想准备、饮食习惯、生活作息等。

胎教的基础是有计划地怀孕

看到自己的孩子出生，无疑是人一生当中最神奇的经历。而这件事也会带给你同样多的责任感和负担感。能够把各种负担减轻，让怀孕成为一件幸福的事情，无疑就是要有计划地怀孕。

为了生出健康的孩子而事先进行的计划是相当必要的。有许多准妈妈很晚才知道自己怀孕，在这期间又是吃药、又是照X光片，还容易产生不安的情绪。这种情绪不仅对准妈妈自己，对胎儿也会造成不好的影响。

然而，如果有计划地怀孕，就能事先调整自己的身心，最大限度地减少对胎儿有危害的行为的发生概率。事实证明，有计划地怀孕可以使生下畸形儿的概率大大降低。这比保证准妈妈身心愉快地度过怀孕280天、迎接孩子的降临更为重要。

只有准备充足的父亲才能孕育健康的孩子

在制订怀孕计划时，夫妇两人应当制订受孕、生育和育儿计划，并且做孕前检查，将身体调整到最佳状态。只有做到这些，才有可能拥有完全健康的孩子。

尽管传统观念认为胎教只需妻子一个人就可以。但孩子是否健康仍然会受到父亲所做努力的影响，正确的胎教将是从怀孕到生产的每一个环节，都给夫妻二人带来快乐。

我们可以将准爸爸的胎教法分成两大类，也就是“受孕胎教”和“协助胎教”。

受孕胎教就是丈夫在让妻子怀孕时，努力地优化一切条件，在这以前要把自己的身体调整到最好状态，做任何事时都要有孕育杰出下一代的决心。在丈夫身体健康、心旷神怡时孕育，生出身体结实、头脑发达的孩子的可能性相当高。

如果在此之后妻子怀孕，那么丈夫所要做的协助胎教同样重要。丈夫的帮助与照顾会使妻子的心情变得安定，这是任何东西都不可代替的“灵丹妙药”。妻子安定的心情将给胎儿带来好的影响。

夫妇二人一起做身体和精神上的准备

健康的精子和卵子相遇是生下健康婴儿的必需条件。因此，夫妇两人必须在计划怀孕之前的数月就努力地调理身体和心态。精子和卵子是在人体内产生的，它们理所当然地会受到健康状态的影响。

无论在身体上还是在精神上，准父母们都应该保持健康的状态，特别是要戒除烟酒。丈夫最好在妻子怀孕前的6个月开始身体和心理上的准备，戒烟、戒酒自然不必说，连可能对未来孩子产生不良影响的言行都应该多加注意，要时时以感恩的心态迎接每一天的到来。

决定受孕的时机

如果有了想要孩子的念头，夫妇两人就该好好讨论一下到底什么时候要孩子比较合适，最好包括怀孕的时机、育儿计划等所有具体事项，还要仔细盘算一下家里的经济状况。因为怀孕、生育和幼龄教育等将会是一笔不小的开销，而在经济环境较为宽裕的情况下，妻子的精神状态也会比较放松。如果有长期旅行或是搬家的计划，最好推迟怀孕。

事先学习胎教方法、怀孕和生育的相关知识

妻子怀孕可能是夫妻生活的一个转折点，怀孕的那一刻让他们开始了一种崭新的生活。孩子的出生对他们而言是巨大的幸福，同时也是沉甸甸的责任。因此我们不应当无知地迎接孩子的到来，而应该先将该学会的全部学会，减轻一切可能出现的负担。

读一读关于怀孕知识、生育知识和胎教方法的书籍，常去社区中心、医院和幼教中心听一听相关的讲座，或者通过互联网阅读别人的育儿日记、生产日记和胎教经验谈……这些对你都会有所帮助。

如果能为将要到来的孩子提前进行学习，准父母们就能体会到胎教的极其重要性、胎教可以以什么方式进行，以及怎样做好生产准备。夫妻一起学习还能加深两人之间的感情，这种情感将自然而然地延续到即将出生的孩子身上。

压力会严重影响精子和卵子的健康与活力

万病的根源都是压力。尽管我们说压力在某种程度上是动力，但如果压力过大就很容易成为致病的诱因。承受各种压力的同时身心会变得非常虚弱，患上疾病的概率则会大幅提升，随之体内内分泌逐渐失调，正常排卵受到影响，受孕也就可能因此遇到障碍。

我们应当记住，胎教的根本是让母亲保持安定的心态，从而改善宫内环境，受孕胎教也是如此，也是让妻子的内心达到安定的状态。实际上，如果内心有所不安或是受到了压力，人的体液和血液就会变得更具有酸性，这一变化就有可能妨碍精子和卵子的正常接触。

夫妇二人经常一起度过美好时光

有人说爱情需要表达出来才会更加美好，那么丈夫和妻子就应该常常表达彼此之间的爱意，这样一来夫妻之间的矛盾也就自然减少了。

生活在一切都忙碌运转的时代，夫妻两人共度的时光少之又少。受孕胎教的真谛就是让夫妻双方的身心达到良好的状态，然后孕育生命，两人一起度过的美好时光越多，他们之间的爱情就会越加深笃。

夫妻有共同关心的话题是一件再好不过的事情。养几盆花草，读相同的书籍并进行谈论，或者共同旅行、欣赏音乐……这些都是值得采用的方法。

怀孕前3个月要停止避孕

如果要怀孕，自然要停止避孕。那么究竟应该在什么时候停止，又应该在什么时候怀孕呢？应该在停止服用药物3个月以后再怀孕。虽然在刚停止服用药物就怀孕，不至于生出畸形儿，但为了最大限度减轻不良反应，我们还是应当留下足够的时间。

做孕前检查

怀孕之前应和丈夫一起去做孕前检查，确定夫妻两人是否有会对胎儿产生不良影响的疾病。

我们都有可能患有自己不知道的疾病，因此在接受这些检查之后，如果患有某些疾病，应治愈后再怀孕。

戒烟戒酒

在制订怀孕计划之后，最应该做的第一件事情就是戒除烟酒。烟和酒对身体有害已是人尽皆知。吸烟的男性精子活动能力低，精子数量较少。如果丈夫完全戒除较为困难，为了将要诞生的下一代，起码应该在妻子怀孕期前后尽量减少吸烟的数量和次数。

当心药物

有很多父母担心自己服用的药物会导致畸形儿的出生，实际上怀孕0～4周，准妈妈很难意识到自己怀孕的事实，于是误服药物导致流产的事情偶有发生。而有计划怀孕的最大好处就是能消除由此带来的不安全感。由于怀孕是在计划内，所以就能做到对药物有所防范。

维持标准的体重

有许多人为自己体重的增加而感到烦恼，过度的节食对身体同样有害。体重过重或是过轻都会降低受孕的概率。即使受孕成功，不正常的体重依旧会给生育造成不良的影响。超重时可能诱发妊娠期高血压综合征、糖尿病等，还会对关节造成损伤，体重过轻则会减缓胎儿的生长发育，造成低体重儿出生的可能。

营养膳食要均衡

无论对谁而言，以自己的健康为标准选择摄取营养都是相当重要的。不过如果打算怀孕，就需要多花一些心思，只有这样，才能为怀孕初期向胎儿提供充分的营养打下坚实的基础。

不要总吃营养不充分的面粉制品和甜食，也尽量不要吃方便食品。一个人在家吃，方便面和罐头省时省事，但为了自己的身体健康还是要尽量不吃。另外，不要吃生肉或是半熟的鸡蛋。

受孕前3个月起不要服营养药物

如果正在服用营养药物，那么请仔细阅读相关的说明书，查看其对发育中的胎儿会产生什么样的影响。不听取专家的建议而服用大量的维生素、矿物质反而会对身体造成不良影响。

有的研究结果表明，服用过量的维生素A会导致畸形儿出生。如果计划怀孕，则应该提前3个月停止服用营养药物。取而代之的是均衡摄入含有各种营养的食物，防止出现营养不足的情况。

叶酸必不可少

要在受孕前3个月至孕后3个月服用叶酸。每天服用叶酸0.4毫克，可以预防神经管畸形。在先天畸形中有一种是脊椎裂症，这种疾病在怀孕的最初几周就可能发生。专家们认为，在脊椎裂症的病例中至少有75%可以通过提前服用叶酸来预防。含叶酸丰富的食物包括芦笋、鳄梨、香蕉、豆类、西兰花、蛋黄、豌豆、肝、菠菜、草莓和酸奶。

生活作息要有规律

只有健康的身体，才会有健康的精子和卵子，没有什么比有规律的生活对此更重要了。坚持不懈地进行游泳、骑自行车、散步、慢跑等运动，一日三餐顿顿不落，保证充足的睡眠，缓解疲劳，这样有规律的生活与服用补药相比，应该算是最好的保养方式。

记录月经周期，正确计算排卵期

有怀孕计划的女性一定要会计算自己的排卵期，而这个排卵期又和自身的月经周期是密切相关的。如果月经周期不稳定，不仅很难算出排卵期，而且还有可能是健康发出了红色信号。因此，记录月经周期对怀孕很重要。

自然周期法适用于月经周期很准确的人。来月经的14天前是排卵期，排卵期前后的1周为可妊期。

基础体温测量法是仅次于自然周期法的一种计算排卵期的有效方法。女性的体温从月经开始到排卵的时候是低温期，排卵后会变为高温期，所以低温期与高温期临界的日子就是排卵期。最好使用女性专用体温计有利于测量微妙的体温变化。以测量出的排卵期为基准，前5日至后2日就是可怀孕期。

排卵痛是女性在卵子从卵巢里排出的瞬间，会感觉到剧烈的疼痛。记录排卵时在小腹部感觉到的微微的疼痛，感觉到排卵痛的日子为排卵期。但是绝大多数女性是感觉不到这种疼痛的，所以这种方法只适用于一部分女性。

黏液观察法是指子宫颈分泌的黏液从清澈润滑变得越来越黏稠，当黏性最强时就是排卵期。

让周边环境变得舒适

明亮的色彩会使人的心情变得明朗。明亮而温馨的色彩装饰居室，暖色调衣服，墙壁挂上幅画，再配上音乐，这一切都会使人的情绪变得安定。经常给居室通风，保证屋内空气新鲜也是十分必要的。如果准妈妈的生活能够过得舒适愉快，同样会给将来出生的孩子带来好的影响，这一点是毋庸置疑的。

3 身体健康，顺利怀孕

在计划怀孕前一定要进行身体检查，这作为胎教的一种手段，对于孕育健康的下一代是非常必要的。身体检查是对准妈妈自己负责，更是对将来出生的孩子负责。因此，如果计划怀孕，那么一定要做孕前检查，只有准妈妈身体健康了，才能顺利怀孕，才能给胎儿一个健康的身体。

孕前在医院体检

TORCH检查

检查项目包括风疹病毒、弓形虫、巨细胞病毒、单纯疱疹病毒体。正常为阴性，如阳性，则应在产科医生指导下妊娠。

如果准妈妈患上了风疹，本人虽然仅仅出现类似感冒的轻微症状，但会给胎儿带来致命的影响。在受孕前3个月感染风疹很容易导致流产。即使没有流产，50%～75%被感染的准妈妈也会生下死婴或有严重畸形的婴儿。

在受孕前进行风疹抗体检查之后，如果结果是阴性就要进行预防接种，接种之后至少3个月后再怀孕。

血型检查

分娩可能导致大量出血，这时弄清楚准妈妈的血型是相当必要的。另外，如果准爸爸是A型、B型或AB型，准妈妈是O型，生出的小宝宝有“ABO”溶血的可能性。如果准妈妈为Rh阴性血型，既往有胎婴儿Rh溶血史者，在生产前要预备好Rh阴性的血液，以备新生儿发生Rh溶血症换血治疗时用。

准妈妈患有梅毒时，毒菌会进入胎盘造成胎儿先天性感染。胎儿感染上梅毒菌之后，肺、肝、脾、胰腺都会受到影响。胎盘也会发生变化。这样的变化会对胎儿的健康产生严重的影响，想了解是否感染梅毒就得做血清检查。除了在怀孕初期进行一次检查之外，危险系数较高的准妈妈在怀孕后期还应当增加一次本项检查。

在患有梅毒的情况下可以用青霉素进行治疗。在怀孕前18周进行治疗就可以预防胎儿感染，如果超过18周，就需要准妈妈和胎儿一起接受治疗。

HIV检查

新生儿因父亲或母亲是艾滋患者而直接感染病毒的平均概率是25%。所以，在已经得知自己感染艾滋病的情况下就不应当生育。如果从怀孕第8个月开始服用防止母婴感染的药物，病毒传染给胎儿的可能性将会降低到6%～8%。

尽管对于大多数正常准妈妈而言感染艾滋病的概率很低，但仍应该具有防范的意识，在事先进行艾滋病检查之后，以健康的身体状态迎接怀孕。

贫血检查

患有贫血症的准妈妈将无法给胎儿提供充足的氧分和营养。胎儿是从母亲的血液中获取必需物质。若母体贫血，那么胎儿就无法获得充足的氧分和营养。育龄女性很容易因为贫血而在怀孕过程中变得非常脆弱。

准妈妈贫血可能导致早产、难产，生出低体重婴儿，引起婴儿发育迟缓；严重的还会导致新生儿死亡。所以说准妈妈的营养状况是新生儿的健康基础，这句话一点都不夸张。希望所有已婚女性都在怀孕之前进行检查，发现问题要及时接受相关的治疗。

肝炎检查

如果准妈妈患有肝炎，经过产道出生的孩子就有可能染上肝炎。肝炎也是一种被感染者自己可能都毫不知情的疾病，所以，如果不接受肝功能检查，就无法确认是否患病。

在计划怀孕以后，先进行肝炎病毒接种，在产生抗体之后再怀孕是最安全的。如果第一次检查结果皆为阴性，就需要通过3次肝炎疫苗接种而获得抗体。而如果在体内检查出有抗原，就要通过几个不同种类的检查确定其活动性如何。诊断为肝炎处于活动期，就必须在怀孕前进行彻底的休息。

如果准妈妈是肝炎病毒携带者，孩子一生下来就必须接种免疫球蛋白和肝炎疫苗。

尿常规检查

这是为诊断是否患有膀胱炎、尿道炎、肾盂炎而做的必要检查。如果蛋白质呈阳性，则有患妊娠高血压、糖尿病的可能，所以怀孕前要做尿常规检查。

卵巢与子宫检查

卵细胞是由卵巢内卵泡分泌排出的，卵巢就像妈妈体内的一座“小花园”。只有这“花园”及其周围的环境很好，孕育生命的“种子”才能茁壮成长。因此，孕前不能忽视卵巢的健康情况。

利用超声波可检查出卵巢和子宫是否存在异常情况，其中包括卵巢内是否有肿瘤、是否畸形。针对具体情况，能够有利于健康怀孕。

弓形虫检查

最近有越来越多的人喜好饲养宠物。如果家里养了宠物如猫、鸟，就最好去做一做检查。如弓形虫主要是通过猫类而使胎儿受到感染的。尽管感染的时候不会有任何症状，被感染者可以像平时一样正常生活，但其后遗症会相当严重。

如果准妈妈感染了弓形虫病，就有可能导致流产、早产、胎死宫内等。还有可能造成胎儿的中枢神经先天缺陷，如脑积水、小脑畸形、脉络膜视网膜炎等。

衣原体检查

沙眼衣原体是一种细胞内微生物，传染方式以性接触为主，其次是手、眼以及患者的污染，及其衣物、器皿等媒介物间接传染。它是引发子宫内膜炎和输卵管炎症从而导致不孕的原因，还会导致流产、早产、死产等各种危险情况的发生。早检查早发现，治愈后可生育。

4 了解受孕，喜迎小生命的来临

怀孕是怎样实现的呢？它是通过精子和卵子的相遇而得以实现的，我们只有清楚地了解受孕过程才能体会到受孕胎教的重要性。从受孕的那一刹那，一个小生命就已诞生，一段神圣的旅程就此开始。

生命之种——精子和卵子

我们的身体是由数十亿个细胞构成的，而在新生命诞生的过程中起着重要作用的，只有精子和卵子这两种细胞。被分配到男性和女性体内的这两种细胞，一般通过性关系得以相遇。一个精子与一个卵子结合形成了受精卵，受精卵在着床以后不断地吸取营养成分并快速地成长，在约280天之后就变成迫切希望见到爸爸妈妈而来到这个世界上的婴儿了。

女性出生之时体内就带有卵子

女性是携带着卵子来到这个世界的。但那些最初携带的仅仅是处于原始状态的卵母细胞，它们直到进入青春期以后才会变成成熟的卵子。在5个月大小的女性胎儿的身体内，可以找到约700多万个卵母细胞。而到了青春期，这个数量将削减到20万～50万个。

当卵巢开始排出成熟卵子的时候，女性就自然获得了怀孕的能力。卵子是体积最大的人类细胞，是一种不透明的、无色的液体。从卵巢里突破而出的卵子会移动到输卵管里，并在那里等着与精子相遇。

卵子到达输卵管以后，会等待精子12～24小时。由于卵子的生命只有短短的一天时间，因此如果在此期间不能遇到精子就会自动死亡。随即发生月经。

男性要在进入青春期以后才能够产生精子

与女性出生时即带有卵子相反，男性直到进入青春期之后才获得产生精子的能力。精子是在睾丸里产生的，这个过程不断进行，并且一直持续到老年时期才会停止下来。形状有如蝌蚪一般的精子一刻不停地摇晃着自己的尾巴，它们为了与卵子结合而踏上各自前进的道路。精子是体积最小的人类细胞，肉眼无法辨认。

精液作为精子的生存环境，时时刻刻都起着为精子供给养料以及运送精子的作用。与精液一起进入女性体内的精子可以存活3～4天。

精子与卵子结合

在发生受精之前，精子为了寻找卵子而不得不踏上漫长的旅程。一次射精会带来数千万甚至2亿个精子，之后能够进入输卵管的只有不到100个，而它们当中只有最幸运的精子才能最终与卵子相遇。精子要想和卵子相见，就一定得经历相当“残酷”的竞争过程。

受精是在输卵管里发生的，受精卵会缓缓移动，寻找能够让它生存280天的舒适环境。子宫就是这样的舒适环境，于是受精卵在子宫内汲取养分并开始发生变化，在急速成长并完成细胞分裂之后，受精卵会着床。

怀孕征兆

不来月经了。每个月都很规律的月经如果没有如期而至，就应该考虑是不是怀孕了。另外，体重变化、精神压力、疲劳和内分泌问题等因素也会导致月经变化。

但即使是在怀孕的情况下，也有把偶然的出血现象误当作月经的可能。比如在受精卵着床时，往往会有少量程度的出血。这种现象会在2～3天之后消失。如果持续发生出血的现象，就有流产的危险，要立即去医院进行检查。

总有恶心的感觉。尽管在严重的时候有的准妈妈会呕吐不止，但一般情况下仅仅是有恶心的感觉。孕吐大多是在空腹时发生的，由于个体差异，有的准妈妈孕吐严重必须住院治疗。曾经非常喜爱的香水味某一天却突然不喜欢了，一向很适合胃口的食物反而引起不适和呕吐，这些往往都属于孕吐的症状。

乳房胀大。怀孕会使乳房发生变化。胸部会胀大而敏感，乳头的颜色会加深。这是由于黄体激素导致的。

全身上下没有一丝力气。有些准妈妈会感觉像感冒发热一样四肢无力，恨不得想一直躺着不起来。体质较敏感的人会从怀孕1个月的时候开始有这种感觉。此外，一些准妈妈容易在用餐之后不久就开始犯困，工作时也会很快疲劳，往往在晚上没有精神，总是想早睡觉。

尿频。很多准妈妈会不断地进出洗手间，这是因为血液集中在骨盆周围，对膀胱造成了一定刺激而导致了尿频的发生。尽管膀胱里仅仅存有非常少量的尿液，但由于受到刺激，所以就自然地产生了非常强烈的尿意。

口味发生变化。当体内激素增加之后，会与准妈妈口中唾液里的一些成分发生化学反应，导致准妈妈的口味发生变化。假如你以前不喜欢吃肉，现在却成了汉堡包的忠实拥护者；或者原来一直对方便面和比萨饼持反对态度，如今总是想吃这些食物，如果这样，那么，你真得好好想一想：自己是不是怀孕了。

怀孕以后，母体内的营养被快速地吸收。受精卵在开始着床的时候，直径大小不过是0.25毫米，所以要想让它成长为具有人类外形的个体就必须提供大量的营养。于是胎儿就好像海绵吸水一样，从母体内开始快速地吸收养分，各个身体器官逐渐形成并且发育。

推算预产期

如果你打算怀孕，可以将每个月月经开始的日子记录下来。因为无论确认是否怀孕，还是推算预产日期，这些记录都是相当必要的。当每个月都如期而至的月经突然停止的时候，就有可能怀孕了。

想做怀孕测试既可以就近去药店购买早孕试纸，也可以到医院的妇科进行检查。在此提醒一下，那些早孕试纸都是一次性的。

确认怀孕以后，准妈妈就想知道孩子在哪一天出生。推算预产期的方法大致可以分为3种。只要知道最后一次来月经的日期，就可以通过简单的计算而进行推测。

①最后一次月经计算法：将最后一次月经来潮的月份减掉3（不足者加上9）或月份直接加9也可，日数加上7，即为预产期。例如：最后一次月经为3月5日开始，预产期则为当年12月12日。

②以受精日计算：若知道受精日，从这天开始经过38周（266天）即为预产期。使用基础体温者知道排卵日，则可计算出受精日。这比从最后一次月经开始日计算预产期的方法更精确。

③由子宫大小推定：根据子宫底的高度测定怀孕周数

④超声波（B超）检测法：对于最后一次月经开始日不确定的人而言，这是较准确的方法。由于可计算出胎囊大小与胎儿头至臀部的长度，以及胎头两侧顶骨间径数值，据此值即可推算出怀孕周数与预产期。怀孕4～7周时可以测量胎囊的直径，8～11周时可以测量头顶到臀部的距离，12周以上则可以测量从正上方观测到的头部边长，身体周长和大

腿骨的长度。通过以上这些方法都可以算出怀孕的周数。到了11周、12周的时候就可以测听到胎儿心脏搏动的声音，将此作为一个依据，再参考B超的检测结果，就可以算出更加准确的预产期了。

其中最后一次月经计算法计算预产期的方法是最常用的。

5 “怀孕”之前的胎教

之所以说“怀孕”之前的胎教，一是因为胎教并不是在怀孕之后才进行的，而应该从制订怀孕计划的时候就开始，这就是受孕胎教。为了生下健康、聪明的孩子，在怀孕之前，夫妇两人做出周详的计划是必不可少。夫妇两人应当一起确定怀孕的日期，在接受健康检查的同时，积极锻炼身体，并采取营养均衡的饮食方案，为胎儿的到来做好充分的准备。同时，准父母二人也要修生养性，让自己生活在一个健康愉快的环境中，这样，将来出生的宝宝会更加健康聪明。

真正的胎教并非是从怀孕后才开始的，而应该推算到怀孕之前。在怀孕之前，夫妻两人在身体和心理上所做的准备，才是胎教真正的开端。

真正的胎教是从怀孕之前开始的。孩子的智商是和胎教息息相关的，而孩子的性格也同样取决于父母怎样进行胎教。因此，如果想得到性格好且健康的孩子，就一定要在胎教上多下工夫才行。

如果用一句话来概括胎教，就是为了胎儿能够拥有好的环境而付出的努力和爱。所谓好的环境，就是指能够让胎儿平安度过10个月的宫内环境。如果母亲能够安心地、愉快地度过怀孕期，那么宫内环境就会在孕期里越变越好，也会给胎儿带来最好的影响。

同时，要想拥有一个良好的宫内环境，必定要让准妈妈置身于一个良好的生活环境中。一个人只有身心愉悦了，身体才能达到最佳状态。还有就是，有一个良好的周围环境，也会间接地促进胎儿健康成长。比如，如果准妈妈是个急躁的人，遇事总是大发雷霆，再比如，准妈妈周围的人不顾及到准妈妈怀孕的事实，也总吵吵闹闹的，那么对于准妈妈来说，这样的影响是不好的。所以，准妈妈一定要让自己置身于和谐的环境中，否则对胎儿的成长不利。

从一个侧面说，准妈妈在怀孕期间的休养素质也会影响到胎儿。所以，如果原先不太注意这些方面，一旦要准备怀孕，就一定要做一个温和的人，同样，也要结交一些温和的朋友，这样，就会给自己营造一个良好的怀孕氛围，对胎儿的发育会有良好的刺激。

第四章

神奇的胎教旅程

1

孕1月的胎儿和准妈妈

孕1月

在孕1月里，实际上，绝大多数准妈妈都不知道自己怀孕了。这一个月里，对于准妈妈来说，没有很明显的变化，但没有变化不等于没有怀孕，作为准妈妈，还是要了解这一个月里，胎儿是怎样形成的。这一个月准妈妈是不知道自己怀孕的，即便是怀孕了，胎儿此时也只是胎囊，因此，这个月中的胎教实际上是为有怀孕计划的准妈妈准备的。也就是说，只要有怀孕计划，那么下面介绍的这些胎教就可以从计划怀孕开始可以实施了。

胎儿的生长

最后一次月经开始的那一周就是怀孕的第一周，子宫内膜脱落形成月经之后，体内的激素会促使又一次排卵。到了第2周，子宫内膜逐渐变厚，开始真正地为排卵做好准备。排卵时有的女性会感到疼痛。到了第3周，精子与卵子在输卵管里相遇，并完成了受精与着床的过程。受精的卵子被称为受精卵，受精卵在输卵管里移动并最终进入子宫内部，接着就开始发生细胞分裂。此刻即是怀孕的开端。这一时期在子宫内生长的所谓胚胎实质上不过是一个细胞群，体积非常微小，然而它却以飞快的速度增殖并成长。怀孕的第4周，微小的受精卵在子宫内部找到自己的位置并固定下来之后，就完成了向胚囊的转变。当它到达子宫的时候，受精卵分裂成两部分，一个黏附在子宫壁上形成了胎盘，余下的一个就变成了胎儿。进行B超检查可以观察到胎儿所生存的初始场所——胎囊。到了第4周末的时候，月经就停止了，由此可以明显感觉到身体发生了变化。

• 准妈妈的变化 •

而对于准妈妈来说，月经停止、恶心、疲劳以及尿频等，这些都是怀孕的征兆，然而由于此时还没有怀孕，所以还不会出现以上征兆。就算出现消化不良、疲劳等情况，也是怀孕以外的原因导致的。但是，如果在这一时期就了解怀孕的征兆，就能够为怀孕做积极的准备，也容易计算出预产期。虽然没有什么太大的变化，女性有时还是可以通过阴道分泌物的增多或轻微的疼痛意识到排卵。由于还没有经过一个月经周期，对自己怀孕的事情可能依旧无所觉察。当然这一时期还未出现乳房胀大和孕吐等现象。

着床的过程可能引起出血，在5名准妈妈中往往会有1名在怀孕初期发生流血的情况，此时即使流出的血液并非呈现出红色而是灰黑色，也不必惊慌。

即使由于月经的停止，女性往往恍然得知自己怀孕的事实。尽管维持妊娠过程的黄体激素开始分泌，但还不会使准妈妈发生体重或外表的变化。

芝宝贝孕期札记

在孕1月，实际上没有太明显的怀孕症状，所以，绝大多数的注意事项是对于有怀孕计划的女性而言，因为只有计划地怀孕孩子才会更健康。因此，只要有孕育宝宝的计划，不仅在这一个月里，甚至可以提前几个月都可以做这些准备，这样，受孕的概率会很大。

在营养方面，要摄取充分的营养。对于即将怀孕的女性而言，应该时刻注意摄取最合理的营养。这时应当更多地选择新鲜的食物，少食用加工后的食品。此外，还要避开含有酒精的食物，坚持进行适当的运动并及时休息。

准备怀孕就要提前3个月开始摄取叶酸，并持续到孕期的前3个月，以至于到了哺乳期还要补充一定的叶酸。叶酸可以在怀孕初期起到预防贫血并降低畸形儿出生率的作用，因此应当大量食用富含叶酸的水果、豆类、绿色蔬菜和粗粮，并且保证每天都饮用8杯以上的白开水。

这个时期的运动一般没有太大的禁忌，原则是不影响受孕即可。在运动中还应注意将自己的脉搏始终控制在每分钟140次以下，疲劳的时候立即停下来休息。

打算怀孕，就应该在怀孕的初期进行一些基本检查，项目有体重、血压、尿液、血液等。以此来和怀孕后的个项目进行比较，来保证孕期及生产的安全。

补充叶酸 夫妻二人吃蔬菜，如菠菜等绿色蔬菜

爱美之心，人皆有之，但如果要怀孕，一定要避免烫发染发，尤其是在怀孕初期的3个月里应当尽量避免染发和烫发。

一家三口胎教法

根据胎儿的发育状况和准妈妈的身体变化来选择有效的胎教方案，这才是最正确的做法。在脑部发育的时期应该选择什么样的饮食；身体发育需要哪些营养成分；严重呕吐时接受什么样的按摩可以得到缓解；准妈妈的手脚产生水肿时，做哪些伸展运动可以消除；这些都是我们每周胎教的重要内容。

比早教更重要的是早期胎教和准爸爸胎教

胎儿——受精卵会在1周的时间里着床，至此，在到达子宫之前，就不断发生细胞分裂的受精卵，终于在柔软的子宫当中找到自己的位置。着床以后很快就形成了初始形态下的神经管、血管系统、循环系统等组织，并开始向胎儿的心脏供血。这一时期的胎儿被称作胚芽，而把胚芽包裹起来的纤毛组织，即是后来形成胎盘的重要基础。

准妈妈——可能很多准妈妈都没有怀孕的感觉。大部分女性是在发现月经停止之后才开始考虑是否怀孕了，因此这一时期她们多半会毫不知情。也有一些较为敏感的女性可以从疲劳、低热、畏寒等感冒症状中意识到自己怀孕。但如果事先做好了怀孕的计划，此时就能够判断自己是否怀孕并很快加以确认。

准爸爸——准爸爸在早期胎教中的作用可能并不十分明显。但他应当承担起选择何时生育的重要责任。即便是采取了避孕措施，还是应该做好随时可能因避孕失败而怀孕的思想准备。

准妈妈健康的身体是胎教的重要基础

胎教并不是一门生产技术，完全按照时间来划分每个阶段的胎教并不具有严格的意义。无论是按周划分还是以月份为单位，我们所介绍的具体胎教方法在更多意义上还是对准妈妈进行的产前教育，其根本目的就是让准妈妈有一个健康身体，这也是胎教的根本所在。

另外，在胎教过程中培养正确的生活态度是非常重要的。关于这一点，未必非要从聆听柔美的音乐做起。

当然，在孕期常常欣赏美妙的旋律是大有益处的。胎儿在母亲的腹中时时刻刻都发生着变化，只要能够大致掌握其变化规律并施以合适的胎教，毫无疑问将收到事半功倍的效果。

然而，假如看书之后就生搬硬套地认为“这个月可以和胎儿交谈啦”或“下个月最好多听一些优美的音乐”，这无疑是一种错误的想法。

在阅读与怀孕及胎教相关的书籍时，首先应将这本书全部读完，从而了解胎儿和准妈妈的各种变化并充分体会到胎教的正确含义。一旦到了为怀孕做准备的那一天，以前所学的那些胎教方法就可以一一派上用场。因此，学习胎教，就应该从准备怀孕之前抓起。

夫妻感情破裂会使缺陷婴儿的出生概率上升2.5倍

对于胎儿来说，父亲的作用是不可忽视的。据统计，与关系融洽的夫妻相比，如果夫妻间的感情出现裂缝，所生婴儿在精神或肢体上出现残疾的概率会上升2.5倍。胎教并不是准妈妈一个人的事情，每一份责任都应该由夫妻二人共同承担。

有一种说法认为孩子的身体是妈妈的，心灵是爸爸的。从这句话中我们可以看出，在受孕过程中丈夫的心理状态是相当重要的。从受孕开始，一直到准妈妈分娩为止，丈夫一定要做到的事情就是：在妻子需要自己的时候能够及时到达她的身边。

怀孕时期的性生活

怀孕后的1～12周是孕期中最重要的时期。精子和卵子结合之后，未来的胎儿会在子宫中寻找自己的位置，在这个过程中会有流产的可能。这期间要尽量减少性生活的次数并避免插入过深。此外，将手指插入阴道可能导致细菌感染或造成损伤，是极不可取的行为。

到了5个月的时候，怀孕就逐渐进入了平稳阶段。随着呕吐症状的减轻，准妈妈在身体上和心理上都基本适应了怀孕的状态。由于胎盘已经稳稳地固定在它的位置上，因此即使是受到轻微的撞击也不易造成流产。尽管这时进行适当的性生活并无坏处，但有30%～40%的准妈妈都有不想过性生活的念头。她们会直截了当地向丈夫说出这样的想法，并希望得到理解。因此，即使继续进行性生活，丈夫的动作也应该尽量温柔，不要挤压到妻子的腹部。

到了怀孕第8个月的时候，准妈妈的腹部明显突出，并有一定的压迫感。因此在睡觉的时候最好不要采用较为吃力的平躺姿势，而应该采取侧卧姿势，这一时期进行性生活的频率最少是到平时的1/3。

这一时期有许多必须注意的事项。而且，到了第10个月，丈夫就应该多为妻子考虑，尽量不要再提出过性生活的要求。

营养胎教：选择能提高受孕概率的食物

怀孕第1～4周时胚胎只有珠丸一般大小。受精卵周围是一些草根一样柔软细微的绒毛，这些绒毛可以透入到子宫内膜中，为胚胎汲取必要的营养和氧分，所以这一较为原始的时期被称为“胚芽期”。

选择能提高受孕概率的食物

充分摄取维生素A、维生素B族、维生素C、维生素E，多吃富含蛋白质和钙质的食物。糙米、谷物胚芽、麦粒、豆芽、豆腐、豌豆、黑豆等新鲜谷物，蔬菜还有各种水果都是值得选择的食品。在这些食物中，红薯、土豆、柚子、李子、大枣、南瓜、花菜、芹菜和白菜则是最好的选择。准妈妈还应该食用一些锌、铜含量较高的肉类或海产品。

为了进一步保证受精卵顺利着床，可以取20毫升生地的汁液，每天2～3次空腹服用。也可以将浸泡过生地汁液的米熬成粥，具有补血降火的良好效果。另外，将去掉外壳和莲子心的莲子与米饭熬成米粥也具有同样的功效。

苦菜对于受精卵着床也有强化心脏功能并安定情绪的作用。另外，准妈妈宜多吃卵磷脂含量较高的豆类、大酱汤、鸡蛋黄以及动物肝脏等。

摄取优质蛋白和钙质

在这一时期，母体的足厥阴经脉调控着胎儿的生长，并且与肝脏直接相关。所以除了性生活要注意外，准妈妈不得随意服用药物，而应吃一些强化肝脏功能的食品。如荠菜、韭菜、紫李、山梅以及肉枣茶和木瓜茶等。

充分摄取优质蛋白和钙质、维生素以及其他矿物质也是十分必要的。肉类、动物内脏、牛奶、奶酪、鸡蛋黄、鳗鱼和泥鳅等鲜活水产，在此刻都可以摆上我们的餐桌。除此以外，鱼片、牡蛎、豆制品、海藻以及西芹、青椒、白菜等也都是相当适宜的食品。

紫李有助于预防便秘和贫血

维生素B_2又被称作核黄素，缺乏这种营养成分，阴部和口部就容易发生溃烂。牛奶、蛋黄、鳗鱼、紫菜和扁桃都是含有大量维生素B_2的食物。

紫李的益处是不言而喻的，它不仅仅在维生素B_2的含量上大大超过其他水果，就是硫胺、烟酰胺和本多酸的含量也毫不逊色。服用紫李可以有效预防便秘和贫血等症状。

适当服用鱼肝油和蛋黄

胎儿即将形成自己的骨骼，母体正处于随时都可能缺钙的状况下，要多选择含有丰富的钙质和维生素D的食品，如鸡蛋黄、鱼类和鱼肝油。

鱼肝油指的是在明太鱼和鳕鱼的肝脏中蕴藏的不饱和度极高的、金黄色脂肪油。在怀孕期间，准妈妈的体力消耗较大，或是钙严重不足急需补充。准妈妈应该每天服用5克左右的鱼肝油。当准妈妈出现焦躁不安或皮肤变粗糙的现象，服用鱼肝油可以起到良好的改善效果。

准妈妈经验谈

不放调味料，并选择对健康有益的食物

俗话说：母亲腹中的10月胎教比老师的10年教诲更加重要。这么看来，很久以前的古人就已经开始了解到胎教的重要性并付诸实践了。有许多胎教方法随着老人们的口述和书中的记载流传下来，为什么我们不去继承呢？尽管其中存在很多没有科学依据的东西，但只要经过鉴别就依然可以找到大量合理的、可以采用的科学的方案。端正自己的言行和心态可以让你生出健康的孩子，我现在已经完全相信这一点。我在站、坐、躺的时候都极为注意自己的姿态，因为只有这样才能使胎儿端端正正地成长。

我们在每顿饭吃什么上面花了很大的心思，在做菜的时候尽量不放调味料，并只选择对身体有益的食物。我在加餐时一般吃

用黑豆和黑芝麻做成的点心，偶尔还吃可以补充胎儿血气的鲤鱼和鲫鱼。我把重视父亲参与胎教的理论说给丈夫听了以后，他也参与到了胎教当中，不仅戒除了烟酒，还主动承担了许多家务。由于准妈妈不可以激动，所以我一直注意回避会让自己生气的话语、场面和念头。

现在，我有一个漂亮的女儿。她常常看着我的眼睛，咿咿呀呀地说着，别提多可爱了。直到现在我都确信：之所以能生下这么健康的孩子，完全是因为怀孕时遵从正确的胎教方法，端正了自己的言行和心态。

芝宝贝厨房

牡蛎豆腐汤

原料： 牡蛎500克，豆腐300克，葱末10克。

调料： 盐适量，胡椒粉少许。

做法：

- 1. 用盐水将牡蛎洗净，沥干后放入锅中，在开水中氽烫，然后捞起备用。

- 2．将豆腐切丁，与调味料同时放入另一锅开水中。
- 3．待水重新沸腾时，将牡蛎和葱花入锅，即可熄火。

蛤蜊烧芥菜

原料： 芥菜150克，蛤蜊500克，姜丝少许。

调料： 食盐少许，低度白酒5毫升。

做法：

- 1．将蛤蜊干炒至出汤，捞出蛤蜊，并盛出汤汁备用。
- 2．选取芥菜的菜帮部位切成2.5厘米长的细段，放入锅中略加翻炒后加入少量清水，大火焖烧5分钟，捞出备用。
- 3．大火将炒锅烧热，投入姜丝炝出香味，再放食用油、蛤蜊与白酒翻炒，最后注入清水，加盖煮沸。
- 4．开盖放入芥菜，至芥菜熟透后，将炒蛤蜊时所出的汤汁倒入锅中，即可食用。

洋葱炒白菜

原料： 白菜200克，洋葱200克，大葱100克。

调料： 酱油8克，淀粉8克，食盐6克，胡椒粉少许。

做法：

- 1．将白菜、洋葱洗净切碎；并用水将淀粉拌匀。
- 2．将食用油倒入锅中，加热，放入葱花和洋葱，中火翻炒至透明。
- 3．倒入白菜，大火翻炒3～4分钟，撒上盐和胡椒粉。
- 4．将准备好的淀粉水倒在白菜上，翻炒至淀粉熟即可。

运动胎教：放松心情保持愉悦状态

实际上，这一个月中，准妈妈基本都不知道自己怀孕了，所以，这时的运动胎教，主旨还是让要怀孕的女性放松心情并保持一种愉悦的状态，随时迎接新生命的到来。

当然也会有极少数的人会有孕初期的一些征兆和反应，比如总会有疲劳的感觉，甚至有些人的症状表现就像是感冒了，往往是等到后来确认是怀孕了，才想起来。

因此，当感到不适就立即卧床休息是完全没有必要的，准妈妈可以选择进行一些轻松的活动来调整自己的身心。在怀孕的第4周之前，受精卵着床的过程都还没有完全结束，所以这时切不可进行剧烈的运动。做适当的伸展运动和筋骨锻炼可以有效地缓解疲劳的感觉。这个时期，放松的心情，愉快的生活对于要怀孕的女性来说非常重要。

舒展背部

Step1：盘腿而坐，让两手手指在胸前交叉，手掌缓缓朝外，两臂向前推，再一起向上推过头顶。

Step2：将背部伸直，借用两臂的力量尽力向上推。上推的同时吸气，随着两臂的放下再缓缓地吐气。

功效：反复做这一动作可以强化筋骨，解除双肩紧张状态。

转动颈部

Step1：脖子向右边缓缓转动侧视右方，然后变为向左转动并侧视左方。

Step2：向上仰视，再转而向下。

功效：通过从左到右，再从右到左的旋转，可以缓解颈部的僵硬状态，达到松弛肌肉的效果。

深呼吸

Step1：将双手放在腹部两侧，用鼻子深深地吸入一口气，同时向前挺起腹部。

Step2：慢慢地用嘴将气息吐出，并随之收缩腹部。

功效：不仅可以缓解孕吐，还可以使准妈妈的心态变得更加安定。

拉伸肋部

Step1：两腿叉开而立，两臂伸开置于胸部前沿。

Step2：一只手高高举起，另一只手放在下端，在一侧肋部收缩的同时尽可能地拉伸另一侧的肋部。接着换一个方向重复这一动作。

拉伸腿部肌肉

Step1：在一条腿向前迈出的姿势下把前腿伸直，让脚后跟接触到地面。

Step2：后腿弯曲的同时尽量使上半身的头部和腰部保持一条直线。保持15～30秒，注意呼吸均匀。

Step3：为使前腿的膝盖不发生弯曲，可以用手轻轻按住。

功效：增加腿部后半边肌肉韧带的柔韧程度。

准妈妈要注意：伴随着自然的呼吸完成这些动作，每个动作重复8～12次。在做出伸展型的动作后保持15～20秒，以便让筋骨得到彻底的放松。所有的动作都要在向左和向右这两个方向之间切换进行，在更换方向之后要保持原来的力度和幅度。呼吸时用鼻子吸气，用口呼气。怀孕4个月之后，应尽量减少在平躺状态下进行运动。原先平躺时做的动作可以在重复3～5次之后，改为侧卧姿势进行。

按摩胎教：缓解受孕前的紧张

怀孕之后，准妈妈不得随意服用药物这一点是显而易见的。

那么，在整个怀孕期会出现一些不适，有的症状还会随着时间的推移而逐渐加重。这时都可以通过按摩解决问题。怀孕时如果接受按摩，一定要告知自己怀孕的事实，应用拇指或手掌轻轻地进行按摩，以免影响胎儿的生长发育。

白带增多

在肾脏的反射区涌泉穴上用大拇指轻轻地按1～2次。

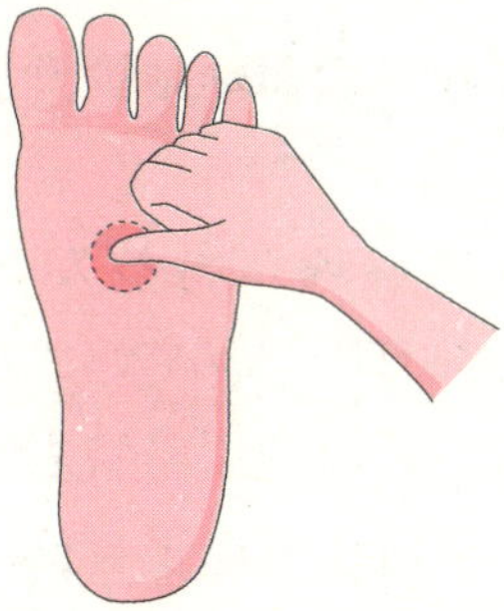

用大拇指在膀胱反射区上下按摩3次。

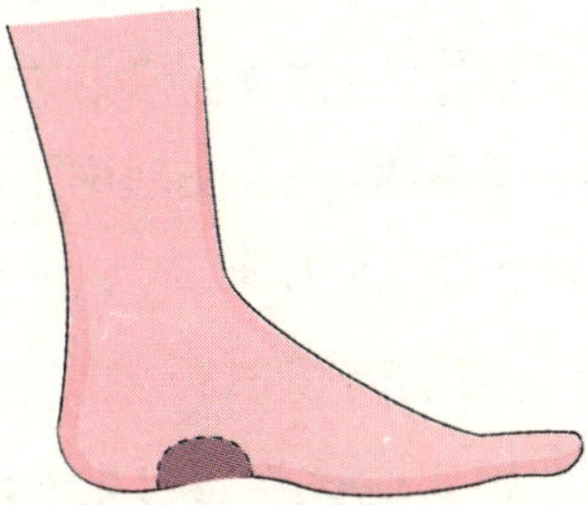

握起拳头在脚后跟底部的生殖腺反射区上轻轻敲击4～5次。

用大拇指按摩位于大脚趾底部的大脑反射区,每次持续4秒钟，共进行4～5次。

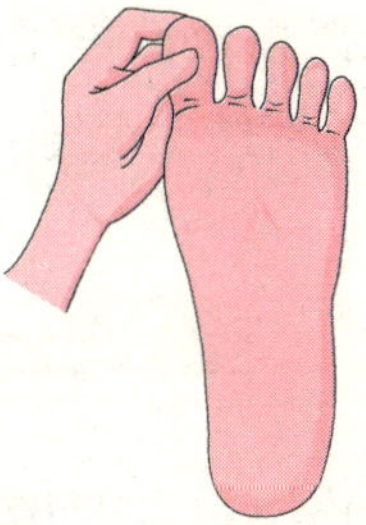

在子宫和卵巢反射区按照逆时针方向画圆。

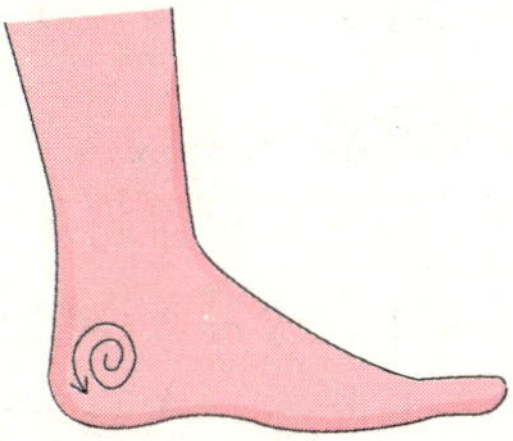

尿频

在肾脏的反射区涌泉穴上用大拇指缓慢地连按4下，再重复3～4次。

在涌泉穴和膀胱反射区之间的输尿管反射区，按照箭头所示方向用大拇指滑动搓摩约9次。

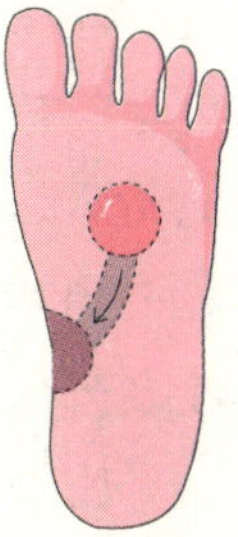

在足部内侧的膀胱反射区，以没有痛感为前提，按3秒钟，重复按3次。

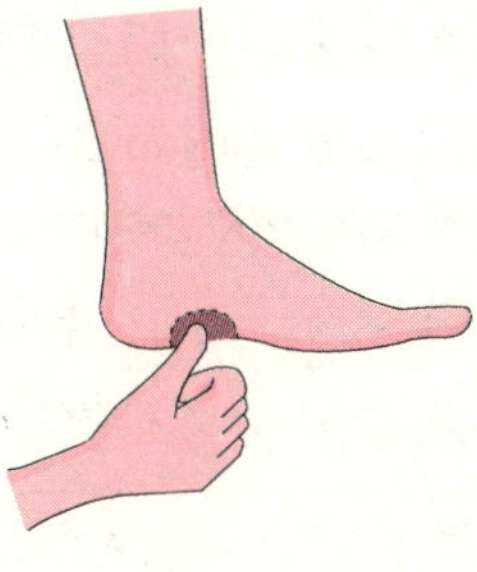

用大拇指轻按位于大脚趾底部的大脑反射区，重复4～5次。

日记胎教：美好记忆的开始

受到体内激素变化的影响，准妈妈在一天内可能时而忧郁，时而感到幸福，感情时刻处于起伏不定的状态。在这种情况下准妈妈最好养成写日记的习惯，写的时候心里可以想着将要出生的孩子，借此来使自己逐渐进入宁静而平和的状态。在写日记时最好能将当天发生的事件以及自己的苦恼、担心、喜悦和感激等情感记录下来，这样做对胎教很有帮助。

写胎教日记已经成为了一种潮流

怀孕期间一边写日记一边让自己的内心变平和的过程就是日记胎教。在孩子出生前写胎教日记，出生后写育儿日记，这是一件多么有意义的事情啊！

如今记录胎儿成长过程并写成胎教日记已经形成了一股潮流。越来越多的准妈妈把胎教日记贴到育儿专题网站上，甚至还有一些热心的女性开始发表“怀孕预备日记”，除此以外，我们偶尔还能看到一些准爸爸们写的相关文章。

怀孕期间，准妈妈往往都会有一种不安的感觉，因此，有必要对自己的内心进行一番探索。而在写日记的时候可以让自己的内心平和下来。写日记其实是为了更好地了解自己，通过这样的过程可以使准妈妈不安的内心渐渐平和下来，并逐步加深对胎儿的爱。与丈夫一起写日记还可以增进夫妻之间的感情。夫妻关系会变得更加亲密，准妈妈也会得到一种情绪上的安慰感，这种安慰感则会自然而然地提升胎教的效果。

当然，现在科技发达，一般家庭都有电脑，准妈妈也会经常上网，可以利用电脑来写孕期日记，有时还可以把自己的孕期日记或照片上传到网上自己的空间、博客或论坛上，这样，既能够得到朋友们的关爱，又能够和大家分享怀孕的奇妙感觉，甚至孕期的一些困惑一经发到网上，会得到许多朋友的帮助。

将消极想法转化成积极想法

准妈妈应该将自己的真实想法坦率地写进日记当中，同时我们也要注意到，在怀孕期间，准妈妈的感受并不仅仅是舒适和幸福。

对于即将成为母亲的事实感到不安，担心自己生下畸形儿，担心怀孕之后夫妻关系疏远，这些都是准妈妈在怀孕过程中很容易遇到的问题。对此，准妈妈首先应该做到坦率地面对它们。一边写日记一边思考，然后让自己的想法逐渐向积极和肯定的方向转变。因为如果准妈妈整天愁眉苦脸、焦躁不安，子宫环境也会跟着越变越差，并最终对胎儿造成不好的影响。

购买自己喜爱的日记本

写日记并不像说话那么简单，怀孕之后即使意识到了有写日记的必要，也未必知道该写些什么。有的时候甚至会觉得这是一件比以前写作业还要困难的事情。

一切胎教方法的根本都是让准妈妈内心变得更加愉快，写日记也是一样。记录孩子的成长过程并用爱心去进行写作，这就是它的根本所在。

准妈妈首先应该买一本自己喜欢的笔记本。学生专用的笔记本或是带有漂亮图片的手册都是不错的选择。把买来的日记本放在最显眼的地方，好让你在任何时候都可以记录。准妈妈还应该把它当作自己在怀孕期间最亲密的朋友，与其分享所有的秘密和心里话。

准妈妈在写日记的时候，不要拘泥于形式，而是可以完全按照自己的想法来写。日记的形式并不固定。准妈妈可以把它写得很长，也可以写得很短，甚至写成一封信也没有关系。我们建议在睡觉前像与胎儿进行交谈一样把自己想说的话写成一封信。有一点非常重要，那就是，一定要坦率地对待自己。一旦开始写日记就要做好对写下的内容负责的准备。

每天都写日记固然是一个很好的习惯，但也没有必要过于坚持。准妈妈完全可以根据自己的意愿，在特别想与胎儿对话时，以及有特殊事件发生时写日记。

记录每周胎儿与准妈妈发生的变化

在写日记时，准妈妈应该从心里跟孩子进行对话。除了文字内容以外，准妈妈还可以把B超检查的照片贴在日记本里。如果拍下自己每个月发生的外貌变化贴在日记本里，今后也一定会成为美好的回忆。在孩子出生以后妈妈可以把这本日记当作礼物送给孩子，一定会比千言万语更能传达自己心中的深厚爱意。

一本好的胎教日记往往涵盖

怀孕期间准妈妈和孩子的所有身体变化，在刚刚得知怀孕消息的日子，第一次感觉胎动的日子，在B超检查时看到孩子模样的日子，听到孩子心脏跳动的日子等这些特殊的日子里，准妈妈可以把自己的喜悦和神秘感一一记录下来，还可以把在胎教过程中读过的诗句或播放的音乐，自己和丈夫之间的深厚感情以及对孩子的无限期待全部作为日记的内容。

写完一篇日记后可以自己朗读出来，胎儿一定会对爸爸妈妈充满爱意的声音产生好感，这样一来就顺便起到了语言胎教的作用。准妈妈可以用阅读童话书的方法来阅读日记。

如果准妈妈感到写日记压力很大，可以偶尔尝试一下写信的滋味。写完信之后应当像写好日记一样，用舒适的姿势躺下来并大声地朗读给胎儿听。准妈妈的声音将向胎儿传递父母的深厚爱意。

2 孕2月的胎儿和准妈妈

孕2月

在这个月里，一般准妈妈都会出现怀孕最初的征兆：呕吐、尿频，稍适活动就感到疲惫，常常被困倦的感觉包围，乳房和体重发生变化，有一部分人还会有情绪上的波动，如急躁，爱发脾气等。要说上个月还不知道怀孕了，那么这个月是可以确定怀孕的月份，因此，我们平时所常说的胎教，也就是狭义的胎教，从此月开始可以根据胎儿各感觉器官发育成长的实际情况，有针对性地，积极主动地给予适当合理的信息刺激，使胎儿建立起条件反射，进而促进其大脑功能、躯体运动功能、感觉功能及神经系统功能的成熟。但是由于怀孕初期要格外注意安胎，因此，无论做什么样的胎教，都要以安全为基础，要根据胎儿的发育特点来选择适合自己体质的胎教，循序渐进地进行。

胎儿的生长

在第5周里，相当于一粒苹果籽儿的胎儿出现了心跳。胎盘与脐带开始起供给营养的重要作用。心脏逐渐有了雏形，两条主心血管开始持续不断地收缩运动，大脑和脊椎也慢慢地发育。随着骨骼的形成，已经可以区分胎儿的头部和尾部。

第6周，胎儿外观与蝌蚪有几分相似，并且生长发育迅速。眼部长出眼睑和水晶体，四肢的芽体开始出现，胎儿的头部、尾部和臂部都已可以被轻易地区分开。此外，肝脏、胰脏、甲状腺、肺、心脏等器官开始形成，脑部的体积增加，血液循环也开始运作。做B超检查时有可能听见胎儿心跳。

第7周，胎儿以令人难以置信的速度生长着，心脏变得饱满，并分离出左心室和右心室，肺部也长出支气管，从而进入其发育的第一阶段。同时，大脑半球也逐渐成形，肠、盲肠和胰脏开始发育，眼珠发育成为一个黑点，舌部和身体开始变长，头部变大，眼皮也渐渐长了出来。

到了第8周，胎儿身长已经增长到14～20毫米。在这一时期当中，胎儿有了嗅觉，眼球里色素含量增高，四肢也明显变长，其颈部开始发育，下肢的芽体分化为大腿、小腿和足，上肢的芽体分化为手、胳膊和肩。生殖腺、男孩的睾丸以及女孩的卵巢开始出现，同时，软骨组织和骨骼也开始生长。

• 准妈妈的变化 •

大多数准妈妈此时开始出现恶心和呕吐，疲劳感出现得更加频繁，因此，这一阶段应该避免进行过激的运动、节食或者长途旅行。由于胸部明显变大，准妈妈开始有衣服穿不下的感觉，但小腹还似乎没有凸显的痕迹。

随着孕吐、疲劳和尿频等症状更加明显，体重也略微有所增加。也有因为孕吐而导致体重下降的情况。由于身体的变化明显，绝大多数女性都借此怀疑自己怀孕了。除一些普通的症状之外，偶尔还会发生乳房发痒并感到心口疼痛的症状，甚至会突然有一种不安的情绪。另外，排便习惯也发生了变化，容易出现便秘和痔疮等症状。

伴随着还有眩晕和恶心等孕吐症状变得越发严重，乳头的颜色微微变深，乳腺发达起来；一些孕吐症状不太厉害的准妈妈会发现自己的体重逐渐增加。准妈妈乳腺越来越发达，准妈妈会感到自己的胸部变得丰满。此外，下腹部、肋部和腿部不时出现疼痛的感觉。如果发生坐骨神经痛的症状，换一个地方侧躺下去就会有很明显的改善。

其实在这个月中，准妈妈如果感到自己有以上的症状，最好用早孕试纸测试一下自己是否怀孕，或者去医院通过尿检、B超确定怀孕与否，为下一步的孕期保健做好准备。尤其是有怀孕计划的女性，一定不要忽视这些身体上的变化。

芝宝贝孕期札记

在这个月当中，对于是否怀孕很多人不是很明确，但是如果事先有怀孕计划或者怀疑自己此时怀孕了，要格外注意不要随便使用各种药物，以免对胎儿造成不良影响。尤其是确认怀孕后，不要随意地吃、用中药和营养品，孕吐严重的时候要去妇产科询问专家。必须服用药物的时候一定要征得医生的同意。

一般这个月里会去医院确认怀孕与否，当确认怀孕后，应当如实告诉医师自己过去是否有流产、人工流产的经历，家族病史如何，以及最近正在服用哪些药物等。同时一定要遵医嘱按时建档做产前检查与保健。

怀孕初期的性生活一定要以保证胎儿的安全为基础，在怀孕初期时发生流产的可能性较高，因此进行性生活时要格外注意体位的选择。

由于怀孕最初的征兆出现了：呕吐、尿频，稍适活动就感到疲惫，常常被困倦的感觉包围，因此，在营养摄取上，一定要注意合口味并营养全面，可以吃乳制品、绿色蔬菜、动物肝脏、蛋黄、坚果、海产品和肉类以补充钙质，还要注意维持体内铁元素和锌元素的含量。

一家三口胎教法

胚芽期还没有结束，在胚芽期中，不仅要让准妈妈情绪稳定，还要尽可能减轻她身体上的负担。此时期的胎教重点就是通过安定情绪和休息，让准妈妈的疲劳程度减到最低，要想做到这一点，需要更多的是丈夫的鼎力协助。准妈妈一切安好，才能给胚芽提供充足的氧气。

胎儿——怀孕第5周，胎儿进入了细胞迅速分裂的特殊时期，脑部和脊髓开始逐渐形成。到了第7周，其头部占据了全身整整一半的大小，并且可以明显地与躯干区分开。可以把这一时期称作是身体各个器官的分化期。脑细胞和神经细胞有80%都是在这一时期分化形成的，同时视觉神经和听觉神经也渐渐形成，下颚和嘴部开始出现，整个脑部正在迅速发育。

准妈妈——大部分的准妈妈在此刻都知道了自己怀孕的事实。所以有关怀孕的联想就油然而生。体质较为敏感的人应该从此刻开始做好预防呕吐、低热和四肢无力等症状的准备。乳房和排便习惯也可能发生变化。除此之外，因为胎盘还没有形成和固定，所以准妈妈应该尽早确认自己怀孕与否，以便让自己的身心随之进入平静的状态。

准爸爸——确认怀孕事实之后，准爸爸应当尽快和准妈妈一起制订有关胎教和生育的整个计划。当然，在此之前准爸爸就已经经历了去医院接受检查的忙碌和考验。在这一时期里通过B超检查，所观察到的可能不是人体模样的胎儿，而是与蝌蚪的形态有着几分相似的分裂后的受精卵。然而就是这次不完整的观察，不仅可以给准爸爸带来第一次看见自己骨肉的真实感受，还将使夫妻二人的内心在同一时刻平静下来。

与胎儿期同样重要的是胚芽期

就像我们所知道的一样，受精卵刚发生变化的时候并不能直接被称为胎儿。从医学的角度讲，精子和卵子相遇才发生受精，从那时开始10周以后一直到婴儿出生时为止，腹中的孩子才可以被称作胎儿。因为在第10周里，胚芽期中形成的身体各个部分开始进行第二阶段的发育和生长。换句话说，胚芽时期所形成的心脏、肝、肺和脑部都处于原始的状态，一直要到胎儿时期，这些已经形成的器官才会逐渐发育成熟。

胚芽期与胎儿期

如果准妈妈能够理解胚芽和胎儿的区别，将对自身保养和胎教大有帮助的事情。在怀孕初期可能很多准妈妈由于误服了药物而忐忑不安，事实上药物对怀孕的影响主要发生在胚芽期里，在胎儿期并不明显。得知这样的区别之后，准妈妈就不用为自己在胎儿期服用过药物而深感忧虑了。要知道对于胎儿而言，没有什么比母体时刻处在压力之下更加糟糕的事了，如果能牢记这一点，胎教就会取获得相当好的效果。

沐浴时水温过高会造成缺氧

在受到过大压力的时候，人会出现缺氧的症状。尽管这在孕期属于正常现象，但处于胚芽期时，保证氧气充足是一件非常重要的事情，因此准妈妈一定要尽量避免受到压力。

胚芽期是人体各个重要器官开始形成的时期，如果供氧不足就会在组织分化的过程中引起致命的缺陷，要知道只有在组织正常分化之后，身体各个部位才能够完整地形成，所以一定要防止因为压力等因素而造成的缺氧状况。

许多老人都会告诫准妈妈不要长时间置身于热水当中，准妈妈应远离高温环境。原因何在呢？事实上，这就是一个供氧的问题。在高温环境下，连成年人都可能感到呼吸困难，更何况是胎儿呢？沐浴时水温过高，可以想像，其所造成的缺氧会让子宫里的胎儿处于危险之中。

研究结果表明，那些在怀孕初期经常出入桑拿房的准妈妈产下畸形儿的概率比一般女性高出2～3倍。

另外，女性在怀孕初期应尽量远离氧气稀薄的环境，并避免进行那些需要消耗大量氧气的运动。

伟大人物的胎教

周文王是奠定周朝基础的伟大人物，他的母亲太任，诚实而又端庄，其品德闻名于天下。传说太任怀上文王以后，一直坚持做到两眼不看丑恶的东西、两耳不听刺耳的声音。

苏格拉底母亲在怀上苏格拉底之后对文学产生了极大的兴趣，并阅读了大量的书籍。这大概就是苏格拉底，一个在人类历史上留下不可磨灭足迹的哲学家诞生的最初根源吧！

莫扎特的母亲在怀孕之后一直保持着对音乐的热爱。她每天都将大量的时间花在欣赏音乐上，结果莫扎特成为拥有非凡能力的音乐天才。与此相反的是，在她接触音乐以前所生的莫扎特的兄长当中，没有一个人在音乐方面体现出才华。

营养胎教：合理摄取营养减轻孕吐

让我们看看在这个月中胎儿的成长吧。

第5周：脊椎长出来了。

第6周：身体器官开始逐步形成。在这一时期出现的两对芽体将会在以后变成胎儿的双臂与双腿。

第7周：胎儿身体的主要器官继续发育。头部开始经历巨大的变化，影响胎儿骨骼的整体发育。

第8周：大部分的主要内部器官都已形成，并发挥着各自的作用。其中胆囊和脾脏发育相对较慢。

怀孕第5~8周胚胎从“一个弹丸大小的肉珠”长成“一颗红色的桃花花蕾”。

在孕2月中，准妈妈由于孕初期的反应，会出现恶心和呕吐，甚至眩晕的症状，很多准妈妈的胃口从此月开始发生变化，因此，在摄取营养方面，注意要摄取必需的营养，来确保身体健康，为胎儿创造一个良好的发育环境。此期间可以摄取如乳制品、绿色蔬菜、动物肝脏、蛋黄、坚果、海产品和肉类等，为准妈妈补充钙质，维持体内铁元素和锌元素的含量。

开始喜好酸味的食品，出现孕吐

在第5~8周，胎儿的生长是与母体的足少阳经脉息息相关的,足少阳经脉所对应的器官是胆囊。

母体的肝脏和胆囊给胎儿提供血液和营养，因此会变得较为虚弱。在经历着孕吐等各种不适症状的同时，准妈妈往往会喜爱上酸味的食品。这一时期饮食应当注意强化肝脏和胆囊功能，胎儿的骨骼生长及减轻孕吐。

摄取充足的水分

约60%的准妈妈在怀孕6~8周

经常发生孕吐症状。时常吃一点东西可以减轻孕吐症状，除此以外，尽可能吃清淡的食物。

在入睡之前可以准备一些果汁、牛奶等饮料，夜里醒来的时候就可以喝上两口。这样能及时补充孕吐所带来的水分缺失，防止出现便秘。

另外，最好不要同时吃固体和液体食物。先吃固体食物，再喝下饮料。

警惕出现营养不良和脱水

如果用餐后孕吐变重，可以考虑减去一餐，但同时必须好好研究什么才是利于消化的食物和烹饪方法。呕吐非常严重的时候准妈妈难以进食，这时就有可能出现营养不良或脱水，这无论对胎儿还是对准妈妈都是有很大危害的。一旦出现了进食困难的情况，准妈妈应当立刻咨询医生，通过输液等手段及时补充水分和营养。

含铁不足时孕吐症状会更加严重

准妈妈血液中的铁元素含量不足时，孕吐症状往往会变得更加严重。为了改善这一情况并预防贫血，应该相应地调整自己的饮食结构。

避免吃像凉粉、柿子和绿茶等食物，多吃可以改善贫血状况的动物肝、肾以及生蚝、牡蛎和紫菜。鱼类中较为合适的有沙丁鱼、秋刀鱼等。其中秋刀鱼不仅蛋白质的含量比牛肉和猪肉高得多，还含有大量的维生素B_{12}等物质。

摄取可以预防贫血的高维生素食品

维生素B_{12}的学名叫做钴胺素，由于它对贫血症状有着特殊的改善效果而被人们称作为“红色维生素”，它不仅直接参与造血，还是蛋白质与核酸合成的重要成分，并具有强化肝功能的作用。

另外，缺乏维生素B_6会使贫血状况更加严重。米糠、牛肝、酵母和荞麦中含有大量维生素B_6。

芝宝贝厨房

风味秋刀鱼

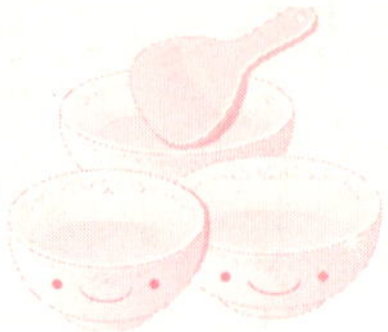

原料： 秋刀鱼2条。

调料： 酒5毫升、盐8克、胡椒粉少许、柠檬汁少许。

做法：

- 1. 将秋刀鱼洗净，抹酒、盐和胡椒粉腌制10分钟。
- 2. 将秋刀鱼放入烤架烤熟即可。
- 3. 食用时，可滴少许柠檬汁。

莴笋沙拉

原料： 莴笋80克，圣女果30克，豌豆苗10克，黄甜椒15克。

调料： 沙拉酱10克，原味酸奶20克，盐适量。

做法：

- 1. 莴笋洗净并切成滚刀块，再用加了适量的盐的沸水汆烫后捞起放凉备用。
- 2. 将黄甜椒切丝，与豌豆苗一起用沸水汆烫，捞起后，用冷水激后备用。
- 3. 圣女果洗净去根备用。
- 4. 将圣女果放入果汁机中打汁，倒出盛入容器中并拌入沙拉酱、原味酸奶调匀备用。
- 5. 将做法1、2的材料摆盘，食用时淋上做法4的调味酱料即可。

运动胎教：促进胎儿大脑的活性化

有许多女性在怀孕之后对自己的身体倍加呵护，连家务事都不曾碰过，因此时间一长这些准妈妈就很容易进入缺乏运动的状态。实际上，适当的运动可以为准妈妈的生活增添活力，并且能对胎儿大脑的活性化过程产生一定的帮助。只要寻找最适合自己身体情况的运动项目，并维持合适的运动量，准妈妈一定会活力充沛地度过怀孕的每一天。

维持准妈妈的健康并提高顺产的概率

适量的运动不仅能够维持准妈妈的健康，还可以提高顺产的概率，因为分娩时起重要作用的腿部肌肉与腰部肌肉可以在运动中得到一定的锻炼。

此外，能够熟练地运用自然的呼吸方法将增大准妈妈肺活量，能够使其更好地战胜阵痛。有关研究结果表明：在怀孕过程中保持规律运动的准妈妈，持续阵痛的时间往往较为短暂。

帮助胎儿的身体和大脑发育

聪明伶俐、活泼可爱的宝宝是每个父母都希望拥有的，然而，聪明宝宝的前提很大程度上取决于胎儿时期大脑的发育情况。人的大脑发育是个逐渐的过程，而在胚胎期的时候就已经开始发育了。实验表明，宝宝的大脑细胞增殖旺盛期是在宝宝出生前3个月到出生后半年之间，这期间大脑体积增大与脑细胞增殖是同步进行的，而且增殖数量也一次完成。

当然，胎儿脑部的最重要的脑神经鞘尚未完全形成，大概要到出生后10岁左右才能全部发育完成。因此，在胎教过程中应该注意到这一问题，千万不能急于求成，否则就会欲速则不达。

在孕期中，运动过程可以通过母体给胎儿提供新鲜的氧气。氧气不仅使胎儿的脑部得以活性化，还起到维持身体各种功能正常运作的作用，非常有利于胎儿的脑发育，为将来的聪明宝宝奠定一个良好的基础。

控制准妈妈体重

有一部分女性在怀孕之后过度地补充营养，变得肥胖，并且会提高妊娠高血压综合征的发病率和生出巨大儿的概率。

除此以外，肥胖还会给分娩带来影响。所以对准妈妈来说，睡了吃、吃了睡的行为是非常不可取的。适当的运动不仅能够预防肥胖，还有助于生育之后的体形恢复。

孕妇控制体重，站在体重秤上

使人变得心情愉快、内心安稳

进行适当的运动，这对因体形变化或怀孕而感到不安的准妈妈来说着实算得上是一副良药。

运动会使准妈妈的体内开始分泌内腓肽。内腓肽作为一种激素，会使人变得心情愉快，内心安稳，准妈妈腹部肌肉的自然活动会对胎儿起到按摩的效果，这样一来胎儿也就同样体验到了那种平安快乐的感觉。

出现异常症状时要停止运动

运动中应当根据自己的身体状态寻找最为合适的运动项目，并维持适度的运动量。无论是否处在运动中，当感到疲劳时应立刻停止运动，并进行充分的休息。

特别要小心的是阴道出血，有清水一样的分泌物从阴道中流出，足关节或手、脸突然水肿，血压明显上升，急剧的收缩或腹痛。出现这些异常症状时要立即停止正在进行的运动。除此以外，妊娠期高血压综合征患者、怀双胞胎或多胞胎的准妈妈、心脏病患者和胎盘前置的准妈妈也最好不要运动。

在第4～8周，受精卵着床还没有彻底完成，要避免幅度较大或可能造成剧烈震动的运动，此外还不能长时间站立，在站立状态下进行各种活动也需要多加小心。

这一时期，为不久之后即将隆起的腹部考虑，应多做一些强化腰部和背部力量的运动。此时可以在俯卧状态下锻炼背部的肌肉。

尽管疲劳和恶心是怀孕期的正常现象，并且大多数准妈妈将会在3个月以后渐渐消失，但运动时准妈妈仍要放弃根据自己的疲劳程度来减缓运动速度，并适当地降低运动量的想法。因为怀孕而无条件地放弃一切自己曾经喜爱的运动是没有必要的，但是在确认自己怀孕的事实之后，无论如何也不能增加运动量，这一点应当铭记在心。

有一些运动是在怀孕之后就应彻底禁止的，如高台跳水、滑翔、潜水和足球等。此外，平时没有运动习惯的女性在怀孕期间不应参加健美操活动，对她们来说像散步这样的轻量运动，才是最合适的选择。

肩部放松

Step1：以舒适的姿势盘腿而坐，将力量集中到肩部，同时略微提肩。

Step2：身体放松下来，让两肩自然降下。

提拉上身

Step1：平躺时将膝盖立起，双手朝屋顶方向推去，感觉就好像要接触到屋顶一样。

Step2：同时提拉上身再慢慢躺下，上身被提拉起来的时候吐气，躺下的时候再重新吸气。

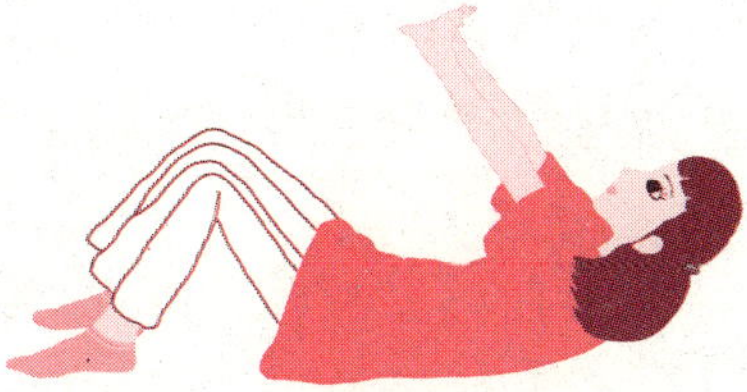

功效：强化腹部的肌肉。

臀部运动

Step1：躺下以后将双腿高高举起。

Step2：同时抬起臀部。

功效：锻炼下腹部肌肉。

按摩胎教：让准妈妈舒适、胎儿安全

按摩时，手法要轻柔，更要根据孕期的特点选择合适的安全的按摩方法。不少人认为，按摩就是哪里不舒服就按按揉揉，其实不然，按摩也是有科学依据的，按摩的穴位一定不能威胁到准妈妈和胎儿的安全。

针对孕吐

用大拇指在涌泉穴上轻按3次，每次持续4秒钟。

在输尿管反射区用大拇指滑动搓摩9次以上。

用大拇指在膀胱反射区上按下4~5次，每次持续4秒钟以上。

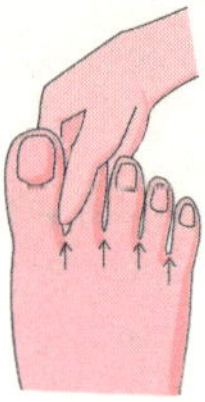

每两个脚趾之间的部位是淋巴系统的反射区，在这一区域用大拇指和食指向外抽拔，每一个部位重复1~2次。

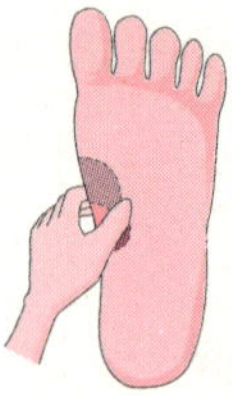

在肠胃的反射区用大拇指进行挤压，一共3次，每次4秒。另外在胰脏和十二指肠的反射区内用大拇指按照逆时针方向进行旋涡式旋转。结束之后在这三个区域之间从上到下缓慢地搓摩，以达到最佳的按摩效果。

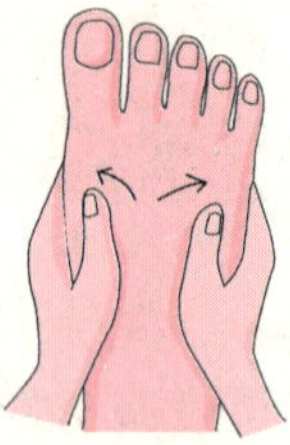

用双手握住整个脚背，模仿掰开一个苹果的动作来进行按摩，重复4~5次。

针对疲劳

热水泡脚15分钟左右。

用大拇指在涌泉穴上轻按3次，每次持续4秒钟。

在输尿管反射区用大拇指滑动搓摩9次以上，再在膀胱反射区上按摩4~5次，每次持续4秒钟以上。

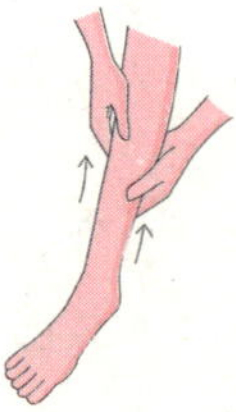

从脚腕开始朝膝盖方向按摩，争取做到让脚上的血液向上循环的效果。

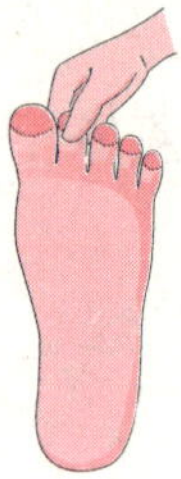

用大拇指在每一个脚趾靠近顶端的凹陷处按摩2~3次，每次持续4秒钟。

预防流产

在涌泉穴上用大拇指从里到外画圆，每一次持续4秒钟。画的时候要按照逆时针的方向，并重复4~5次。

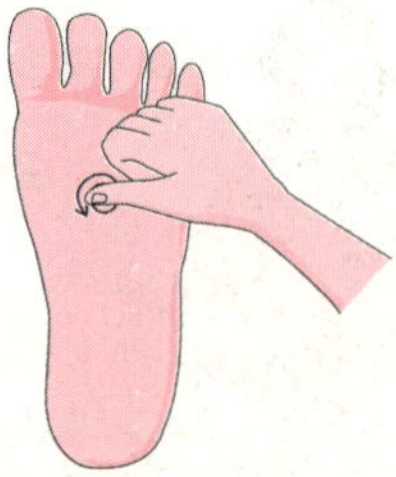

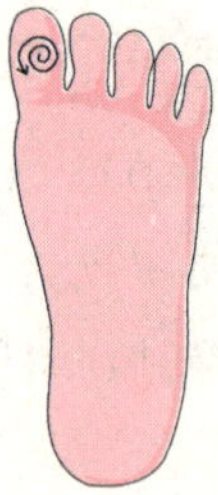

位于大脚趾中央的是脑垂体反射区，用大拇指在这一区域画圆并重复4~5次。

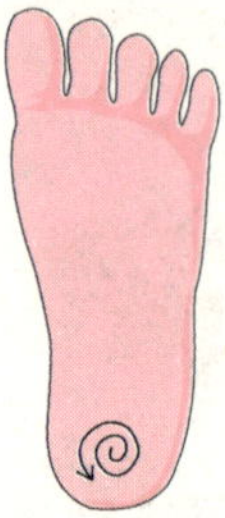

在脚后跟底部的生殖腺反射区上用大拇指画圆，搓摩4~5次。

在脚踝的内外两侧用大拇指按逆时针方向

画圆，搓摩4～5次。

从内侧脚踝向上三指的部位是三阴交穴，用两只手一起从脚踝推摩三阴交穴。

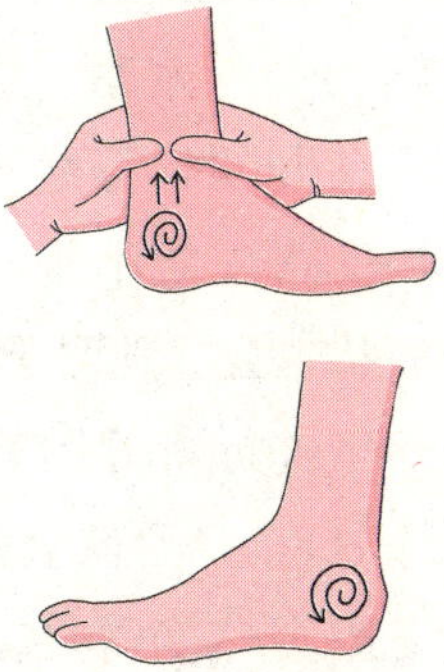

心理胎教：准妈妈一定要学习清静法

我国周朝的太任王后曾刻苦修炼8个月时间，最终生下了聪明而又仁慈的周文王。她所修炼的内容其实就是适合准妈妈学习的清静法，王后的行为就是我们常说的心理胎教。

清静法包括清静操、冥想

在各种调整心灵和肉体的身心方法里有一种就是清静法。这种方法不仅可以起到胎教的效果，还可以对分娩过程和产后休养等环节产生很大的帮助。

周文王从小就聪明过人，这一点是和他在出生前所接受的教育分不开的，其中最重要的一点是，他的母亲在怀孕时静养了整整8个月。正是因为文王的母亲口中不说污言，脑中不想邪念，修炼身心，认真胎教，才最终诞生了文王这样的一代明君。

准妈妈坚持使用清静法不仅对胎教有好处，也会对分娩有帮助。清静法要练习一个月以上才可以看到效果，所以最好从怀孕第16周起一直练习到分娩。准妈妈每天应该练习30分钟到1小时，但也可以根据自己的身体状态适当选择。清静法中有多种清静操的姿势和冥想法。

练习清静操、呼吸和冥想都可以让准妈妈保持良好的心理状态。

调节内心

所有胎教方法的根本都是让准妈妈保持好的心理状态。清静法的一大效果就是使准妈妈能够对自己的内心进行调节，使其在身体上和精神上同时保持着健康的状态，所以对怀孕的人来说，学习清静法是一个非常好的选择。

学习清静法以后，准妈妈就可以自由应对怀孕和分娩过程中身体所产生的所有变化，也会渐渐地变得积极、爽朗起来，这会让准妈妈以一种平稳的心态顺利地度过整个怀孕阶段。

清静法可以消除准妈妈对怀孕和分娩的恐惧感，使其变得愉快起来。由于清静法包括清静操、呼吸法、放松法和冥想法等能够提高顺产概率的内容，所以在想到自己将会顺利地度过怀孕和分娩时，准妈妈不安感和恐惧感就会自然而然地消失殆尽。

促进了与胎儿的交流

胎教的出发点是怎样与胎儿进行交流。因此在任何形式的胎教当中，都应该重视与胎儿进行交流。准妈妈应当时刻留意胎儿是否有着某种需求，并不停地做出交谈等形式的努力以和胎儿分享自己的感受，最终达到两人进行交流的目的。清静法可以引导准妈妈的身心，使准妈妈和胎儿之间很快建立起自然的、深层次的交流，并对胎儿的品性以及大脑功能的发展提供帮助。

提高顺产的概率

许多练习清静法的准妈妈在分娩时都只经历了很少的痛苦。只要经常用清静操锻炼身体并熟练掌握运用呼吸法和松弛法等诀窍，准妈妈在分娩时就能够很自然地做到顺产。实际上，呼吸法和松弛法可以促进大脑当中氨多芬的分泌，这不仅能够减轻疼痛，还能加速分娩过程，这样一来阵痛的时间也就自然减少了。

促进消化并缓解便秘

怀孕之后，女性会在身体上出现许多种症状。练习清静法能够消除腰痛，并能减轻四肢酸软、手脚冰凉、腿部水肿、消化不良和便秘等症状。准妈妈会很快变得安定下来，失眠和头痛等症状也会得到明显的改善。

进行清静胎教法的准妈妈，练习1个月后就会发现自己沉重的身躯突然变得轻盈起来。这种变化非常明显，几乎让准妈妈感觉不出自己已经怀孕了。

清静体操

在练习清静体操时一定要舒展眉梢并面带微笑。准妈妈可以选择一种舒适的姿势坐下，同时要注意伸直腰部，正视前方，下巴略微向里收。

在呼吸法上主要采用自然的呼吸方式，有时也要根据情况做出深呼吸的动作。以下这些清静操中依次往下坐姿、双手推门势、叠手姿势、走姿和冥想可适用于孕早期，卧姿适合孕中晚期，两腿一起上抬、双腿轮流上抬和四肢运动则适合晚期来做。

坐姿：这套动作可以从怀孕初期一直做到分娩之后，并且最好和丈夫一起练习。练习“坐行”可以增加准妈妈的肺活量，从而给胎儿带来充足的能量供给。这不仅有益于胎儿的健康成长，还能够使准妈妈的消化和排泄恢复正常，并让手脚渐渐温暖起来，心情也会随之变得更加愉快。

双手推门势：双手手掌向前方完全张开。双臂分开与臀部同宽，举至肩膀的高度。一边收缩手臂一边长长地吸气，在伸直手臂的同时再将气息呼出。重复4次。

功效：让内心安定下来并使腰部变得更加结实。对伸展准妈妈的骨盆也具有一定的好处，还可以疏通全身的气血，给胎儿带来充足的氧气。

叠手姿势：两手手指交叉向前推，然后先向上举，再移动到头后，最后头部向后倾。将此套动作重复2次。

功效：疏通上半身的气血，帮助消化，强化肾脏的功能，解除腰部的疼痛。

走姿：在空气清新的地方慢慢走动，与此同时重复将自己的手掌向内弯曲再向外展开的动作。

功效：将清新的空气传递给胎儿，通过深呼吸来提高胎儿的供氧量。适量的行走能够强化准妈妈腿部的肌肉并放松骨盆肌肉。

冥想：采用平躺或向侧卧的姿势。舒展眉梢，面带微笑。

让自己的颈部、肩膀、手、腿和脚都完全放松下来。

让头脑保持一片空白，即集中注意力。

想像孩子俊俏的面容及其长大成人以后的模样。

想像大自然的清静和广袤，可以想像大海、森林和清澈的河水等事物。

卧姿：此套动作最好在怀孕第16～32周练习，如果身体不是特别沉重也可以一直练习到怀孕的后期。练习躺着做的体操动作能促进全身的血液循环，并能够强化腰部力量。还能预防和治疗腿部的水肿症状。

两腿一起上抬：双手垫住头部，两腿一起上抬并弯曲到胸部位置与胸口接触。

功效：促进腿部的气血循环，减轻腿部水肿和心律不齐的症状。此外还可以强化腰部肌肉，增加子宫的收缩能力。

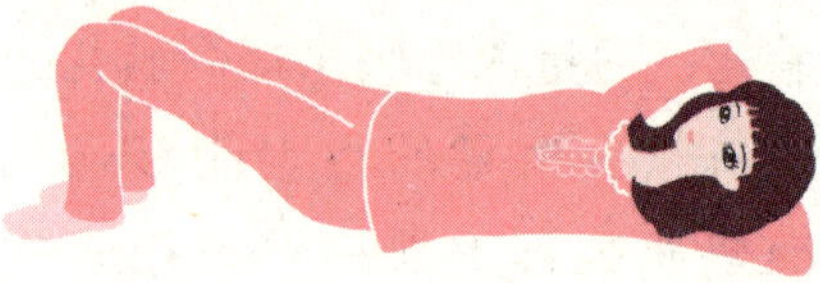

双腿轮流上抬：平躺，弯曲左腿，然后抬起右腿与身体呈90度角，与此同时用双手垫住头部。尽可能长时间地保持这一姿势，然后把腿放下来之后休息片刻。

功效：预防并治疗腿部水肿，强化内脏器官并帮助消化。

四肢运动：双脚分开与肩膀同宽，右臂向上伸直，手指朝向天空，左腿向前迈步并在空中弯曲成90度角。两侧轮流做，各重复5次。

功效：促进血液循环和新陈代谢，强化腿部肌肉和骨盆腔，提高顺产概率。

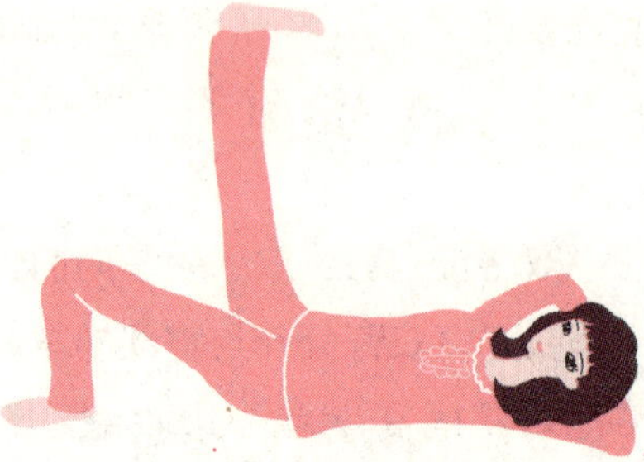

结束操：在练完清净操或冥想之后不要忘记收尾。主要方法是双手互搓发热之后摩擦自己的脸或耳朵。

抚摸脸颊：可以增加面部皮肤的弹性，起到美容的效果。

梳头：促进血液循环，使血压变得稳定，还可以起到治疗头部疾病和提升智力的效果。

抚摸耳朵：耳朵上的血管十分密集，按摩耳部可以对全身起到积极的作用。

抚摸大椎穴：大椎穴在第七节颈椎，也就是弯下颈部时位置最高的那节颈椎的下端。这样做不仅可以预防并治疗感冒，对支气管和肺也有很大的好处。

仙鹤点水：头部先向后倾斜，再往前伸，让自己的下巴在空中画圆。这样可以治疗颈椎和胸椎的疾病，并能放松颈部和肩部的肌肉。

做清净操时需要注意的事项

做操前后不要进食。

做完一套动作之后休息1小时左右，然后再进行另一套动作。

要注意避免让身体在某一瞬间过于吃力。

要在内心中与胎儿化为一体，并带着自己对其的深深爱意去完成每一个动作。

做动作时出现暂时的疼痛感觉属于正常现象，但如果疼痛一直持续到运动之后，则说明身体承受了过重的负担，因此，一定要将运动量控制在合适的范围之内。

音乐胎教：将来孩子注意力会更集中

音乐胎教是除语言胎教以外被准妈妈排在第2位的胎教方法，算是传统胎教之一了。而对于胎儿的大脑来说，音乐也当属最好的精神食粮了。播放妈妈喜爱的音乐时，胎儿会津津有味地欣赏，心情也会变得愉快起来。音乐有的时候能够比话语更能直接地触及人的心灵并起到安抚的效果。应该听什么样的音乐？怎么样听音乐效果最好？让我们一起来了解吧。

胎儿也懂得倾听音乐

音乐在我们的生活中扮演着极其重要的角色。有时它使我们兴致高涨，有时它为我们解除忧愁。如同清凉饮料一般的音乐，无论对准妈妈还是对胎儿都可以起到相同的积极作用。然而有的人会提出疑问：准妈妈在家中欣赏音乐，胎儿果真可以听得见吗?

从结果来看，答案是肯定的。准妈妈能够听见的音乐，胎儿基本上也都能听见。牛津大学出版社出版的《音乐的开端：音乐能力的起源与开发》对相关的最新研究结果进行了介绍，书里写道：尽管怀孕28周以后胎儿的耳朵才具备完整的外观，但从第3个月开始胎儿就可能听见声音。子宫里的胎儿可以听见准妈妈消化食物的杂音，循环系统内体液的流动声，以及准妈妈的说话声和外界传入的各种声响。

怀孕第20～24周，胎儿已经具有了相当发达的听觉能力，在听见外部传来的声音时，其心脏跳动会做出变快或变慢的反应。就是因为胎儿可能听见外部的声音，让胎儿倾听音乐的音乐胎教才会对其产生影响。有研究结果表明，接受过音乐胎教的孩子和没有接受过的孩子比较，前者注意力更为集中。

音乐使胎儿的情绪安定，提高注意力

音乐胎教会对胎儿产生怎样的影响呢？总的来说，它会影响到胎儿的神经发育。在1998年的《纽约时报》上曾刊登过一篇文章，描述了音乐对神经所起到的作用，并且预测在未来音乐将在医学领域里产生巨大的影响。

听音乐可以适当地刺激感官，使肌肉得到放松并促进大脑活性激素的分泌。正因为如此，欣赏音乐才会使心理状态安定下来。

在倾听节奏柔和、旋律优美的音乐时，不仅准妈妈自己的情绪变得安定，而且还会将这种情绪传递给胎儿。当听到让自己愉快的声音时，人的大脑会产生强烈的a波，这种电波往往在大脑活性增强时才会大量散发出来。这一事实证明了音乐足以起到让大脑环境产生积极变化的作用。

音乐促进胎儿脑部发育

人类的脑细胞在数量和形态上并不具有个体差异，但脑细胞之间联络路线的多少决定脑的发育程度。怀孕5个月以后胎儿的脑部就已相当发达，脑细胞数量接近成人的140亿，这时给予其一定刺激就可以使连接脑细胞的线路增多，从而对脑部发育产生明显的作用。

在帮助胎儿脑部发育这一方面，听觉足足起到了90%以上的作用，这恰恰也是另一个可以证明音乐胎教重要性的理由，音乐可以刺激主管各种感觉的右脑半球，只要持续倾听音乐，人的想像力和创造力都会有所上升。胎儿时期就喜欢上音乐，这样的孩子在出生以后一定会在语言、集中注意力和感性上显示出一定的优势。

音乐加深胎儿与父母之间的亲情

通过采取音乐欣赏、唱歌、使用乐器等音乐胎教，不仅可以使胎儿在情绪上、心理上、精神上和身体上健康、完整地成长和发育，还可以更加有效地加深胎儿与父母之间的亲情。

只有在亲人之间才可能形成的亲情会让胎儿感到自我的存在，并使其安稳地成长。不仅是准妈妈，胎儿的父亲参与到音乐胎教当中也显得格外重要，这是因为胎儿可以感受到父母之间依然存在的感情的缘故。

选择准妈妈喜爱的音乐

一切胎教方法的基础都是在减轻准妈妈压力的同时让其保持心态平稳，音乐胎教也不例外。抱着一定要进行音乐胎教的想法去听一些连自己都不感兴趣的音乐，会使准妈妈难受。也可能对准妈妈造成相当大的压力。母亲的各种心态都可能原封不动地传递给胎儿，所以在这种情况下进行音乐胎教有可能适得其反。

在进行音乐胎教的过程中，准妈妈通过欣赏音乐获得情绪上的安定，与此同时这种安定的情绪还会传递给胎儿。所以与音乐直接对胎儿产生的影响相比，准妈妈本人在鉴赏音乐时产生的情绪反应对胎儿的影响更为深远。正因为如此，我们一定要把以准妈妈的喜好当作最重要的胎教音乐为基准。

为了能在怀孕期间顺利地进行音乐胎教，最好在平时养成欣赏音乐的习惯。胎儿只会对准妈妈喜爱的音乐做出最敏感的反应，因此准妈妈不仅要根据自己的喜好选择音乐，还要在欣赏的时候保持平和、愉悦的心态。

哼唱歌谣

音乐胎教最主要的方法就是唱歌、跳舞和欣赏。唱歌对胎儿的父母来说是很容易实施的胎教手段。母亲的声音对胎儿的耳朵来说是最重要的声音源泉，而唱歌又是最自然的展示自己声音的方式，所以母亲应该用歌声把自己的感情传递给胎儿。而准爸爸也要以唱歌的方式参与到一家三口之间亲情交流的过程中。

古典歌谣往往具有民间语言和文化的特征，所以容易被人们学习和接受，我们可以把这些歌谣当做最基本的胎教素材。

胎儿的父母可以自己填词，唱民歌和童谣，以强化胎儿与父母之间的感情。

自创作品的好处在于它可以加强胎儿与父母之间相互交流的感觉。准爸爸和准妈妈可以把对胎儿的爱称加入到创作的内容中，再唱给其听，这也是一种与胎儿进行心灵沟通的有效手段。

鉴赏音乐

欣赏音乐是一种可以给予胎儿最为丰富的感官体验的音乐胎教法。在实行这种以欣赏为主的方法时，可以选择比较容易吸引胎儿注意力的、形式分明、内容淡雅的古典音乐。巴赫的《G弦上的咏叹调》，亨德尔的《水上音乐》，莫扎特的《g小调交响乐第一乐章》以及帕海贝尔的《卡农》等都被广泛推荐为胎教音乐。

除此之外，乔治·温斯顿的轻音乐就好像现代的音乐剧作品一样，可以给人带来轻松的享受。妇产科专家史沃茨博士曾说：“我们发现分娩时播放音乐可以减少准妈妈的紧张感觉，并对胎儿起到镇定的作用。”

古典音乐

人们在听到某些声音的时候会有一种愉快安稳的感觉，因为那些声音包含着生命的节奏。这种节奏的专业术语是“1/F波动”，这种波动可以消除人类的不安感。通常，古典音乐成为了人们音乐胎教的首选。

古典音乐正是因为含有大量的这种波动才会在胎教音乐中占据不可动摇的地位。这也就是为什么我们每次提到胎教都会首先想到古典音乐。然而，这并不意味着只有古典音乐才适合当胎教音乐。

对于那些平时对古典音乐没有兴趣的准妈妈来说，勉强去听不想听的东西只会适得其反。在这种情况下，古典音乐带给准妈妈的不可能是平和的心态，反而有可能是一种相当巨大的压力，那样下去唯一的结果就是对胎儿造成危害。选择胎教音乐必须以准妈妈的喜好为依据。只要能合乎自己的口味并带来平和、幸福的感觉，无论什么样的音乐都可以作为胎教音乐。

哼唱摇篮曲

最容易引起胎儿好感的声音就是母亲的声音。准妈妈的说话声音可以通过骨骼和身体其他组织的振动传达到子宫里，对胎儿来说，它比其他任何的外部声音都更加清晰。

如果准妈妈平时能够在挺着

肚子的同时哼唱几首摇篮曲，那么胎儿就可以将母亲的声音与节奏感联系在一起加以记忆，同时进一步加深母子（女）之间的感情。从母亲那里听到的歌曲、诗和故事都具有很好的胎教效果。此外在散步的时候还可以低声哼唱一些歌谣，或者进行自我创作，谱一些较为简单的曲子给胎儿听，作曲时还要注意保持旋律的柔和与拍子的轻快。

跳舞还可以使整个家庭的气氛活跃起来，并达到健身的效果。

准妈妈可以使用舞巾和丝带，也可以在播放柔和音乐的同时踩着拍子跳舞。准妈妈和准爸爸在爱的氛围下共同起舞也是非常不错的选择。

尽量选择明亮而平静的音乐

胎儿最熟悉的声音就是准妈妈的心脏搏动声，因此与这个节奏相似的音乐，即在每分钟60～70拍，最适合当作胎教音乐。

与悲伤的曲子相比，明亮而平缓的音乐可以对情绪起到更大的积极作用。应该选听节奏规律、旋律平和、能创造温馨氛围的音乐。

在平静的状态下欣赏音乐

在决定听哪一类胎教音乐的同时还要选择相对应的胎教方法。尽管没有必要为欣赏音乐做什么特别的准备，但在欣赏美妙乐曲时注意保持舒适的姿势对准妈妈来说仍然非常重要。准妈妈应该坐在舒适的沙发里或躺在床上，在欣赏音乐的同时解除全身的紧张状态。此外音量要适中，这样才能带给胎儿柔美的感觉。

有许多准妈妈很重视音乐胎教，从早到晚一刻不停地听音乐，同时却做着一些其他的事情，比如洗碗、读书或者扫地，能够保持积极态度一心一意地进行音乐胎教往往可以为准妈妈带来更佳的效果。在舒适的姿势下尽情品位音乐的柔美，并对胎儿讲述与音乐有关的话题就是一种非常合适的方法。此外，比起从早到晚不停地播放音乐，每天只听1～2个小时才是较为恰当的选择。

无论是从早到晚背负着一定要进行音乐胎教的义务感，还是强迫自己去听不感兴趣的音乐，都只会对胎教产生负面的影响。

因为进行音乐胎教的根本目的在于让准妈妈和胎儿的情绪安定。当准妈妈感到厌倦或产生反感时，应果断地停止。

听音乐时要考虑到胎儿的生活节奏

胎儿总是在重复一种睡眠2～3个小时后再活动约30分钟的规律生活。为了避免过响的声音把睡梦中的胎儿吵醒，可以在感受到胎动时听一些轻快的音乐，在其沉睡时则欣赏比较平静柔美的曲调。除了正式的音乐以外，准妈妈可以自己哼一些摇篮曲或读一读童话故事以增加胎儿的安定感，并借此达到音乐胎教的效果。

不同时间段的不同音乐

早晨起床后：柴可夫斯基的《睡美人》中的《波兰舞曲》《如歌的行板》《小进行曲》；莫扎特的圣乐曲《春的序曲》，舒伯特的《音乐瞬间》的第三首；贝多芬的第六号交响曲《田园》；小约翰·施特劳斯的《蓝色多瑙河》；格里格《培尔·金特》中的《早晨》《索尔维格之歌》《阿拉伯舞曲》《安妮特拉之舞》。

休息的时候：柴可夫斯基的芭蕾舞曲《天鹅湖》；维瓦尔第的《金翅雀协奏曲》；克莱斯勒的《伦敦德里小调》《天使小夜曲》《罗曼史》《爱的悲伤》《十四行诗》《幻想曲》；莫扎特的《小夜曲》；托斯蒂的《小夜曲》；古诺的《小夜曲》；威尔第的《弄臣》中的《女人善变》《美女如云》；海顿的《小夜曲》；史特拉汶斯基的《普钦奈拉》中的《小夜曲》；亨利·曼西尼的电影《蒂凡尼的早餐》中的插曲《月亮河》；贝多芬的《悲怆奏鸣曲》第二乐章《如歌的行板》。

胎动明显时：德沃夏克的《诙谐曲》；勃拉姆斯的《第五号匈牙利舞曲》《圆舞曲（作品39之15）》；肖邦的《第七号圆舞曲》；约翰·施特劳斯的《春之声圆舞曲》；贝多芬的第一交响曲中的《小步舞曲》；莫扎特的《小步舞曲》；阿尔贝尼斯的《探戈》。

用餐时：柴可夫斯基的《胡桃夹子》中的《花的圆舞曲》；亨德尔的《弥赛亚》中的《哈里路亚》；巴赫的《d小调管风琴托卡他与赋格曲》《法国组曲》的第六首《波兰舞曲》《管弦乐组曲》；德沃夏克的《斯拉夫舞

曲（作品e小调46之1、2）》；肖邦的《军队波兰舞曲》《离别曲》《雨点前奏曲》《即兴幻想曲》；莫扎特的《一首小夜曲》中的第四乐章回旋曲。

睡觉时：舒伯特的《摇篮曲》《圣母颂》《野玫瑰》；勃拉姆斯的《摇篮曲》；贝多芬的《致爱丽丝》《月光奏鸣曲》；戈达尔的《约瑟兰的摇篮曲》；克莱斯勒的《摇篮曲》；德彪西的《月光》；夏农的《爱尔兰摇篮曲》；格什温的《夏日时光》。

音量适中。美国佛罗里达医科大学的研究人员曾得出这样一个结果：如果母亲说话的声音在身体之外被测定为72分贝，子宫内部就将达到77.2分贝。很吵的噪音和突然发出的响声都会给胎儿带来压力。根据观察，在这种情况下胎儿的呼吸会不规律，可能还会做出吞咽羊水的动作。胎儿最熟悉的声音就是母亲的心脏搏动和器官运作的声音，所以我们应该尽可能地把音乐的大小调整到与其相近的程度。

让胎儿听见自然的声音。胎儿也热爱自然之声。在听到鸟儿的鸣叫、溪水的潺潺流动以及风吹树叶的声音时，不仅准妈妈的内心会感到一阵清爽，随着胎儿在情绪上的变化，感情将变得越来越丰富。

与此正好相反的是，关门时发出的巨响、瓷碗打碎的声音、夫妻之间的争吵和刺耳的电话铃声会使胎儿受到惊吓并做出很大的反应。时常听到这类声音，胎儿的情绪很容易变得烦躁，所以准妈妈一定要多加注意。

准妈妈经验谈

每次敲打木琴的时候我都感受到明显的胎动

人们说怀孕早期比较容易流产，那会儿我总是一个人待在家里，并且尽可能地减少活动，一段时间下来觉得有些烦闷，这时其他怀孕的朋友向我提出了尝试音乐胎教的建议。我当时觉得那几乎是无稽之谈。我觉得很奇怪，音乐胎教就是在家里放音乐听，胎儿能从中学到些什么吗？

后来我还去专门教授音乐胎教的地方报了名，接着就开始了相关的学习。我渐渐了解到音乐胎教并不是单纯的听听音乐，还包含了韵律体操和乐器演奏等各种各样的方法。听一听柔和的音乐并跟着摇动身躯可以起到非同寻常的运动效果，使人的身心变得轻松、愉快、舒适。平躺下来把木琴放在肚子上进行演奏，胎儿就会显得心情愉快并做出表示新奇感觉的胎动反应。

在家里丈夫也会不时地自弹自唱一番，每到这时胎儿的动作就会变得活泼起来。尽管在提到音乐胎教时人们首先想到的是听古典音乐，但我认为在选择歌曲上应该根据自己的喜好。

如今，我和漂亮的女儿一起听音乐了。在播放胎教时听过的音乐时，好像唤起了她的记忆一般，微笑出现在她的小脸上。音乐把我的爱心完完整整地传达给了孩子，对此我感到非常满足。

3

孕3月的胎儿和准妈妈

孕3月

到了怀孕的第3个月，准妈妈要选定一所医院开始建档进行孕期保健了。准妈妈定期接受检查是非常必要的。要反复确认不要错过任何一个重要的检查。在这个时期里，胎儿每时每刻都在不断地生长着，有关流产的问题往往格外地引人关注。而准妈妈则被激素分泌过多所造成的各种不适所困扰，要说此刻她最需要的，莫过于丈夫才能给予的、无微不至的关怀与照顾。

胎儿的生长

怀孕第9周，胎儿视网膜的神经细胞开始生成，面部肌肉和上嘴唇也进入了发育阶段，在耳朵的内部出现了半球形的导管。手指和脚趾也全部长了出来，连接头和身躯的颈部变得清晰可见，尿道和直肠完全地分离开来，能区分腹腔和胸腔。有时在B超检查中甚至能观测到胎动。

怀孕第10周的最后几天是胚芽期的末尾，同时也是胎儿期的开端。此时胎儿的脏器和身体的发育已经进入相当活跃的阶段，其外表也开始逐渐向人的形态靠近。

胎儿的双眼渐渐地从头部的侧面朝脸部中央移动，身体上长出了肌肉，横膈膜将肺和肠胃分离到两边，后者则慢慢地到其最终的位置。味觉的重要器官——味蕾在这个时候出现了。女胎长出了阴蒂，同时其体内的卵巢也正在不停地成长着。

第11周，胎儿头部仍占据着身体的一半大小，颌部逐渐成形的同时，颈部的长度也不断增加，外部生殖器也变得十分明显，牙齿开始长出，还形成了皮肤毛囊。

到了第12周，胎儿整个身体的大小在过去的3周内几乎又翻了整整1倍。其软骨组织进一步成形，肝脏具有了造血的功能并开始分泌胆汁，肺部完全形成，甲状腺和胰脏也已接近成熟。此外在胎儿的脑垂体里，开始有激素产生，消化器官获得了收缩的能力，随着内部生殖器的生长，能区分出男胎和女胎。

准妈妈的变化

从9周开始，准妈妈的腰部开始慢慢变粗了，子宫几乎已经超过葡萄柚的大小，乳房下部的表面可能出现静脉曲张，这是身体内的血液流动量大量增加的缘故。而在这一过程中红细胞和血浆的大量制造是造成准妈妈贫血的主要原因。与此同时，激素的增加使发生便秘和尿路感染发生的概率大大上升了。

腹部的变化终于开始体现出来了！尽管因人而异，但绝大多数准妈妈都可以感觉到自己腰部变粗。此外，准妈妈的乳房重量也有一定程度的增加，还有些人可能已经通过胎儿心脏跳动的声音切实感受到小生命的存在。

到了第11周的时候，胎儿正在以极快的速度生长着，相比之下，准妈妈怀孕后所发生的变化则较为缓慢。随着胎儿的生长而逐渐变大的子宫几乎占据了整个骨盆。头发、手指和脚趾也都发生了明显的改变，随着血液供给量的上升，乳房附近的静脉清晰可见。尽管腹部还没有明显隆起，但准妈妈已经发现自己的腰身变粗，这时，再穿牛仔裤会觉得很不舒服。

在第12周末的时候，子宫进一步胀大，耻骨附近的异样感觉变得更加明显。在整个孕期，子宫会胀大到占据整个骨盆和腹部，但分娩后不久就又会恢复到原来的大小。产生羊水以后身体开始变重，肋部、臀部和腿部都变得丰满，除此以外激素的增多还导致血液循环加速，头发长得比以前更快，皮肤也发生了一定的改变。乳房继续增大，可能有长时间的疼痛感，其重量增加的同时偶尔也会变得柔软起来。

芝宝贝孕期札记

本月中，对于胎儿和准妈妈来说，是很关键的一个月，因此，在各方面要格外注意。

摄取营养，应充分摄取各种水果和蔬菜，注意多吃含铁元素、纤维素和叶酸的食物。摄取蛋白质，可以吃一些低脂肪肉类、鱼肉、鸡蛋和坚果来提高蛋白质的摄取量，每天保持适量的运动和均衡的饮食。胆碱和DHA也对胎儿的脑细胞发育有所帮助。摄取碳水化合物，碳水化合物是胎儿主要的营养物质，其作用还在于为提高蛋白质的作用提供帮助。因此每天至少吃半碗米饭和面条，另加1块面包和30克左右的谷类食物。

此外，在怀孕过程中，某些感染症状和疾病会影响到胎儿的脏器及全身的正常发育，所以一定注意不要染上疾病，尽量避免接种疫苗和节食等不安全行为。

远离电磁波，胎儿对电磁波相当敏感，所以在条件许可的情况下最好不要使用电热毯、电炉和其他的电器制品，避免过多地与电磁波接触。此外，还应当尽量避免洗热水浴或蒸桑拿等。

注意控制体重，应当小心不要跌倒或受伤，还需控制体重增加的速度，同时保证动物蛋白、必需脂肪酸以及铁和钙质的摄入量。

一家三口胎教法

顺利胎教有利于胎盘的调节和保护。准妈妈和胎儿之间所有的交流都是通过胎盘进行的。对于在母亲腹中的胎儿来说，胎盘就是他或她的生命之源。血液自然不用说，胎儿必需的氧气、营养成分以及免疫物质的供给，都必须依靠胎盘才得以完成。同时，从怀孕的第3个月起，胎儿进入了一个快速发育的阶段，因此，此时既是胎教真正开始之时又是胎教最关键的时期，无论准妈妈本人还是家人，对此都不能忽视。

胎儿开始活动，准妈妈应注意避免压力

胎儿——进入了快速发育的阶段，脑部和脊髓的细胞开始不停地分裂，是胎教的重要时期。

准妈妈——怀孕的第一道关卡“孕吐”开始了。除此以外身体出现了非常明显的变化。由于子宫渐渐扩大，抚摸腹部会有轻微隆起和变结实的感觉。乳头的颜色变深。阴道分泌物增多，还可能出现贫血或眩晕等现象。在此时期应充分做好进行胎教的思想准备。

准爸爸——至此，妻子怀孕的事情终于给两人带来了生活上的实质变化。不仅妻子在身体上的变化被看在眼里，由孕吐而造成的痛苦也会在准爸爸的心里留下深刻的印象。这时，准爸爸千万不能有责怪妻子过于娇气的想法，而应该下定决心与她并肩度过10个月孕期，给妻子提供最好的照顾。孕吐期间很容易没有胃口，应该尽量满足妻子提出的饮食需求，做一些合乎其口味的菜肴。

制造没有压力的环境

我们应该为胎盘做些什么呢？第一条要做到的就是当心会损伤胎盘功能的低氧环境，防止出现胎盘血管急剧收缩的情况，即减少准妈妈所受的压力。当准妈妈受到一定压力时容易引起胎盘的血管收缩，从而降低通过胎盘输送到胎儿体内的血液量。

准妈妈们应该采取各种办法来降低自己的压力。最好能把那些生气的、不愉快的事情连同其他烦恼一起全部忘掉，尽最大的努力来保持自己的心态平静。这正与传统胎教中欣赏优美的音乐并接触自然的声音相对应。此外，要想减轻压力给准妈妈带来的影响，周围的人所起的作用也十分重要。其中丈夫的作用是最突出的，所以我们一直在强调准爸爸在胎教中的重要性。

坦然面对孕吐

孕吐是怀孕经常出现的现象。这种现象是极为正常的，一般认为其主要诱因是胎盘内分泌出的孕激素。

然而许多人在经历孕吐之前就已经对其产生了恐惧心理。研

究结果表明，能够坦然面对孕吐的女性更容易克服和适应那些不适。所以我们说，先前的过分紧张并给自己造成心理负担是完全没有必要的。

许多与孕吐相关的有趣研究表明，在对许多孕吐较为严重的准妈妈调查之后，发现每一家都是最小的女儿出现这种情况的概率最高。这可能是因为她们在目睹自己的姐姐经历怀孕和孕吐的过程之后，心里自然而然地对此产生了担心吧。

此外，那些从小听自己的母亲和祖母说“你妈怀你的那会儿不知道受了多少罪”的准妈妈，也会因为对孕吐的误解和偏见而反应较为严重。

所以，调整好心态是一种应对孕吐的有效方法。“孕吐孕吐，你尽管过来吧，谢谢你让我的丈夫变得更体贴了”，持有这种愉悦的心态一定能够使孕吐的症状减轻到最低，保证自己轻松地度孕期里的每一天。这也算得上是胎教的最高境界吧。

营养胎教：促进胎儿心脏和脑部的发育

在9～12周里控制胎儿生长的是母体的手厥阴经脉，手厥阴经脉分布着心脏周围，并起到给心脏供给营养的作用。这一时期饮食的注意要点是强化手厥阴经脉，并帮助胎儿的脑部和心脏发育，最好还能兼有安胎的功效，因为此时流产的概率还没有降低。

选择促进心脏和脑部发育的食物

进入9～12周，胎儿终于开始在模样上接近了人的形态。所以事实上这一时期的胚胎才可以真正称得上是“胎儿”，透过其皮肤可以看到皮肤下的血管，甚至还可以看见内脏。

从11～15周，胎儿的大脑皮质明显变厚，其表面上可以储存记忆的那些褶皱也开始出现并增深。第12周时心脏发育完整。

第12周结束之后，胎儿的心脏搏动变得更加有力，利用B超检查可以观察到胎动。

吃叶酸含量丰富的菠菜与生菜

为了帮助胎儿的细胞分裂，吃含有丰富叶酸的菠菜、生菜、茼蒿、动物肝脏、大豆和红豆，是大有益处的。还可以通过食用植物油来摄取不饱和脂肪酸，以此帮助胎儿的内分泌系统发育，并促进其细胞的生成。

摄入高蛋白和铁元素含量充足的食物，对胎儿的脑部发育至关重要

为了胎儿的脑部发育，还应当摄入一些高蛋白和铁元素含量充足的食物，包括动物肝脏、海螺、鲣鱼、牡蛎、蛤蜊、荞麦、茼蒿、芹菜、菠菜、牛奶、核桃、松子和扁桃等。

为了防止这一时期比较容易出现的流产现象，补充大量的维生素C是相当必要的。

孕早期每日营养结构参考

第一类	脂类	牛奶	250~300毫升
	蛋类	鸡蛋	1个
第二类	荤食	瘦肉	50克
		鱼	100克
	豆类	豆腐	1/2块
第三类	蔬菜	深色	50~100克
		浅色	200克
	薯类	土豆	50克
	水果	苹果/柑橘	200克
第四类	谷类	米饭	100~150克
		面包（馒头）	100克
	糖类	砂糖	20克
	油脂	油脂	40~50克

注：为叙述方便，将食品分成4类。

第一类是牛乳、乳制品、蛋类。

第二类是肉、鱼和豆制品。二者均是蛋白质的来源。

第三类是水果、薯类等蔬菜，维生素、矿物质与纤维素的来源。

第四类是谷类、油脂和砂糖，是能量的来源，是主食和调味品。

芝宝贝厨房

芦笋蛤蜊肉

原料： 蛤蜊500克，芦笋150克，辣椒50克。

调料： 盐，味精适量。

做法：

- 1．将辣椒切片，氽烫蛤蜊和芦笋切段氽烫。
- 2．取出蛤蜊肉；将芦笋入开水冲凉。
- 3．先炒芦笋，再放入蛤蜊肉同炒，最后放入盐及辣椒炒匀即可食用。

蛤蜊荞麦面片汤

原料： 荞麦面粉300克，普通面粉150克，蛤蜊300克，海带汤800毫升，小南瓜100克，萝卜20克，白菜80克。

调料： 小葱20克，淀粉15克，盐5克，酱油、盐、胡椒少许。

做法：

- 1．按比例取各种原料揉面。
- 2．将南瓜、土豆和萝卜切成半圆形的片状物，在小葱上剪下6厘米的长度，把剖成两半的白菜切成4厘米长。
- 3．将洗干净的蛤蜊放在海带汤中煮沸，在蛤蜊张开外壳之后将其捞出，然后把汤汁倒入锅当中。
- 4．在锅里加入土豆和萝卜后烧煮，当其开始发出“噗噗”的沸腾声音时，小心地把面片倒入锅中。

- 5. 最后把南瓜、小葱和白菜放进锅内煮沸，接着加入盐和胡椒进行调味。

原料：牡蛎250克，紫菜15克。

紫菜牡蛎汤

调料：油、盐、葱少许。

做法：

- 1. 把水烧开，放入紫菜、油、盐及葱。
- 2. 加入牡蛎，烧开即可起锅。

运动胎教：活动骨盆周围肌肉可缓解疼痛

进入第12周末，可以说是已经到了较为安全的时期，不过仍需小心谨慎。尽量避免容易引起强烈震动或是幅度较大的运动。此时已经能够看出准妈妈逐渐隆起的腹部，为了减轻以后胎儿体积继续变大带来的腰部疼痛，应该主要锻炼腹、背肌肉，同时培养保持平衡的能力。

这段时间里准妈妈往往会感觉到因脊柱受压迫而产生的阵痛，同时骨盆和臀部也会有疼痛的感觉。经常活动骨盆周围的肌肉可以缓解这些症状。在整个怀孕过程中，有多种诱因可能引起臀部疼痛，受到胎儿压迫则是较为常见的原因。

长久地保持坐姿，运动量过大都有可能导致疼痛。如果发生以上这些情况，在做运动时，一旦遇到让你极为不适的动作或者姿势时就应立刻停止。

转动肩部

以放松的姿势盘腿而坐，两肩先从后向前，再从前向后进行转动。

功效：使肩部的关节变得柔软，并能缓解紧张的感觉。

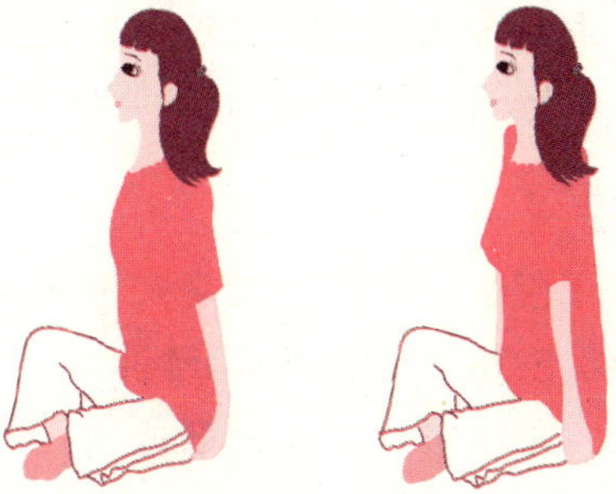

肋部运动

Step1：采取仰卧的姿势，曲起膝盖然后上举，双手叉在一起并放在头部后方。

Step2：抬起上身，尽量让左肘接触到右膝，之后再次躺下。抬起上身的同时呼气，躺下的同时再次吸气。

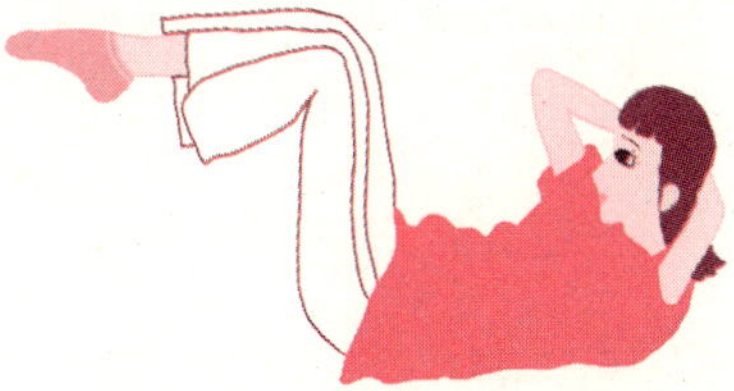

功效：有效地锻炼腰部的肌肉。

推动骨盆

Step1：在仰卧的姿势下立起膝盖。

Step2：向上推抬臀部，用大腿和臀部的力量上推再下降。

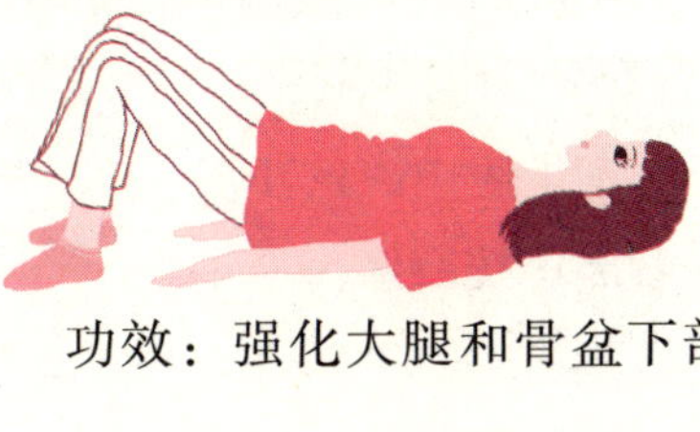

功效：强化大腿和骨盆下部的肌肉。

骨盆运动

Step1：两脚分开，膝盖稍适弯曲。

Step2：慢慢地转动臀部。尽量保持腰部不要跟着旋转，而让其起到带动臀部的作用。在重复数次之后，要记得更换转动的方向。

保持平衡

Step1：两手抓住椅背或将双臂张开以保持平衡。

Step2：抬起脚后跟再轻轻放下。

功效：能更好地支撑日渐增重的身体，提高准妈妈掌握身体重心的能力。

按摩胎教：让孕期不适早缓解

在怀孕的第3个月里，还是安胎的一个重要的月份，因此，一切都要格外注意。同时还会有些准妈妈在这个月里孕吐症状还没有消失，心情也会受到一定的影响。这个时候，按摩胎教很大程度上为了减少孕早期的一些不适，以此让准妈妈得到一个较好的孕期心情。

针对贫血

用大拇指在足底中央的肾脏反射区涌泉穴上按3次，每次持续4秒钟。

以对角线方向向下滑动并挤压输尿管反射区，重复9次。

在脚踝内侧的膀胱反射区挤压3次，每次4秒钟。

用大拇指和食指一起按大脚趾上的大脑反射区，每次4秒钟，重复4～5次。

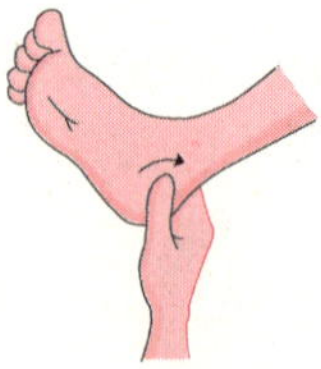

在膀胱反射区范围内靠近跟腱部位的尿道反射区上按摩，方法是用大拇指按照椭圆形的路线不断搓摩。

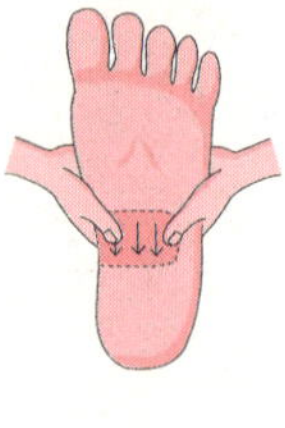

用大拇指在足底的小肠反射区上按箭头方向滑动搓摩，重复4～5次。

针对消化不良

在位于足底的涌泉穴上用大拇指按3次，每次持续4秒钟。

在输尿管的反射部位用大拇指轻按4～5次，每次持续4秒钟。

在脚踝内侧的膀胱反射区挤压3次，每次4秒钟。

用大拇指在尿道的反射部位按摩9次以上。

从涌泉穴开始向下推至小肠反射区，反复按摩。

在脚腕到膝盖上10厘米的区域内按摩，通过挤按内侧、外侧和底侧而让足部的血液向上循环。

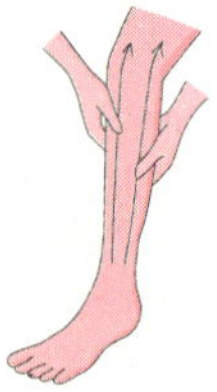

防止便秘

在足底中央的基本反射区涌泉穴上用大拇指轻按3～4次。

在位于涌泉穴对角线方向的输尿管反射部位用大拇指轻轻挤压4～5次，每次4秒钟。

在膀胱反射部位用大拇指轻轻挤压4秒钟。

在足底中央的小肠反射部位按照箭头所示

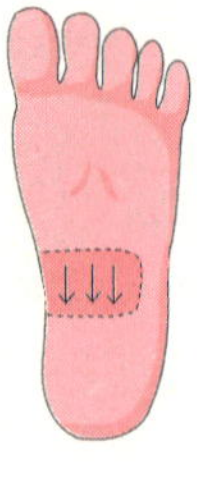

方向向下轻捋，重复4～5次。

语言胎教：让胎儿熟悉爸爸妈妈的声音

刚开始对腹中的胎儿说话可能觉得挺不自然，就像在自言自语一样。与生硬地称呼胎儿为“孩子呀”相比，不如给他起一个小名再开始语言胎教，这样，接下来的过程就会变得轻松许多，不仅母亲不自然的感觉会逐渐消失，与胎儿之间的亲子关系也会变得深厚，从而使母亲有机会与胎儿进行更为亲密的谈话。

可以取“圆圆”“宝宝”这种非常上口的名字，但名字最好不要有性别倾向。因为这代表了父母对孩子真实性别的尊重态度。

就像与朋友说话时一样真诚

由于说出的话得不到任何回应，有些人会因此而不感兴趣。

但实际上在进行胎教时，准妈妈不应该觉得自己是单独一人，而应该用与身边的朋友交谈的真挚态度和嗓音来诉说自己的心里话。

说话时要注意抑扬顿挫，并尽量做到发音标准；如果能够保持平静、柔和的声音，胎儿就不会产生拒绝感。一边深情地抚摸肚皮，一边温柔地对胎儿说话，只要这样做，就可以把母亲的安定情绪完完整整地传递给胎儿。

自己的各种体验是语言胎教的最佳话题

每次说不同的话题可以对胎儿的大脑起到良好的刺激作用。如果想让胎儿的情绪安稳，就应该经常对胎儿的大脑进行良性刺激。事实上，胎谈时的最佳话题就是准妈妈自己的各种体验。

此外，胎儿对语言的初步学习过程也是从腹中时期开始的，这时准妈妈只要进行各种积极的活动并用话语向胎儿表达自己的感情，就可以对胎儿产生极大的帮助。

在迎接美好清晨的那一刻，为什么不试着向胎儿问好呢？这样向胎儿问好会使自己的心情也渐渐地爽朗起来，不知不觉就做好了迎接快乐一天的心理准备。

语言胎教时说说这些吧

早上起来时——“宝宝，睡得好吗？”“妈妈昨天梦到你啦！你看看这升起的太阳是多么的美丽呀，让我们一起度过精彩的一天吧！”

吃饭时——“今天我们吃鱼，对我们的身体可有好处了，它的味道香浓，咱们一起尽情享用吧！”

“苹果好吃吧？真是又香又甜，据说苹果里有许多的维生素呢！”

去医院时——“今天是定期检查的日子，你的脸、手和脚都长到多大了呢？妈妈很快就可以看到啦！”

“已经做过B超检查啦，宝宝你真是太可爱了。你一定要在妈妈的肚子里乖乖地、健康地长大哦！”

听音乐时——“这是轻音乐，让妈妈从身体到心情都变得舒畅了！宝宝的心情也很不错吧？”

发生胎动时——“呵呵，宝宝这会儿正玩得开心呢，妈妈来陪你一起玩好吗？”

“来，妈妈在这里拍一下，宝宝也来拍一下？嗯，真听话！”

“宝宝的心情可真不错呀。你知道吗？妈妈也和你一样高兴！”

谈话的同时听听音乐吧

语言胎教的同时可以做一件非常容易的事情——欣赏音乐。播放你最喜欢的音乐，然后从与音乐相关的事情开始聊起，这样就能够非常自然地进入到语言胎教的状态中。在欣赏音乐的同时，准妈妈可以把自己对音乐的感觉，音乐讲述的内容以及使用的各种乐器一一介绍给胎儿。

对胎儿唱歌也会使其变得心情愉快

除了与胎儿谈话之外，把孩子的小名编到歌词里，或者学一些传统的童谣唱给胎儿听，也都是不错的选择。有些母亲曾经说：把胎教时经常唱的童谣再次唱给婴儿听时，婴儿会有非常明显的反应。

专家们还发现，胎儿时期经常欣赏音乐的孩子在情绪上比其他的孩子更加稳定。用爸爸妈妈自己作的歌词配上现成的曲子唱给胎儿听，既有趣又能达到胎教的效果，这可真是一件一举两得的事呀。

用谈话的口吻读童话故事

选择好的童话故事，然后用谈话一样的口吻坚持读给胎儿听。最重要的是讲故事时一定要想像胎儿就坐在自己的身边，但必须注意不要读得过于平淡，一定要让自己的声音始终饱含丰富的感情。

从怀孕第6个月开始，胎儿的听觉就得到了明显的发育，并成为五感当中最为敏锐的一感，因此为胎儿读童话故事就变成了胎教效果最好的刺激方法。即使不读童话故事，准妈妈也可以选择一两篇自己喜爱的小说或散文读给胎儿听，读的时候仍然应该饱含感情。

画出孩子的小脸当作语言胎教的对象

如果觉得一个人说话还是有些放不开，可以把想像中孩子的小脸画出来，并当作语言胎教的对象。这样做可以让准妈妈感到胎儿似乎真的就在自己身边，如此一来胎教也将变得更有效果。准妈妈可以采取舒适的坐姿，看着孩子的画像娓娓道来，这样母亲平和安定的情绪就能够渐渐地传递给胎儿。

此外，把漂亮的宝宝图片收集到一起并贴在墙上也是一种方法。就“欣赏漂亮的宝宝图片就能生下漂亮宝宝”这样的想法而言，也可以算作是一种图像胎教的理念吧。

让胎儿常常听见爸爸的声音

如今，准爸爸们也纷纷开始对胎教产生了兴趣。因为他们都知道了自己在胎教中起重要作用。

胎儿可以经常听到准妈妈的声音并对此产生记忆，但是准爸爸的声音对胎儿来说却并不是那么熟悉。与此相仿的是，一体相连的准妈妈和胎儿之间，早已非常自然地形成了一种亲子关系，而这种亲子关系，对在怀孕和生产过程中，一直只是起到辅助作用的准爸爸来说，往往是可望而不可及的。在这样的情况下，准爸爸们就更应该一有空闲就让胎儿听一听自己的声音，努力使两人之间的感情变得深厚起来。

在怀孕期间，如果准爸爸坚持不懈地与胎儿交谈，胎儿出生之后就能分辨出父亲的声音。上班出门、下班回家的时候可以用“睡得好吗？”“今天在玩什么呢？”“爸爸从公司回来啦！”这样的话向胎儿问好，以此增进准爸爸和胎儿之间的交流。

语言胎教时可以正对准妈妈

的腹部，也可以在抚摸准妈妈腹部的同时进行，此外胎谈过程中还要注意保持充满爱意的语气。要知道，抚摸准妈妈的腹部就是间接接触腹中的胎儿，因此这一举动也能达到使胎儿的情绪安定下来的效果。

让胎儿知道你的无限爱意

语言胎教过程中最不能忘记的事情就是传递爱的信号，“让胎儿知道你的无限爱意”，可以说是语言胎教的根本所在。“我爱你”“欢迎你的到来”这样积极的话语将使胎儿更加了解自己正被疼爱的事实。

另一方面，准妈妈一定要避免消极的言行，因为与其他任何人相比，胎儿都能够更快地感知到准妈妈的情绪变化。准妈妈在视觉和听觉上都尽可能不接触消极的事物。举例而言，要避免使用“太差了”“不行”等否定词汇的语句。

称赞和奖励对胎儿的好处是不言而喻的。去医院做检查时，发现胎动比较明显或是感觉自己身体状态良好时都是夸奖腹中胎儿的大好机会。

请记住，只有保持积极的言行和开明的想法才能为你的孩子带来积极而开朗的性格。

怀孕各时期的语言胎教法

在怀孕的不同时期要选择不同的谈话内容。

语言胎教开始得越早越好，我们建议从得知怀孕消息的那一刻开始进行语言胎教。准妈妈可以把自己得知怀孕消息时激动、愉快和幸福的心情说给胎儿听。

在怀孕中期，就胎儿的成长来展开适宜的话题，并表达出自己对胎儿健健康康成长的无限期望。

怀孕第8个月时，胎儿能够区分声音的强弱和高低，这时进行语言胎教取得效果比其他任何时候都好。准妈妈应该更积极地给胎儿读书，让胎儿听音乐，唱歌给胎儿听并与胎儿进行谈话，从而对胎儿产生相应的良性刺激。分娩的临近往往会给准妈妈带来不安的感觉，通过与胎儿的对话也将使准妈妈的心境渐渐平和下来。

怀孕早期，变成一个话匣子对准妈妈来说是理所应当的事情。准妈妈可以把一天当中遇到的许多琐事向胎儿一一道来。从早上起床一直到晚上上床，一天中肯定会发生很多事情，就从向胎儿简单地打招呼开始语言胎教吧！总之要通过这些内容来把一个母亲的情感生活完整地表达出来。

除此以外，准妈妈还应该把自己对胎儿能平平安安地成长、不受流产等问题困扰的期望告诉胎儿。

怀孕中期，尝试一下胎动游戏吧。怀孕第4个月之后，准妈妈就开始逐渐感觉到胎动了。在感觉到胎动时，可以尝试进行胎动游戏作为对胎儿的称赞和奖励。

胎动游戏第一步，保持舒服的姿势并等待胎儿做出踢腹壁的动作。如果有了“呀，宝宝开始踢我了”的感觉，要立刻轻拍踢的部位。只要重复几次这一动作，胎儿就会再次踢那个位置。

如果胎儿做出了反应就可以进入第二步了，找到与胎儿踢中的部位，然后轻轻地拍打那里。这样胎儿就会踢那个部位，准妈妈则可以说一些表扬胎儿的话。在实际过程中，想达到这一步并不容易，所以即使胎儿没有做出任何反应也不要失望，只要坚持不懈地做下去就一定可以收到效果。

若第二步也获得成功就可以进行第三步了。在拍打腹部的同时开始数数。一边念“啪啪”一边拍打腹部两次，这时，你就可以觉察到胎儿相应地传来两次回应。

每天最好做2～3次胎动游戏，并且最好选在休息的时间，以闲暇的心态进行。也许一开始不会有明显的反应，但只要坚持不懈地尝试，就能最终达到在胎动中与胎儿进行交流的目的。

怀孕后期，将各种事物的名称告诉胎儿吧。只要经常让胎儿听到爸爸妈妈的谈话，他就能对这两种声音做出分辨。胎儿的记忆能力是在怀孕第6～8个月形成的，所以这一时期，让胎儿在胎谈时接触文字卡片或是动物名称就可以起到非常好的效果。

此外，无论胎儿在怀孕期间接触了什么，学习了什么，请你都不要吝惜使用“宝宝，你太棒了”这样的赞扬话语。

随着分娩的临近，准妈妈自身往往会产生一种不安的感觉。因此这时应该尽量传达一些与顺产有关的期望，“我们的宝宝长什么样呢？”就用这样的语句来表达我们急切等待胎儿出生的美好心意吧！

准妈妈经验谈

我怀孕后变成了话匣子

相信吗？孩子在肚子里的时候就已经有“心灵”了。直到现在我都能清楚地记得我们与女儿语言胎教的情景。有许多专家都强调胎谈的重要性，并指出语言胎教对职业女性来说是一个相对较轻的任务。

怀孕中期以后，我的肚子渐渐地隆了起来，并且开始感觉到了胎动。“孩子在肚子里睡得可香了！”我们就这样对怀孕、对胎儿产生了实在的感觉。我把上班时遇到的事情、和朋友一起谈论的话题、观看电影或演出以后的感受等经历全部讲给胎儿听。到了晚上还会给胎儿讲童话故事。我的丈夫很富有爱心，他每次准时回家后，都将手放在我的肚子上为胎儿朗读童话书。每次一听到丈夫的声音，我的心境都会变得舒适而平和起来。

4

孕4月的胎儿和准妈妈

孕4月

经过了怀孕初期的3个月，胎儿的情况基本稳定，也就是所说的最危险需要安胎的头三个月过去了，到了怀孕的第4个月里，绝大多数孕吐症状得以缓解，心情也会轻松很多。要说头三个月身体的变化不太明显，那么这个月，准妈妈自己会很明显感到腹部的凸起，穿衣会有小一号的感觉。这时准妈妈让人能够一眼能看出怀孕的身体。因此，准妈妈要选择尽量宽松的衣服，不要束缚胎儿的生长。

胎儿的生长

经历着急速生长的胎儿在第13周时耳朵逐渐移动到正常的部位，肺、胃、肝、胰等身体器官也到达了各自应在的位置，并向着能够完全发挥其功能的形态发育。指纹、指甲、声带和乳牙的根也一个个长出来。

14周里，胎儿整个身体达到了普通人的拳头大小，眼睛逐步从头部的两侧向脸部正前端进行位移，耳朵则从颈部移动到了头的两侧，颈部的长度继续增加。声带生长完成，生殖器持续发育，消化腺体也已经趋于完整。

第15周，胎儿骨骼开始变得坚硬，透过薄薄的皮肤可以看见血管，刚长出的汗毛覆盖了整个身躯。有时还能看到胎儿吮吸大拇指的可爱模样。腿部的长度超过了手臂。

怀孕16周的时候，胎儿开始握住自己的拳头并张开了小嘴，嘴唇开始活动，并有时会做出吞咽的动作。还会吸吮自己的大拇指，头上会长出一些毳毛，肠胃开始制造出消化液，尿液也在肾脏里产生。接着手指长出了指甲，脐带附着在下腹部上，手臂开始移动。

准妈妈的变化

准妈妈的变化也开始明显，准妈妈肚脐下方10厘米左右，耻骨上方的下腹部，是子宫的位置。怀孕第12～13周时，子宫已经占据了整个骨盆并开始进入腹部区域。准妈妈脸上和颈部出现了褐色的斑点，乳房开始变大并产生了刺痛的感觉。乳晕的颜色发生变化，乳腺更加发达，静脉曲张也变得十分明显。到了孕中期，有少量的乳汁分泌。

14周时，孕吐开始消失，怀孕进入了较为安定的阶段。穿较为宽松的衣服会让准妈妈感觉舒适。然而，消化不良的症状常常导致准妈妈胀气。痔疮和牙龈炎也是这一时期容易出现的病症，因此应当选择富含纤维和水分的食物，并摄取足量的维生素C。由于胸部变得丰满，应适当改换胸罩的尺寸，以免给乳房带来不适感。

15周时，下腹隆起，很容易被人看出怀孕了。在肚脐下方8～10厘米的地方可以摸到子宫。子宫变大会给腹部和胯部带来刺痛的感觉。此外毛细血管扩张和静脉曲张等现象会使皮肤呈现出红色，粉红色的乳晕不断加深，并逐渐变成褐色或赤褐色。

到了这个月最后一周时，胎儿长大的同时准妈妈体内的子宫和胎盘也在不断地生长。第6周之前子宫的重量只有140克，而现在已经增加到了250克左右。环绕在胎儿周围的羊水的体积也增加到了250毫升。

芝宝贝孕期札记

准妈妈的腰身变粗，裤子一下子紧了许多，胸部增大的同时乳晕开始变黑。牙龈出现炎症，有时不得不去医院，免疫功能的降低还会让准妈妈经常感到疲惫。有些准妈妈能第1次感觉到胎动，如果觉得必要，可以做羊水检查。通过羊水检查了解胎儿是否存在各种感染症、唐氏综合征、血液疾患和神经系统疾病等先天性缺陷。但是，做羊水检查也有导致流产或早产的危险。

准妈妈要注意姿势，因为以同样的姿势长久站立会增加早产儿与低体重儿出生的概率，所以应避免久站。

如果出现早期阵痛或出血等症状应立即请专门医师进行诊治，并一切按照医师的嘱咐行事。虽然已经过了头三个月，但是对于一些异常情况还是要重视。

不能觉得孕吐而无度进食，否则就很有可能造成肥胖的后果。需要注意：肥胖会引起高血压和糖尿病。此外，饮食口味不要过重，比如过咸、过甜、加过多调味料或热量过高的食品，用餐的时候应尽量放慢进食速度。有规律地、适度地进行晨练、散步等运动对准妈妈大有帮助。

怀孕8～15周不得照射X光片，如果孕期需要看牙科也要等到12周以后再进行才比较安全，这个孕月里就可以去看牙科，但是在接受诊疗时一定要告诉医生自己怀孕的事情，医生会为准妈妈实施最安全的方案，切记千万不可以在治疗过程中采用全身麻醉的方法。

在运动方面，直到怀孕后期为止，相对而言较为安全的运动项目是游泳、散步、慢跑。危险项目是骑自行车、骑马和滑雪等。

就寝时尽量保证侧卧入睡，并最好养成每天在同一时间入睡的习惯。睡觉时要注意腹部保暖，并尽量不要突然站起或坐下。从这时开始，每天应当在原有基础上再多摄入1 200千焦的热量。具体说，100克猪肉加1个萝卜，或者1杯酸奶加1个中等大小苹果的热量差不多能达到1 200千焦。

饮食方面，准妈妈可以每天吃3～4次加餐。加餐应该以新鲜的蔬菜沙拉和煮熟的鸡蛋、玉米花、低脂肪奶酪等营养价值较高的食物为主，但要严格控制摄入量。

一家三口胎教法

压力会给胎儿的大脑发育带来危害之后，我们最先应该满足的就是让准妈妈身处在一个没有压力的环境当中。如果在你身边有准妈妈，就一定要记得给予她更多的谅解与照顾，使她时时刻刻都保持愉快的心情。这才能算作是最上乘的胎教方法吧。也就是说，想让孩子身心健康并有很高的IQ，让准妈妈首先保持平和的心态。

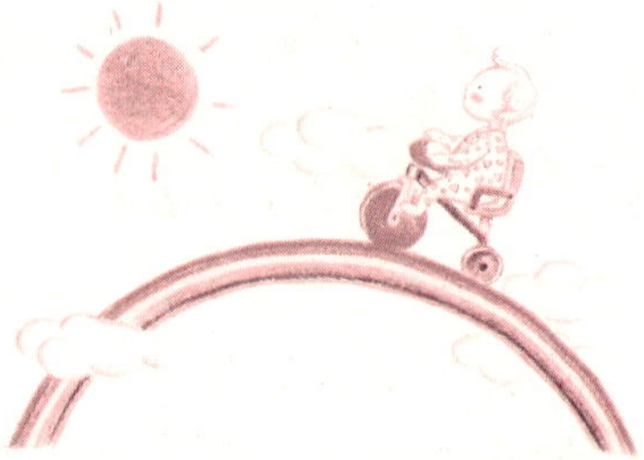

胎儿——母亲腹内和出生以后的所有阶段中，第13～16周是大脑发育速度最快的时期。在16周结束的时候，其脑部已经占据了头盖骨里的整个空间，而这时头部事实上只有乒乓球大小。胎儿已经能对外界的强光和噪声做出反应，并且开始出现了愉快、不安和愤怒等情绪。

准妈妈——准妈妈进入了安全时期，孕吐状况逐渐减轻，食欲变好，妊娠纹出现。根据胎儿的需要，准妈妈要继续补充优质蛋白等营养成分。同时，因为胎儿还拥有了各种感情，所以准妈妈保持愉快的心情就显得格外重要。除此之外，胎儿对温度的变化较为敏感，不宜呆在生冷的环境中，也不要沾凉水。

准爸爸——要把工作重心放在怎样让妻子保持一个平静的心态上。胎儿为了造血，必须不断地通过胎盘来吸收母体的铁元素，在孕中、晚期仍有一些准妈妈患贫血。所以，及时给准妈妈补充富含铁的食品才是准爸爸必做的。不过，补充过多的铁能引起便秘，所以，还要记得每天早上递给刚起床的妻子一杯温开水。由于已经进入了怀孕的安全时期，可以在适当的范围内进行一定的性生活。

宫内环境对身心发展起重要作用

在市场上销售的众多育儿类的书刊杂志中，指导怎样提高孩子智商的内容备受青睐。尽管人们最近关心孩子的情商和德商等领域，但是，大多数父母还是觉得孩子聪明比什么都重要。

也难怪父母们会有这样的想法。一般认为，孩子聪明就能进入好的学校，以后可以找到好的工作并能享受不错的待遇，然后才能过上幸福的生活。我们暂且不论这种想法准确与否，那么，智商与胎教有什么样的联系呢？

在20世纪初，学者们普遍认为智商80%来自遗传。IQ在当时被认为是先天性的，靠人力作用无法影响到，然而最近学者们通过各种研究与实验得出了“就决定人类智商的因素而言，宫内环境比基因占据了更加重要的地位”这样的结果。

因此,创造出良好的宫内环境,通过努力就可以实现生出聪明孩子的愿望。

压力对胎儿大脑影响是致命的

即使是对一般人，压力也会给身体带来各种各样的变化。比如在受到刺激或碰见伤心的事情时，许多人都曾有过颈背发酸、头痛或心悸的经历。

事实上，以上这些大多是由于身体各部位血管收缩，导致血压上升，呼吸次数增加且体温升高而引起的。

假如在较长时间内持续地受到压力，人体就会逐渐变成酸性体质。这种会使所有接受血液供给的组织受到影响，特别是对准妈妈来说，对胎儿的影响将会是致命的。

我们都知道接触烟酒会给准妈妈带来极为不良的影响，但是事实上，压力会比烟酒造成的危害更大。

人承受压力后，细胞的分化发生障碍，对正在朝向完全状态发育的脑部直接造成了恶劣的影响。压力不但会给胎儿大脑组织的发育造成困难，还有可能导致孩子日后出现一定的精神障碍。

营养胎教：保证胎儿快速发育的需求

在此时期准妈妈应摄取大量优质蛋白，这样有利于胎儿的肌肉、血液和骨骼的发育。除此之外还应多吃肉类、鱼类和豆制品，特别是要多吃含有充足铁的肝脏和对胎儿脑细胞发育有促进作用的青花鱼。补充矿物质、维生素A、维生素C以及纤维质含量丰富的绿叶蔬菜、水果和薯类也是十分必要的。以上这些对消除便秘及维持身体的酸碱平衡都非常有好处。

胎儿通过母体来吸收氧气和营养

从母体吸收氧气、营养和免

疫抗体的营养循环也是依靠中焦功能来完成的。而下焦则控制着胎盘上的体液循环，让其自身分泌大量的激素以防止发生流产或早产。

摄取各种维生素，增强母体脏腑功能

维生素B_{15}可以维持母体内氧气的利用率，使脏腑的功能变得更加完善。枇杷叶中含有大量的维生素B_{17}，具有提高抗病能力、强化脏腑功能的功效。将枇杷叶煮熟后放凉，冲入糖汁后再服用是一种不错的清凉饮料。

均衡摄取包括优质蛋白在内的各种营养成分

这一时期要多吃高蛋白食品，特别是牛奶、乳制品、明太鱼子酱和蛋类，因为这对胎儿肌肉、血液和骨骼的形成都大有帮助。还要多吃肉类、鱼类和豆制品。特别是要多吃维生素B_1含量丰富的猪肉，以及含有大量DHA并对胎儿脑细胞的发育有所帮助的青花鱼。

除此之外，补充矿物质、维生素A、维生素C以及纤维质含量丰富的绿叶蔬菜、水果和薯类也是十分必要的，这对缓解便秘及维持身体的酸碱平衡非常有好处。糙米、胚芽、糖份和油脂能有效地补充能量。同时搭配鳗鱼、韭菜、香菇、芝麻和番茄等食物，可以促进消化。

食用艾蒿、生地和葱可以预防流产

这一时期某些准妈妈可能有少量出血的现象，人们称之为“胎漏”。此时可在医生的指导下食用一些艾蒿，或者生地。

葱是我们离不开的配料，用糯米熬成粥，加入3～5只葱根，煮熟后食用。或取葱根煮成较浓的汤汁服下亦可起到安胎之效。

芝宝贝厨房

猪肝炖艾蒿

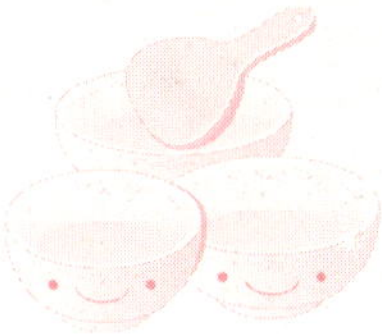

原料： 艾蒿6克，猪肝200克。

调料： 米酒15毫升，姜丝20克，盐、糖、淀粉适量。

做法：

- 1．将猪肝除筋膜，洗净切片，加入酒、淀粉腌3分钟，放入开水氽烫后捞起备用。
- 2．取一汤锅，大火将水烧开，放入姜丝后再以中火煮约3分钟，再放入艾蒿、盐、糖。
- 3．最后再倒入准备好的猪肝，煮开即可。

煮藕片

原料： 藕500克，芝麻15克。

调料： 食用油10克，酱油20克，糖汁10克，砂糖10克，香油5克，盐少许。

做法：

- 1．将藕削皮之后切成0.5厘米的薄片，放在水中烧煮10分钟后捞出。
- 2．在锅里放入食用油和酱油、水、糖汁和砂糖，倒入藕之后用大火烧煮。
- 3．待锅里的汤汁减少一半时调至文火，待藕会变成酱油颜色后，倒入香油和盐，即可出锅。
- 4．等藕变凉之后，撒上芝麻即可食用。

糯米鸡

原料： 鸡肉300克，糯米150克。

调料： 当归、黄芪和大枣各10克，枸杞子和桂皮各5克，盐适量，姜少许。

做法：

- 1. 先将鸡、当归、黄芪、大枣、枸杞子、桂皮、盐、姜一起放入锅中炖至半熟。
- 2. 将鸡汤去渣，糯米洗净后与炖好的半熟鸡肉一同放在加入适量水的锅内，盖紧锅盖。
- 3. 先用大火后改文火，蒸至鸡肉烂熟，即可食用。

运动胎教：松弛肌肉，强化骨盆

随着胎儿的快速成长，准妈妈的腹部渐渐隆起，但还不笨重，所以，在这一时期以不勉强自己为前提，做一些运动还是很有好处的。

支撑子宫的腹部韧带在这一阶段常常会产生痛感，许多准妈妈在翻身或移动整个身体时常常会感到疼痛。这种疼痛有时就像被锥子刺中一样。

由于准妈妈骨盆中间的软骨发生软化，其耻骨的结合部位往往会出现问题并产生不适的感觉。这种情况还会因为在运动中突然改变方向或强度而变得更加严重，所以一定要避免那些要经常转向或改变速度的运动项目。

拉伸背部

Step1：将两腿向前完全伸直，脚腕向上弯曲。

Step2：做出拉自己脚尖的姿势。注意膝盖不能弯曲，背部不得弓成圆形，尽量向前伸展自己的手臂。

功效：松弛背部的肌肉，消除紧张的感觉。

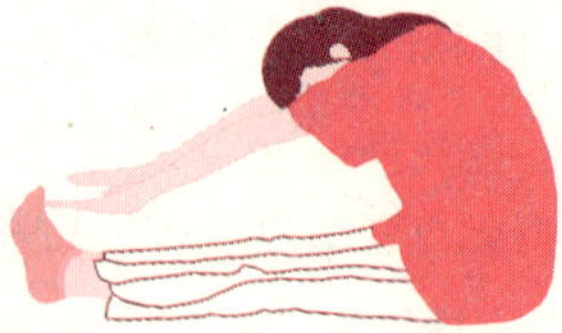

伸展背部

Step1：双手扶住墙壁，努力让手臂和身体形成直角。

Step2：用这种姿势按压自己的肩

和背。

功效：强化背部肌肉并松弛肩部。

转动脊椎

Step1：两腿向前，完全伸直并分开，脚腕向上弯曲，挺直背部并保持此坐姿。

Step2：转动身躯向后看，左右两个方向切换。

功效：具有松弛肋部肌肉的作用。

左右推动骨盆

Step1：两腿分开与肩同宽，保持站姿并稍稍弯曲膝盖。

Step2：用力向右推骨盆，之后再用力向左推。

功效：强化骨盆。

前后推动骨盆

Step1：两腿分开与肩同宽，保持站姿并稍稍弯曲膝盖。

Step2：上身保持不动，用力向前推骨盆，之后再用力向后推。

功效：强化骨盆底部的肌肉。

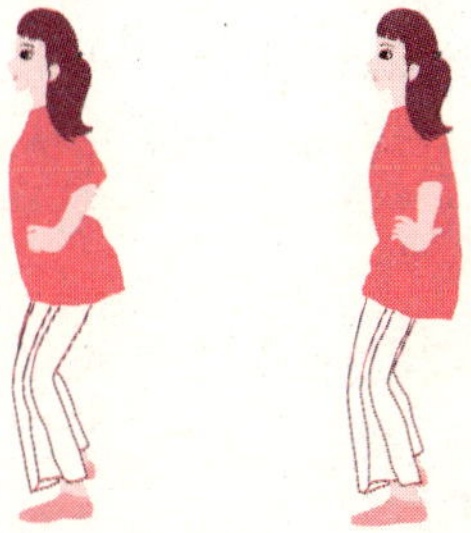

按摩胎教：减少孕期不适

怀孕了，接踵而至的会是一些身体的不适，有的是由于怀孕引起的，有的不是怀孕引起的。无论怎样，这些不适不但会影响准妈妈的孕期心情，更会影响准妈妈自身的健康从而对胎儿不利。过了孕早期，在怀孕中期，对于一些病症可以去看医生，听听医生的建议，比如这个时候治疗牙病相对安全一些。

针对牙龈炎和牙龈出血

在肾脏反射区涌泉穴上用大拇指轻按3～4次。

在输尿管反射部位用大拇指轻按4～5次，每次4秒钟。

在膀胱反射区用大拇指轻轻挤压4秒钟。

保持自己的脚背可见，按照箭头所示方向滑动并向里推以

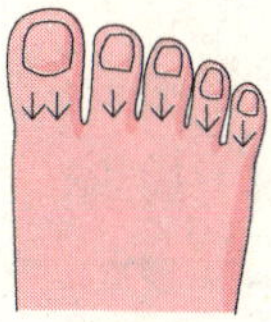

进行按摩。

针对痔疮

用大拇指在位于脚底中央的基本反射区涌泉穴上按3～4次，每次4秒钟。

在脚后跟底面边缘位置的肛门反射区，用大拇指反复按4～5次，每次4秒钟。

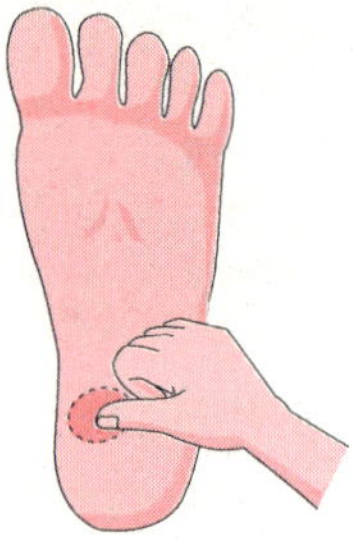

针对乳房疼痛

用大拇指按涌泉穴3次，每次持续4秒钟。

按脑垂体反射区3次，每次持续4秒钟。

在内分泌系统反射区用大拇指按逆时针方向画圆，需做到从内向外揉搓并重复2～3次。

用大拇指在足部的内外侧脚踝上按照逆时针方向画圆，重复2～3次。

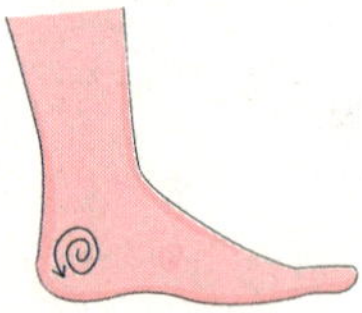

从内向外数第二和第三个脚趾之间的脚背部分是胸部反射区，在此位置按照箭头所示方向搓摩，重复4～5次。

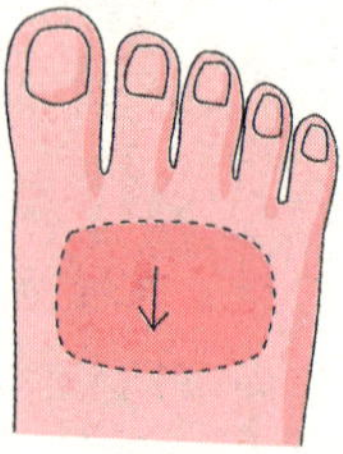

针对下腹不适

在肾脏反射区涌泉穴上用大拇指按3～4次，每次4秒钟。

在输尿管反射部位上用大拇指轻按4～5次，每次4秒钟。

用大拇指和食指在大脚趾上的大脑反射区按4秒钟以上时间，重复4～5次。

在脚底的小肠反射区按照箭头方向滑动按摩，重复4～5次。

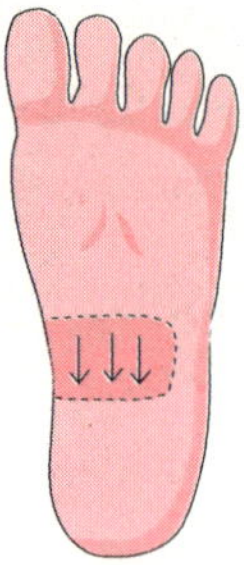

氧气胎教：可以促进胎儿的脑部发育

氧气在人类脑部活动中扮演着非常重要的角色。脑部的氧气供给中断短短的10秒钟，就会给大脑带来非常致命的影响。正因为如此，准妈妈就更应该为腹中的胎儿考虑，时刻保证充足的氧气供给。对准妈妈来说，氧气是必不可少的宝贵资源。呼吸新鲜的空气可以提高胎儿氧的供给，有利于脑的发育。

氧气可以促进胎儿脑部发育

胎儿的脑部在怀孕4～6个月时发育得最为迅速，这时只有为其提供充足的氧分，才能生下头脑发达的孩子。

美国彼兹堡大学的研究小组发现：在较为安静且营养和氧气供给充足的子宫环境中生长的孩子智商明显偏高。

在各种氧气胎教的方法中，最简单的要属散步和森林浴了。通过适当的散步和森林浴使自己吸入充足的氧气，不仅可以促进胎儿脑部的发育，还能够对很容易感到忧郁的准妈妈起到调节心情的作用。

在寒冷的冬天或是其他不适宜外出的时节，最好打开家里的窗户进行换气，并借助简单的体操运动增加氧气的吸入量。

散步让身体吸入充足的氧气

散步给人体带来的最明显的效果就是增加氧气的供给量。散步时吸入的氧气比静坐时高出2～3倍。它甚至可以使人们烦闷或者忧郁的心情变得舒畅起来。准妈妈在散步时吸入的氧气会随着脐带转移到胎儿身上。这些氧气进入胎儿体内之后会起到促使脑细胞活性化的作用。

可以想像，在泥土小路上散步并接触清新的空气对人的健康来说绝对是件再好不过的事情。散步对血液循环也特别有好处。许多准妈妈的腰痛或腿痛就是由于血液循环不畅而引起的。因此散步可以明显地减轻水肿或腰痛的症状。除此之外还可以增强人体的心肺功能，并使人自然养成腹式呼吸的习惯，也可以减轻准妈妈生产时的阵痛。

使胎儿的皮肤受到适当的刺激

散步可以增加胎儿的运动功能，并满足胎儿在皮肤刺激上的需要。有的人把皮肤称为胎儿的第2个脑，可见从某一角度来说皮肤的刺激与脑部的发育息息相关的。刺激胎儿的皮肤就可以使胎儿的脑部也受到刺激，从而促进脑神经发育。

那么，到底应该用什么样的方法刺激胎儿的皮肤呢？胎儿所感受到的皮肤刺激主要是通过胎儿在子宫内的运动来实现的，从而使胎儿的皮肤得到规律的挤按和放松。准妈妈以平和的心情散步时就可以使子宫发生收缩，这不仅是胎儿进入愉快状态的征兆，还是让胎儿接受良性刺激的必经之路。但是需要注意的是，散步时过于强烈的震动或不规则的刺激反而会给胎儿带来很大的压力。

最好从怀孕第16周开始散步进行养气胎教

散步的最佳时段是上午10点到下午2点，在这段时间里准妈妈的状态较为稳定。

其实，散步也用不着过于在乎时间，只要避开强烈的紫外线和饱腹的状态就行了。每天散步30分钟就可以起到准妈妈和胎儿共同锻炼的效果。一般来说每周最好散步3～5次，准妈妈也可以根据自己的身体状况进行适当调节。

准妈妈在身体疲倦时很容易产生腹部抽痛的感觉。所以产生明显的疲劳感或腹部疼痛就要立即停止散步。散步时觉得累了可以停下来休息片刻再继续走，若出现冒冷汗或眩晕的情况，则应立刻前往医院接受诊断和治疗。

养气胎教散步时一定要检查身体的状态

确认身体处于良好的状态——在开始散步之前要确认自己的身体不存在任何问题。

穿上较为舒适的便鞋——准妈妈最好穿较为舒适的便鞋，开口宽敞、低面、弹性好的鞋子是最佳的选择。另外，准妈妈还应该穿上袜子，这样就能更好地保护脚了。

摄取水分——应事先准备好大麦茶和矿物质饮料以备散步时饮用。给身体供给充足的水分可以预防脱水。空腹散步会加速身体的疲劳，所以最好在散步前1小时摄入适量的食物。

注意休息——在身体吃不消时坚持散步反而会造成很大的伤害。最好能根据自己的身体状态来调节走路的速度并保持愉快的心态，这样才能在散步中获得最佳的效果。

此外若感到疲倦或心情不佳，最好坐下来并休息片刻。

散步的地点——准妈妈很容易出现关节松弛、肌肉抽筋等现象，并可能因此而受伤，所以散步时最好选择一些地面平坦的场所。特别注意不要选上坡路，这样会给腹部造成很大的压力。相比之下，在平坦的道路或草地上散步是最佳的选择。

放松呼吸——为了更多地吸入清新的空气，掌握一种好的呼吸方法格外重要，在用鼻子吸入长长的一口气之后稍作停顿，然后随着“呼”的一声把气息从口中呼出。发生阵痛时也需要使用到与此类似的呼吸方法，所以从此时开始注意就可以达到提前练习的目的。

正确的姿势——走路的姿势也非常重要。低头走会给颈部和肩膀带来很大的负担。准妈妈在散步中应该保持挺起胸部、注视前方的姿势。步伐没有必要迈得太大，要给双脚留出一定的自由活动空间。

散步之后的脚底按摩

先后捏住每一个脚趾中央的凸起部分,并轮流进行按摩和缓慢地旋转。

以脚趾的顶端作为起点向脚后跟方向推进，再用两手大拇指挤按整个脚底。

握紧拳头，用第2个手指关节在脚底轻轻地抚按。此动作不可过于用力，仅仅起到刺激的作用就可以达到最佳效果。最后在脚腕周围进行大范围的抚摸和刺激。结束以后再用以上的方法按摩另一只脚。

游泳胎教：提高顺产概率

从计划游泳开始到结束，应在咨询医生的建议后确定具体的时间安排。当医生做出准妈妈和胎儿都没有异常情况的诊断时，准妈妈就可以开始游泳了。

一般情况下，准妈妈应该在子宫进入安定状态的怀孕第16周开始游泳，但是由于个体之间的差异，最好还是依照医生的建议做出决定。即使怀孕的时间已经超过了16周，如医生觉得还不适合游泳，就应该向后推迟。

在决定游泳的结束日期时，准妈妈也同样应该尊重医生的建议。大体上说应该在生产前1个月，即怀孕第9个月停止游泳，因为准妈妈无法掌握发生阵痛的具体时间。

游泳的最佳时段是上午10点到下午2点，因为在这一段时间里子宫偶尔才会收缩1次。准妈妈每周最好游泳2～3次，在水中若是有腹部绷紧或身体疲惫的感觉，就要立刻进行充分的休息。

让胎儿平静下来

准妈妈体内有许多肌肉承载着沉重的子宫，在水里游泳时，可以极大减轻这些肌肉的负担。此时胎儿也像进入了游泳的状态，在子宫里漂了起来。因为当准妈妈用双脚站立在地面上时，为了支撑身体而自然地对子宫产生附加的作用力。

当准妈妈游泳时，子宫会进入一种放松的状态，而宫内的胎儿也就能跟着变换到较为舒适的姿势。进入水中以后，准妈妈身体的自由度会明显增加，能够在泳池里随意地做出跳跃和奔跑的动作。

缓解双腿水肿和腰部疼痛的症状

准妈妈的体重在怀孕期间至少会增加10千克，有时甚至能达到20千克以上，这种变化无疑会给肌肉和关节带来更重的负担。在此情况下，准妈妈即使仅仅走两步路都可能明显地感受到自己的脚腕或膝盖疼痛。

游泳对缓解这种疼痛比其他运动项目效果更好。当准妈妈在水中活动时，浮力可以让她感到身体轻盈，从而减轻了脚腕和膝盖等部位的肌肉与关节的负担，不仅如此，腿部水肿及腰部疼痛等症状也可以得到明显的缓解。

提高顺产概率

游泳具有放松准妈妈子宫，锻炼肌肉并强化其心肺功能的作用，这些都会提高顺产的概率。许多准妈妈都在学习拉梅兹呼吸法，而游泳正好可以让她更加熟练地运用呼吸。但准妈妈切忌为了能够顺产而盲目选择游泳胎教法，这个胎教方法既要因人而异，更要严格遵守时间性。为了准妈妈和胎儿的健康和安全，请准妈妈认真理解游泳胎教部分的内容，并听取医生的建议。

在游泳之前检查身体有无异常状况

在游泳之前准妈妈应进行细致的检查，以确定身体是否有异常的状况。

准妈妈可以自行检查身体是否出现阴道分泌物比平时明显增多，突然发生阴道流血，腹部和骨盆产生疼痛以及腹泻、瘙痒、贫血等症状，如果有这些异常状况就一定要咨询医生的建议后再游泳。

准妈妈应该这样游泳

对准妈妈来说，游泳过程大致可分为准备活动、正式运动和整理运动这几个阶段。在1小时的时间内按照顺序进行上述几项活动就不会给身体带来过重的负担，此外，以前不会游泳的人还可以酌情减少游泳的时间。最好将运动时间控制在1小时以内。

要记住，准妈妈游泳并不是为了提高自己的游泳水平，它最大的好处在于水的浮力可以减轻隆起的腹部所带来的负担，这样，不管是谁都可以轻松地进行较为自由的活动与锻炼。

准妈妈在下水之前一定要记得用温暖的水淋浴，这样可以使自己的身体放松下来，然后通过做5~10分钟的准备活动，最好再摆动起自己的手臂做一些基础体操动作。

若身体已经准备就绪，准妈妈就可以下水进行缓慢的起身练习了。在此过程中应重复向两侧分腿和弯曲膝盖的动作。

此时准妈妈还可以同时“呼、哈、呼、哈”地做一些能够帮助分娩的呼吸法练习。下水之后最好用自由行走或轻轻跳跃的方法使自己的脉搏渐渐地加快起来。

准妈妈应当进行肌肉的锻炼，以及伸展运动和保持平衡等可以缓解肌肉紧张状态的活动。即使会游泳的人，也可以抓住泳道线，在左右浮动的同时进行踢腿练习。练习过程中感到呼吸急促时可以稍停片刻，等呼吸变得均匀一些再重新开始。

游泳的最后阶段是进行整理运动，这样可以使运动时加快的脉搏重新减缓下来。

在锻炼前后一定要进行准备运动和整理运动，这一点对准妈妈尤为重要。做整理运动时应该伸展胳膊、肩膀和跟腱，从水中出来以后则可以做一套简单的体操为整个锻炼过程划上完整的句号。

童话胎教：促进胎儿感性能力的发育

和准爸爸一起给孩子读一读童话书吧，通过那些动听的故事我们可以培养孩子的潜力和感性能力，此外，不仅父母与孩子之间的亲子关系会得到加深，丈夫和妻子之间的爱情也会变得更加浓厚。每天坚持拿出30分钟读童话书，让整个家庭一起度过这充满幸福感的胎教时间吧。

读童话书会给胎儿带来好的刺激

以图画、思考、经验、知识和习惯为依据，在人类脑海中形成的印象对我们来说是非常重要的，它的形成需要经过外部信息的持续输入和大脑进行数据处理和储藏这两个步骤。

印象的形成离不开脑细胞和脑细胞之间形成连接的有机过程。这种连接称为神经网络。

胎教的各种措施就是输入良性信息刺激，读童话书是刺激宝宝神经网络的方法之一。用母亲的声音读出的每一个美丽童话都将给胎儿带来好的影响。

童话胎教的优点

可以轻松地与胎儿进行交流。与胎儿进行交流并不是一件容易的事情。我们都知道胎谈的重要，但具体操作起来却往往会遇到困难。这时童话胎教就可以帮上我们的大忙，因此在这一点上，童话胎教和语言胎教具有密不可分的重要联系。

培养胎儿的潜力。胎儿的听觉功能在怀孕中期就已接近发育完毕，此时我们可以看见其对外部的刺激做出反应。这时，如果准爸爸和准妈妈能够用温柔的声音为其读一读童话故事就可以刺激其脑部，从而达到提升胎儿潜在能力的效果。

在准妈妈睡觉之前，即使只有30分钟的空余时间，也应该将其利用起来给胎儿讲一讲童话故事。这种做法对于胎儿潜在能力的培养的确具有非常大的帮助。

增强胎儿的想象力和好奇心。通过不同的童话故事，不仅可以将勇气和友情等概念传授给胎儿，还可以培养胎儿的想象力和好奇心。此外，如果准妈妈能用自己丰富的想象力将童话书中梦一般的世界转述给胎儿，则意味着胎儿将在这一过程中获得健康而安定的情绪。

对胎儿的感性方面产生刺激。胎儿倾听声音的过程并不是单纯地通过耳朵来进行的，他往往要运用自己的整个身躯来接受外部的信息。所以准妈妈如果能够带着丰富的感情朗读，就可以促进胎儿感性能力的发育。

读过的童话书可以在孩子出生之后继续使用。为胎教而买的童话书最好能一直保存到孩子出生之后继续使用，到那时说不定孩子会对自己在胎儿时期就听过的故事有一种亲切的感觉，而孩子的父母也省去了再次购买童话书的奔波之苦。

童话胎教开始了

首先留意一下书名、作者和插画作者；按照顺序欣赏书中的插图并将自己的想像具体化；将自己的具体想像描述给胎儿听，注意不是说明，而是描述。要把整个画面勾画出来，把眼睛看到的和心里感受到的客观地表述出来，用饱含深情的声音朗读书中的童话故事，在白纸上按照自己的印象把书中的插画再画出来。

注意发音的准确性。无论读书的对象是谁，在朗读时都应该注意发音的准确性，因为只有这样才能完整地表达出书中的意思。这一点在给胎儿朗读时也不例外，如果准妈妈的发音不够准确，朗读的效果也一定会大打折扣。在朗读之前可以先做一些针对舌头、嘴唇和口型的训练，这样会对朗读有很大的帮助。

给孩子起小名并运用口语来讲述故事。给孩子起了小名以后，你可以把童话书里主人公的名字通通改成孩子小名，并运用口语来讲述这个故事。

这样在读故事的时候准妈妈就会觉得自己的孩子和故事的主人公合二为一，从而使自己对胎儿的感觉变得更加亲切。另一方面，如果准妈妈把故事讲得声情并茂，也可以更多地吸引胎儿的注意力；反之，若是读成了流水账，恐怕不会起到任何的效果。

像语言胎教一样进行交流吧，无论是对准妈妈还是对胎儿都将是一种愉快的体验。

用温柔而多情的声音朗读。胎谈时，对准妈妈来说最重要的就是注意自己的嗓音，平和而温柔的嗓音将使胎儿的情绪也变得安定下来。

事实上，胎儿几乎在任何时候都期待着母亲柔和的声音，所以准妈妈应该打起精神，用清亮的嗓音为胎儿朗读。在读的时候最好能够像平时说话一样，保持着那种随和、温暖而又富有感情的语调和状态。

在抚摸腹部的同时朗读。像语言胎教一样，也可以在抚摸腹部的同时朗读童话书。这样做可以给胎儿带来一种温暖的感觉，使童话胎教的效果倍增。

每天坚持进行。童话胎教也必须要每天坚持才可以获得成效。此外即使只能抽出很短的空当，也应该选择一天中心情最愉快的时段朗读童话。想让丈夫一起参与，晚上8点往往最为合适，胎儿的睡眠时间很长，其听觉神经最为敏感的时段就是晚上8点左右，准爸爸只要在这个时间为其朗读就能取得最佳的效果。

讲解书里出现的事物。胎儿对整个世界可谓是一无所知，会很自然地对书中出现的事物产生好奇。针对这种情况，我们可以对童话故事中出现的各种事物进行亲切而生动的讲解。

边走边读。如果读书时采取的姿势很不舒适，胎儿也一定会有难受的感觉。准妈妈应该在最舒适的状态下慢慢地读给胎儿听，偶尔一边走一边读也是个不错的方法。这样做既可以让准妈妈得到锻炼，又可以使胎儿接受有益的振动刺激，可谓是一举两得。

偶尔根据图画的内容改编故事。每次都读完全相同的内容，连准妈妈都不禁会感到一丝厌烦。其实在读童话书之前，准妈妈可以根据图画的内容对故事的细节进行改编，这样做将为准妈妈和胎儿带来很多的乐趣。

在进行改编故事这种再创作的时候，准妈妈可以从那些之前没有留意到的小幅插画开始。在想像的过程中，准妈妈的注意力和想像力会得到很大程度的提升，而胎儿的想像力也同时得到增加。

朗读以后和胎儿交流自己的感想。朗读时，准妈妈的注意力集中在故事情节里，因此也会很自然地产生一定的感想。在读到故事的结尾处时，准妈妈可以以这些感想为话题与胎儿进行亲切的交流。

这样选择童话书

1. 选择颜色鲜艳，故事内容生动优美的童话书。

2. 营造温暖而煽情的气氛。

3. 背景不显得单调，一幅图画里蕴藏许多话题的童话书最为合适。

4. 书中的文字和插图应显得较为协调。

5. 最好是内容简单，准妈妈自己都会对其产生兴趣的童话书。

怀孕初期（1～12周）：提起胎教时用的阅读材料，人们很自然地会联想到童话书。然而在怀孕之后最先应该做的是学习与怀孕有关的知识。初次怀孕的女性不会有任何相关的经验，所以有害怕或茫然的感觉是很自然的事情。

自己的身体将会发生什么样的变化？胎儿将如何生长？现阶段可以为胎儿做哪些事情……准妈妈应该了解这些事项。因此可以购买并阅读有关怀孕胎教的书籍。准妈妈可以养成常去书店的好习惯，书店的安静气氛自然也会对胎教有所帮助。

怀孕中期（13～28周）：这一时期对于胎教来说意义重大。准妈妈需要根据胎儿五感发育的程度给予适当的刺激，而准妈妈本身则由于畏惧情绪的消失和孕吐症状的减轻而逐渐进入平稳的状态。在怀孕中期，胎儿最需要的是好奇心和理性的刺激，因此准妈妈可以买童话书，特别是能够让人自由想象的创作性童话书来阅读。将阅读童话书的时间控制在5分钟左右比较恰当。

怀孕后期（29～40周）：随着预产期的临近，准妈妈应该在这一时期给胎教画上一个完美的句号。可以读一些与分娩有关的童话来减轻自己对分娩的恐惧情绪，使内心逐渐平和下来。

准妈妈经验谈

童话书中的幸福

我在26岁时怀上了孩子，因为年轻，对怀孕有些不知所措。后来我渐渐地平静下来，但是在高兴之余，更多的是一种担心。由于不知道自己最应该做些什么，我决定去书店读一读与怀孕有关的书籍。就这样，我了解到对胎儿来说胎内环境是多么的重要，只有良好的胎内环境才能对胎儿的智力和性格产生好的影响。在平时读书的时候我能感到自己的心情变得平和，所以我选择了读书作为主要的胎教方法。

我不仅叫下班回家的丈夫给我读书，还特别注意在自己睡觉和发生胎动的时候用平和的声音朗读童话故事。我对那些可以充分发挥想像力的书特别感兴趣，那时候读的最多的故事是《不会叫的蟋蟀》《饿肚子的小虫》《咕咚的故事》《小狗》。这些故事内容丰富，图画鲜艳，我自己在读的时候都充满了幸福的感觉。

有时我还让丈夫扮演当中的角色和自己一起把故事表演出来。接受了童话胎教以后出生的宝宝，性格温和又大方，而且对书有着特别的爱好。看着他一个人专心致志翻阅书籍的样子，你真的会对童话胎教所起的巨大作用感叹不已。

5

孕5月的胎儿和准妈妈

孕5月

到了第5个月，能够感觉到胎儿的胎动了，这种胎动的感觉，会让准妈妈感到惊喜，甚至有一种激动，更能激起准妈妈的母性。随着胎儿的发育，准妈妈从这个月起，需要控制自身的体重了。准妈妈可以通过定时测量体重的方法来及时调整饮食使自己的体重增加负荷标准的增量。因为胎儿的生长，准妈妈体形会真正开始变化，但是不要担心这种变化。如果有咳嗽等病症，要及时去看医生。

胎儿的生长

第17周，从这一时期起胎儿的生长速度逐渐变慢，身上出现了褐色的皮下脂肪，脊椎的神经纤维也逐渐被白色的脂肪所包围。听觉器官也在此时逐渐进入发育状态。

到了18周的时候，胎儿的骨骼轮廓已经可以在X光片上清晰地体现出来。其心脏开始收缩活动，循环系统也进入了发育的状态，并最终与母体的循环系统完全分离。此外，通过B超检查可以发现胎儿的心脏是否存在异常。

第19周，胎儿从此时起到出生为止，体重还会再增加约1.5倍。此时期内胎儿做出了蹬踢的动作，不仅手臂开始移动，手指和脚趾也开始运动，脑部与脊髓继续生长。此外，与身体的其他部位相比，腿部的发育幅度最为明显，胎儿的骨骼此刻则暂时停留在由软骨组织构成的初始阶段上。

20周，胎儿的手心和脚底上出现了纹路，眼皮上还长出了细细的睫毛。胎脂开始生成，并时刻起着保护胎儿皮肤的作用。通过B超检查可以确定是否怀有双胞胎。

• 准妈妈的变化 •

对于准妈妈而言，17周的时候，准妈妈的下腹部开始迅速隆起，此时穿准妈妈装会很舒适，体重增加2.5～4.5千克也是很正常的。尽管怀孕期间会出现的色素沉着，但大多会在孩子出生以后自动消失，所以没有必要为此过于担心。

到了第18周，如果体重增加过多或过快时，则要引起注意。有些准妈妈的皮肤和发质会有明显的改善，会出现腰痛，激素的变化还可能导致肩部疼痛。子宫继续变大给骨盆附近的关节造成影响。

怀孕19周，抚摸肚脐下方1.3厘米的地方可以感觉到子宫的存在。这一时期里准妈妈的臀部和肋部变得丰满，乳房的重量达到了180克。最好每隔4～5周就到医院检查乳房是否存在异常情况。

到了第20周，整个怀孕过程可以算作是进行完一半了。子宫继续长大，并且几乎到达了肚脐的位置。色素沉着可能变得更加明显，但让人放心的是这种现象会在生产之后逐渐恢复正常。

在进入怀孕中期的时候，乳房上开始分泌乳汁。这一阶段，由于分泌物增多、激素含量与子宫大小的变化，部分准妈妈可能出现肩部疼痛及腰背疼痛等症状。对那些被疼痛困扰的准妈妈而言，如果丈夫能够每天抽出30分钟给她搓一搓肩部和腿，这些症状就一定会得到明显的改善。此外，每个周末夫妇两人一起出门，做一些轻微的运动。可以想像，这一时期里准妈妈腹部的巨大变化，一定会让所有人都大吃一惊。

芝宝贝孕期札记

控制体重，保证营养——充分摄入新鲜蔬菜、水果、粗粮和干豆等食品。感到疲劳时就应该进行充足的休息。

检查分泌物——记住只穿纯棉内衣，以防止阴道感染，如果出现黄色或淡青色分泌物时，一定要去医院检查。

预防膀胱炎——怀孕期间患膀胱炎则有可能导致早产或生出低体重儿，所以准妈妈一定要改正掉憋尿的不良习惯。

补充铁——准妈妈每天都要保证摄取30毫克左右的铁，可以通过食用橙汁、肉类、鸡蛋和蔬菜来实现这一目标。其中鸡肉、牛肉、动物内脏、菠菜和甘蓝的铁含量最为丰富。如果再和含丰富维生素C的食品一起食用，可以最大程度增加吸收率。

补充水分——准妈妈身上原有的各种过敏反应可能更加严重，此时摄取大量的水分将有效地缓解过敏症状。

注意健康——随时观察自己的身体是否出现水肿、阴道出血、头痛、高热或畏寒等症状，此外还应特别注意避免受伤或出现交通事故等情况。

夫妻生活——在保证夫妻之间进行充分交流的前提下可以继续进行性生活，也就是说没有必要因为担心会对胎儿产生影响就无条件地采取回避的态度。但是，在性生活之后假如准妈妈出现了子宫收缩或出血等不良反应，应立即前往医院。

流产——尽管进入了怀孕中期，但仍可能发生流产。看到粉红色或褐色的分泌物时应立刻意识到这是一种危险的信号，最好前往医院。

一家三口胎教法

到目前为止，已经有多项研究结果表明，胎儿在母亲腹内可以听见爸爸妈妈的说话声。实际上在整个孕期，这种说话声就是对胎儿具有最大引导作用的声音。准爸爸、准妈妈在轻声阅读书籍或温柔交谈时，一定要记住这些声音时时刻刻都会被胎儿听到。

准爸爸不用担心胎教为时已晚，就从现在开始与胎儿交谈吧

胎儿——胎儿长到第5个月时，准妈妈很可能感受到胎动，而胎动的前提是胎儿的骨骼和肌肉都已经发育到了一定的程度。在胎儿的各种感官当中，听觉和视觉的器官已经具备了进一步完善的功能，所以准妈妈应当尽量地避免与此相关的各种有害的刺激。此外，胎儿的心脏功能逐渐发育完全，使用听诊器就可以听见其心脏跳动的声音。在这一时期进行B超检查，可以看见胎儿吮吸自己拇指的模样，这也可以被看作是为了以后吸吮母亲乳汁而做的一种练习准备。

准妈妈——由于感觉到胎动，准妈妈能强烈感受到怀孕，身体的变化也明显增多。包括体重增加、下腹隆起、乳房变得丰满、乳头的颜色逐渐加深，总而言之，在外形上越来越像准妈妈了。由于孕吐症状完全消失，食欲大振，所以一定要注意自己的体重，每个月的增长幅度应控制在2千克以内。总而言之，这时准妈妈的身体和心理都逐渐进入安定的状态。

准爸爸——出现胎动，表示胎儿已经进入了一个相当活跃的状态，所以抛开一切顾虑，立刻开始进行胎教！“怎么样跟胎儿交谈比较好呢？”有的人可能这么问。我们的答案是，从简单的打招呼开始做起吧！常常抚摩准妈妈的腹部也会对胎儿产生积极的影响。这些行动都可以算作是准爸爸对孩子的正式问候。可千万不要当那种一直等孩子出生才送去关心的爸爸哦。

胎儿开始具有五种感知能力，应该给予其良性的刺激

人类都具有五感，即视觉、听觉、嗅觉、味觉和触觉。而胎儿也同样具有这五种感觉，尽管它们形成的时期略有不同。首先进行的是大脑细胞组织化，到了怀孕6个月之后随着感觉器官的不断发育，胎儿才终于完整地获得

这五种感知能力。

但是这五种感知能力在性质上是有差异的，胎儿的视觉、听觉、嗅觉和味觉是直接的，而通过母体发挥作用的触觉则是比较间接的。

对于胎儿来说最美妙的声音就是母亲的嗓音。所以在孕期间里应该多创造一些让胎儿听见母亲温柔话语的机会。如果是还有什么声音足以和母亲嗓音相媲美，就属音乐了。正因为如此，许多准妈妈都把积极地学习和欣赏各种音乐当作头等大事来做。

那么，什么样的音乐才是最合适的呢？面对这个问题，有许多人都会一口说出“莫扎特”。

研究结果表明，莫扎特的音乐会对人的情绪产生积极的影响。莫扎特的音乐与准妈妈心脏跳动声的频率惊人的相似，在节奏上都是3/4拍的。在此基础上还有一种说法认为胎儿会配合莫扎特的音乐做出点头的反应，但这还没有得到广泛的认可。总之，怀着喜悦和期待的心情去欣赏莫扎特大师创作的美妙旋律绝对是一件有益无害的事情。无论是出于自己本身的爱好还是特意为了进行胎教，就让古典音乐一直陪伴你度过孕期吧。

嘈杂的环境会减缓胎儿呼吸功能的发育

胎儿宫内环境也不是完全安静的，胎儿还是时刻处在准妈妈体内自然产生的各种杂音中，这些杂音包括准妈妈的心跳声，肠道蠕动的声音。只要想想在饥肠辘辘时肚子发出的那些奇怪响声，我们就能够体会到胎儿得经受多么大的噪声困扰了。所以说，要想将准妈妈或是准爸爸的说话声完整地传达给胎儿，就一定要选择绝对安静的环境。

另据一项成果表明，嘈杂的环境会减缓胎儿呼吸功能的发育。对胎儿来说连呼吸都感到困难，那该是一种多么恶劣的环境呀！

营养胎教：让胎儿健康成长

这个时期的准妈妈会有腿抽筋的现象，很多是因为准妈妈自身缺钙造成的，因此，准妈妈一定要注意钙和铁的摄入量，以免缺钙或贫血。这时最好的方法是食补，一般情况下，避免大量营养补品，从烹调的食物中摄取各种营养物质是最健康和安全的。

选择促进肌肉和骨骼发育的食品

怀孕第17～20周，胎儿的四

肢运动逐渐活跃起来，准妈妈可感受到胎动了。感受到这种胎动的时间对于有过生育经历的女性来说大约是第17周，对于第一次生育的女性大概是在第19周。此外，身体比较丰满的准妈妈感觉到胎动的时间可能也会推迟1周左右。

怀孕17～20周时母体的“足太阴脾经”掌控着胎儿的生长。因此，只要加强准妈妈脾脏的功能就会对胎儿的肌腱、骨骼、四肢和头发的生长有所帮助。

柳橙的外皮与大枣对脾脏有很好的补养作用，大枣不仅可以泡茶饮用，还可以煮熟以后单取枣肉。柿干具有强化脾脏的功能。可以将柿干泡在牛奶中浇上蜂蜜再煎熬服用。除此之外，汤、小米、糯米、扁豆、牛肉、鲫鱼和冬苋菜也同样有此功效。

有益胎儿成长的六类食品

由于胎儿的大脑在这一时期急速发育，所以选择对其脑部发育起到帮助作用的饮食尤为重要。

第一，以海带为代表的碘类含量较高的海藻类食品，以牡蛎为代表的各种贝类食品。

第二，硒元素也非常重要，黄油、鱼、大蒜、贝类、小麦胚芽和苹果当中都含有大量这种物质。与维生素E一起吃还可以提高吸收效率，所以在享用以上食物时还可以适量吃芝麻、葵花子和扁桃等食品。

第三，摄取大量的维生素B_1，酵母、小麦胚芽、海藻类及大豆中的含量很高。

第四，铁元素也格外重要，海苔、鹿尾菜等海藻类食品，以及木耳、绿茶、竹笋、芝麻中都含有大量的铁。

第五，钙也是必需成分之一，它可以使骨骼变得更加结实。螃蟹、干虾、沙丁鱼与奶酪都含有大量钙。

第六，钾元素也值得重视，食用晒干的海带可以补充大量的钾元素。鹿尾菜、干萝卜片以及干香菇中也含有大量的钾元素。

芝宝贝厨房

丝瓜桂鱼煮干虾

原料： 桂鱼肉150克，干虾12只，丝瓜300克。

调料： 姜4片，清鸡汤800毫升，盐、胡椒粉、淀粉、蛋白、香油适量。

做法：

- 1．将桂鱼肉切片后，用盐、胡椒粉和香油腌制10分钟。
- 2．将干虾放入蒸锅，加入1～2片姜，加热5分钟；丝瓜去皮切成小块。
- 3．在炒锅中倒入食用油，将鱼片炒至变色后取出。
- 4．剩下的油用姜片炝锅后，放入丝瓜，炒软后，再加入清鸡汤与水。
- 5．水开后，将蒸好的干虾及鱼片倒入锅中炒匀，即可食用。

甜炸牛里脊

原料： 牛里脊肉500克。

调料： 水200毫升，酱油50毫升，色拉油80毫升，黑胡椒粉、番茄酱、辣酱油各8克，白糖适量，淀粉少许。

做法：

- 1．将牛肉切片，用水50毫升，酱油、色拉油各20毫升，黑胡椒8克腌50分钟。
- 2．将60毫升色拉油高火烧4分钟后，放入腌好的牛肉，正反两面各用高火炸2分钟。
- 3．将水150毫升、番茄酱、白糖拌匀，高火煮2分钟后用少许淀粉加水后勾芡，再用高火加热1分钟，然后淋在牛排上即可。

黑芝麻牛奶羹

原料：大米100克，黑芝麻50克，牛奶300毫升。

调料：香油、盐少许。

做法：

- 1. 将大米泡开，倒入搅拌机中打碎。
- 2. 然后将黑芝麻也倒进搅拌机里打碎。
- 3. 把打碎的大米放入碗中，滴香油翻炒，然后倒水，文火煮沸，六成熟时加入打碎的黑芝麻。
- 4. 倒入牛奶，轻轻搅动并一直煮到米粒涨开，根据喜好加盐或蜂蜜调味。

运动胎教：尽量避免平躺姿势进行活动

这一时期准妈妈开始感觉到胎动，有时感觉就像蝶翅轻拂或小虫爬动一般。这时可以发现准妈妈的腹部产生了变化。除此之外，由于胎儿已经在自己的位置上完全固定了下来，所以进行适当的运动一般不会带来任何的问题。

胎儿已经具有了相当的重量，所以平躺状态下所做的运动最好不要持续很长时间，平躺姿势会影响血液的正常流动，给静脉造成压力，从而有可能导致低血压。这样做还可能引起眩晕症或排尿量增加等后果。所以从现在开始要尽量避免采用平躺姿势进行任何活动。

扭动背部

Step1：俯卧，用双手撑住地面，然后尽量提起上半身。

Step2：扭动上身的同时回头去看自己的脚后跟。

功效：放松背部两侧的肌肉。

抬起双脚画圆

Step1：两手向后扶住地面，双腿并在一起尽量上举。

Step2：两腿同时在空中画圆。

功效：强化腹部肌肉。

转动脚后跟

Step1：伸展双臂，抬头挺胸。

Step2：尽力抬起脚后跟，持续一会儿以后再放下。

功效：增加腿部力量，并有助于掌握身体的重心。

胸部运动

Step1：两臂各弯曲成直角并分开到身体两侧，上臂与地面保持垂直。

Step2：吸气后再呼气，同时两臂向前并拢，接着再继续做分开、并拢的动作。

功效：锻炼胸部和背部的肌肉。

转动手臂

Step1：以放松的姿态站立，两臂抬至与肩同高，手掌向上，在手臂上注入全身的力量。

Step2：随后用手臂带动肩部从前向后转动，然后再改至从后向前。

功效：强化肩部和臂部肌肉的效果。

前后分脚半跪

Step1：一只脚迈向前方，同时抓住椅子或桌子保持站立的姿势。

Step2：渐渐将两膝的部位弯成直角，身体半跪下来。然后改换另一只脚迈向前方，再重复半跪的动作。

功效：提高腿部肌肉的力量。

按摩胎教：使腰背轻松起来

虽然是到了孕中期，但是平时也要注意加强休息，保证8小时的睡眠，养成午休的习惯。由于身体的变化，在选择坐姿时，要把身子完全坐到椅子里，让后背笔直地依着椅背。大腿呈水平状态，膝盖处呈直角。如果坐在椅子边缘上，由于身体原因或椅子要是不稳固，容易摔倒而酿成危险。

针对肩背疼痛

先在涌泉穴上按3次，每次4秒钟，然后向下滑动，挤压输尿管反射区，重复9次。

挤压脚踝内侧的膀胱反射区3

次，每次4秒钟。

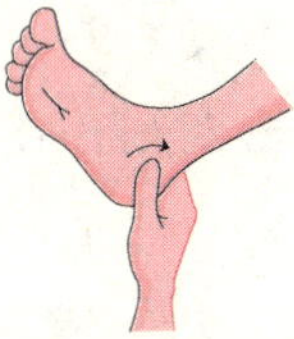

在膀胱反射区和靠近跟腱方向的尿道反射区之间，照椭圆形的弧线扫过，达到按摩的作用。

从脚腕开始一直到膝盖上10厘米，按摩内侧、外侧和后侧。

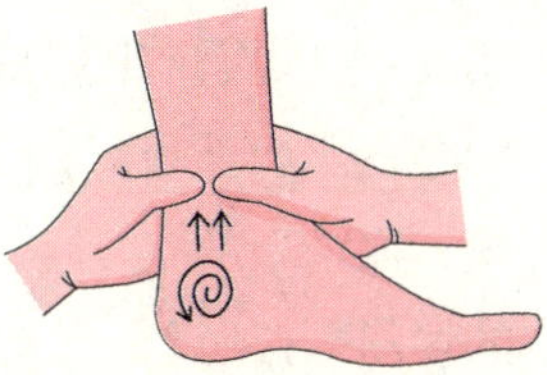

在脚底内侧再稍微靠上一点的部分是能够对背部起到反射作用的中足骨。在这一反射区按照从脚趾到脚后跟的方向滑动并挤压，重复9次。

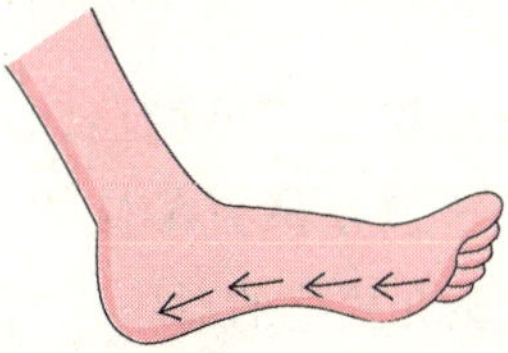

脚上与肩部相对应的反射区是小脚趾的侧面部分。在这一部位按照从脚趾到脚跟的方向滑动着进行按摩并重复9次。

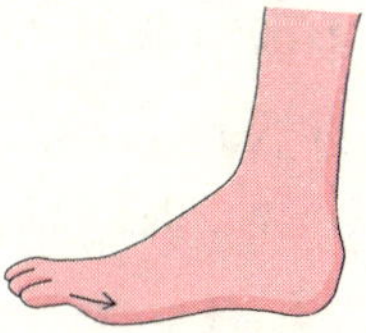

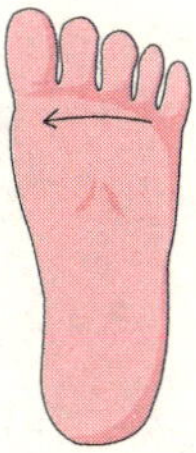

小脚趾和大脚趾下端之间的脚底部分是对应背部和肩部的反射区域。在此部位按照从小脚趾到大脚趾的方向进行9次以上的按摩。

针对腰部疼痛

在肾脏反射区涌泉穴上用大拇指轻按3～4次。

接着在输尿管反射区上用大拇指轻按4～5次，每次4秒。

用大拇指在膀胱反射区上轻轻挤压4秒钟。

用大拇指在尿道反射区上滑动揉搓9次以上。

在脚的内侧面从大脚趾往下依次是颈椎、胸椎、腰椎和尾骨这几个脊椎部分的反射区，用大拇指在这一区域滑动按摩4～5次即可。

针对头痛

在位于脚底中央的肾脏反射区涌泉穴上按3次，每次4秒钟。

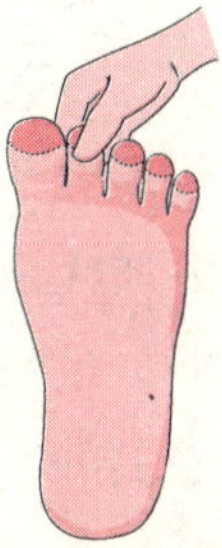

用大拇指来回移动并在每一个脚趾靠近顶端的凹陷处各按2～3次，每次持续4秒钟。

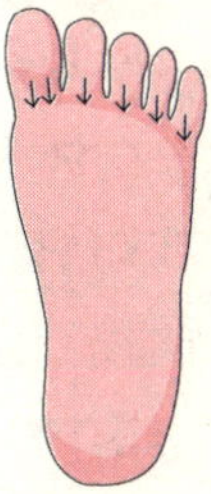

如果出现头痛并感到颈部僵硬时，就找到大脚趾和脚底连接的凸起部分，并在这一区域的中央位置从上向下捋，重复9次左右。

旅行胎教：让孕期充满活力

让自己暂时从原来的生活环境中解放出来，外出去旅行，会为你的生活增添许多活力。对准妈妈来说，旅行同样是一个与胎教无法分割的话题。怀孕早期和末期都不适合外出旅行，而孕中期则是出门旅行的绝佳机会。去什么样的地方对胎儿和准妈妈最有好处呢？让我们看一看胎教旅行的适宜场所和需要做的各种准备吧！

怀孕中期最适合旅行

出门旅行可以让准妈妈在陌生的环境里体验过去不曾接触过的生活、文化、风景和饮食。这一过程也给胎儿带来了间接的体验。因此对准妈妈来说，旅行是一种极具胎教意义的有益活动。

尽管准妈妈的身体和精神并不处于一个很好的状态，但在多加注意并做好充足准备的前提下，也没有必要对旅行产生任何恐惧的心理。与之相比，小心翼翼地待在家里度过怀孕的10个月反而是一种对身体有害的做法。

怀孕第16周～27周，无论是准妈妈还是胎儿都处于一个相对比较稳定的状态，因此趁这个机会出门旅行一般不会给身体造成不良影响。相比之下怀孕早期和末期则存在比较大的风险，准妈妈应尽量避免参加远距离的出游活动。

给胎儿说一说自然的风景和声音

胎儿是通过母体的血液来获取氧气的，带给胎儿充足氧气的方法之一是去空气质量很好的地方旅行，绿色的大自然可以让准妈妈感到轻松，而清新的空气也无疑会把心中的烦闷一扫而光。

为了参观博物馆或参与某一项活动而旅行也是一种不错的选择。准妈妈可以将自己感兴趣的东西及其感受详细地描述给胎儿。这样准妈妈与胎儿之间的话题就会自然而然地丰富起来。平时在城市里听不见的鸟叫声、风声、水声以及稀奇的文物都可以成为向胎儿描述的对象。

旅行其实也可以算作是胎教当中的一种野外学习活动。在接近自然时，人的身体和心灵都会进入到一种舒适的状态；正因为如此，越来越多的准妈妈选择外出。

咨询过医生后再出发

怀孕期间，准妈妈完全可以不厌其烦地“打扰”妇产科医生，并借此来减轻自己心中的不安。所谓“打扰”，就是毫不犹豫地询问自己想知道的东西。出门旅行之前也最好先咨询一下医生的建议。一般情况下如果准妈妈身体状态正常，即使出国旅行也不会有什么问题。这就是说，在不给自己身体带来过大负担的前提下，准妈妈没有必要刻意限制旅行的次数。

准妈妈有过流产、早产史，或者严重的并发症（如心脏病、高血压、糖尿病等）不宜旅行；孕期如果出现腹痛或阴道出血的症状也不宜旅行，同时，早孕反应如果依然比较严重，也不应旅行。总之，应多听医生的建议，并密切关注你自己的身体状况。

旅行前后所有事项应该由丈夫包办

旅行的目的是为了解除准妈妈的压力，并培养胎儿的情操。但筹备一次旅行并不是件容易的事情，稍有疏漏就会导致整个旅行计划在出发前一刻彻底泡汤，对此一定要多加注意。

打算旅行时需要考虑的事情肯定不只一件两件：要乘坐巴士或者汽车就得预先订车票；接着还要备齐所有的旅行用品；此外，必须事先计划好去哪些地方以及具体的日程安排。

怀孕时参加旅行就必须做好比平时更多的准备。这个时候丈夫应该承担起做好准备工作的任务。看着丈夫为了自己而积极地进行旅行准备的样子，准妈妈在感激之余也一定会觉得自己的负担减轻了许多吧。

旅行必备物品大盘点

医疗保险证和病历——因为不知道在旅行途中会发生什么事，所以携带准妈妈的医疗保险证和病历是相当必要的。准妈妈可以用橡皮筋将这两样东西捆在一起，放在手提包的最里层，这样需要的时候就可以很快找到。

零食——为了应对准妈妈在旅行途中突然出现作呕感这种情况，可以随身携带一些平时用来

减轻孕吐症状的零食。花生、核桃等坚果类食品和果干、煎豆都可以起到这样的效果。

防晒霜——阳光照射与皮肤上黑痣、雀斑的形成具有密切的关系，因此外出时一定要携带可以阻断紫外线的防晒用品。除了脸部以外，在臂部、颈部等暴露的部位也要涂上防晒霜，以起到保护皮肤的作用。

帽子和遮阳伞——在阳光强烈的日子时外出旅行，帽子和遮阳伞也是不可缺少的用具。戴上宽沿帽就可以有效地防止阳光强烈的刺激。

薄毯子——准妈妈应该把一张薄毯子放在自己行李箱里，即使是夏天也不例外，因为近年来人们习惯把车里的冷气调到很低的温度。在凉爽的日子里准妈妈更要多加注意，以免受凉。

从枯燥的日常生活中解脱出来，到一个陌生的地方旅行，这会让任何人的心情放飞起来。另一方面，也可能使准妈妈无意识地参加一些具有危险性的活动。

雪橇、滑雪、水上滑行和某些室内运动都具有一定的危险性，准妈妈绝对不能参加。

看到洗手间的时候一定不要错过

准妈妈会比平时更为频繁地出入洗手间。在怀孕期间很容易会出现尿频的现象，而且这种现象还会随着分娩的临近变得越来越严重。在旅行时，寻找洗手间对准妈妈来说着实是一件不方便的事情。

因此，准妈妈每次在旅行的途中看到洗手间时，即使没有尿意也不应该放过这个机会，而且绝对不能因为怕去洗手间而减少水分的摄入量。准妈妈必须让自己的体内时刻存有充足的水分以保证胎儿的健康。如果想减少排尿次数，可以在每次小便时让身体向前倾，这样做就可以达到排空膀胱的效果。

享受观光地的特色美食

旅行中的一大乐趣就是品尝各地的特色美食。一个地方的传统食品或是特色的美食对旅行者来说的确是不可抗拒的诱惑。在农作物的原产地品尝新鲜而美味的食品，不仅能够为自己摄取营养，还可以起到改变心情的奇妙作用，在这样的气氛下，无论是准妈妈还是胎儿都会有一种幸福的感觉。

自驾车旅行

因为准妈妈要在车里的狭小空间内度过很长一段时间，所以最好把车内环境打扫干净以后再出发。特别要记得清洗车里的空调设施，并除去各个死角的灰尘。当然，旅行的过程中绝对不要在车内吸烟，最好还要养成经常开车窗换气的习惯。

让准妈妈坐在前排位置是非常危险的。因为，哪怕是一次轻微的追尾事故所带来的冲撞也会给准妈妈隆起的腹部造成伤害。因此，最好将车里靠后的座位留给准妈妈。

白天的强烈阳光会对准妈妈造成刺激和伤害，因此一定要在车窗上装上遮光用的设施。

旅行中一件让人头疼的事情就是晕车。即使是平时从不晕车的人，怀孕后，身体发生的各种变化，也可能会晕车。用读书或

看报纸等方法预防晕车是不会起到任何作用的。准妈妈晕车时，最好停下来，下车吹吹风。此外，在感到难受时把切成薄片的生姜含在嘴里，也是减轻晕车症状的有效方法。

准妈妈在怀孕期间经常出现水肿症状，在狭窄的车里坐了很长一段时间之后，腿部更容易发生这样的症状。针对这种情况应该在准妈妈的身前放上垫子或旅行包，让其在感到疲倦的时候可以把腿放在上面。

乘坐飞机旅行

一般情况下飞机内部都会保持较为舒适的气压环境，不会给人体造成过重的负担、但长时间飞行往往会造成腿部和脚腕的水肿，所以在此之前最好预定靠过道的座位，在飞行过程中每隔1个小时在过道上来回走一圈或做一做伸展运动，可以减轻水肿症状。除此之外，穿弹性较强的袜子在预防水肿方面也能起到不错的效果。怀孕后期不宜乘坐飞机。

在飞机提升飞行高度或机内温度时，准妈妈可能有脱水或恶心的反应。因此一定要摄取充足的水分。

也许在飞机航行的时候，你贪图舒服而脱了鞋，但是在下飞机的时候却发现双脚水肿而很难再将鞋子穿上，另外隆起的腹部也让你穿起鞋来很费劲。因此，在出门之前，一定要记得穿一双轻便而舒适的鞋。

准妈妈经验谈

每到周末我都和丈夫出去旅游

我和丈夫本来就很喜欢旅行，平时经常一起出去游玩，怀孕后我们决定以去近郊旅行的方式进行胎教。正好那个时候家里新买了一辆面包车，可以让我随意地坐在或躺在后排座位上，在这样舒适的环境下进行旅行。

怀孕初期出于安胎考虑，我一直待在家里安静地读书，从怀孕中期直到第8个月为止，我都积极地接触大自然。尽管有时会出现很明显的晕车症状，但我仍然享受着旅行带来的乐趣和幸福。

旅行过程中我每接触一个地区的风土人情都会有很多的感受，而这些通过感官接受到的信息都可以传达给胎儿。为了预防晕车，丈夫会每隔一段时间就把车停下来，让我吹一吹凉爽的清风并观赏周围的景色。

为了不让身体感到疲倦，我在车里特地准备了几张垫子用来把脚垫高，还放了几个橙子和柠檬，它们能产生自然的香气。不知道是不是因为这个原因，我的女儿性格开朗而豁达，并具有相当敏锐的感性能力。幼儿园的老师也夸奖她表现力强。我们相信这一切都要归功于怀孕期里的多次旅行，以及我在旅行过程中所进行的胎教。

6

孕6月的胎儿和准妈妈

孕6月

胎儿各个器官开始成熟。进入孕中期后，准妈妈的食欲开始恢复，体重也有所增加，易出现静脉瘤。此时还应该养成按摩乳房的习惯，孕中期一天一次，孕晚期一天多次。除此之外，宫颈口松弛可能导致早产，因此要多加注意。

胎儿的生长

怀孕21周，胎儿的消化系统逐渐发挥作用，小肠开始发挥作用。此时胎儿开始做出吞咽羊水的举动，从某一角度讲，这也是一种补充营养的过程。

22周，在胎儿不断成长，体积继续增大的同时，其眼皮和睫毛开始发育，手指甲也长了出来。

23周，胎儿的体重差不多是455克，从头顶到臀部的距离约为20厘米。听觉不断发育，嘴唇也变得更加分明并逐渐丰满圆润起来，面部越来越接近新生儿出生时的模样。胎儿的皮肤上有许多皱纹，覆盖全身的汗毛颜色变得更深了。

24周，此时羊水量开始增加，胎儿的肺部血管开始发育并出现了吞咽羊水的动作。除此之外，与其全身相比，头部显得体积较大是另一个较为明显的特点。

准妈妈的变化

准妈妈在21周时，肚脐上方1厘米的地方可以摸到子宫。腰身明显变粗。乳腺开始分泌乳汁，这时最好不要用面巾纸擦拭和挤压乳头，以免造成不良的刺激。

怀孕6个月左右时，某些准妈妈会出现忧郁症，这种症状有可能一直持续到分娩之后，所以应积极进行早期的预防和治疗。

怀孕22周，准妈妈已经进入了较为平稳的状态。孕吐症状几乎完全消失，准妈妈的胃口也逐渐恢复。有时身上会突然长出痣来，或者原来的痣体积增大或颜色加深。此外乳房继续变大，腹部可能出现很显眼的妊娠纹。

怀孕23周的时候，尽管准妈妈的变化较为缓慢，但此时还是可以看出准妈妈腹部明显变圆。臀部、面部和手臂变得圆润，胸部也渐渐丰满，需要戴专为准妈妈设计的胸罩。

到了24周，准妈妈子宫底的高度到达了肚脐上方3.5～5厘米的位置，由于身体里含水较多，所以面部看起来有些水肿。乳晕显得更加突出。激素变化导致鼻部阻塞和流鼻血等状况时常发生。如果出现这些症状，最好在室内放置加湿器并服用适量的维生素，可起到预防的作用。

芝宝贝孕期札记

怀孕的第6个月，胎儿的器官发育完全，已经很结实了，准妈妈的腹部继续增大，乳房开始变大，这时随着胎儿生长的营养需求，准妈妈会有贫血症状出现，因此准妈妈要积极地摄取含铁量丰富的食物，每天还应喝6～8杯水。充足的水分可以帮助营养吸收并促进新细胞的生成，还可以有效地缓解头痛、子宫痉挛和膀胱炎等症状。饮用牛奶、蔬菜汁、果汁也是保证水分供给的有效办法。

当然，此时准妈妈的饭量也会增加，但是因为每个人的体质不同，消化器官会受到激素的影响，所以无论食量增加还是减少都很正常，没有必要为此感到忧虑。要注意饮食上对盐分的摄取量要有所限制，否则过多的盐分会使身体发生水肿。每日盐分的摄取量应当控制在5克以下。精制花生米、土豆片、膨化食品和快餐食品中都含有大量的盐，准妈妈最好少吃。

对于高龄准妈妈和从事站立工作的准妈妈来说，静脉瘤症状可能会比较严重。穿低跟或平底的鞋，做抬腿的动作或者接受按摩都可以解除腿部的疲劳感觉。工作过量、长途旅行或是剧烈运动都会给身体带来无法承受的负担，对此一定要多加小心。

这个阶段，有规律的运动可以锻炼准妈妈的力量，从而为应对整个分娩过程以及阵痛做好准备。在外用餐时尽量从稳妥的角度出发，点一些平时在家里常吃的东西。要避免吃太咸的菜肴，选择低脂肪类的食物，并最大限度地减少吃快餐食品。

一家三口胎教法

其实，怀孕了，一般情况下，不是什么都不能做，如果这样，反而缺少了活动，不利于生产分娩。因此，准妈妈在孕期，可以坚持做些日常家务，这样有利于身体和精神健康。但是要根据孕期的不同阶段，要避免一些不适合的家务，比如，提重物这样的事在整个孕期中都不要去做。

把注意力放在自然柔和的事物上的视觉胎教

胎儿——除了胎动更加明显之外，胎儿还渐渐获得了保持身体平衡的能力。听力明显变得更加发达了，几乎能够敏锐地感觉到从母体以外传来的声音。胎儿的视网膜也发育到了一定的程度，时而还会发现胎儿做出皱眉或哭泣等表情。

准妈妈——体重的增加让准妈妈有吃力的感觉。腿部的负担变重，腰部和背部也常常感觉不适。每天睡觉以前做一做按摩，让紧绷的肌肉都松弛下来。准妈妈乳房变大，还有可能分泌乳汁，已经为哺乳做好了准备。体温还可能上升，可以多喝一些饮品，但是不要喝碳酸类饮料，因为后者当中的糖分和香料会影响钙的吸收。准妈妈要从现在开始逐渐养成良好的习惯。

准爸爸——随着妻子身体的变化，准爸爸变得忙碌起来，他需要做的就是给妻子提供最好的照顾。准爸爸胎教的实质就是与准妈妈一起为迎接健康的孩子出生做好准备。每天晚上准爸爸都应该给妻子肿得厉害的腿做一会儿按摩，而且为进行母乳喂养做准备，最好也给乳房做一做按摩。此外，轻轻抚摸准妈妈隆起的腹部可以给她带来心理上的安全感，并保持夫妻两人亲密的交流。同时，为了让妻子远离方便食品，丈夫也一定要养成良好、健康的饮食习惯。

胎儿有着可以感觉光线的视觉神经

根据一项在美国得出的实验结果，当光照射准妈妈的腹部时，胎儿会不停地做出蠕动的反应。大部分6~7个月的胎儿都会有这种反应，它直接证明了胎儿可以感知到母亲体外的光线这一事实。

当然，事实上胎儿此时还无法区分事物的形态或者颜色。我们可以通过闭上双眼之后所感受到的那种光感来了解胎儿看东西的感觉。

准妈妈应当避免出入会对腹部造成强烈光线刺激的地方，并远离容易使人兴奋的娱乐场所，因为准妈妈感受到的各种刺激都会同时对胎儿产生影响。

胎儿最喜欢母亲在阳光下悠闲地散步

应该让在子宫当中具有光感的胎儿接触什么样的光线呢？答案自然是：“暗光胜过亮光，自然光胜过人造光”。

近年来，怀孕以后还要坚持上班的女性越来越多，她们需要注意长时间接触电脑所带来的不良影响。抽空去野外散散步，享受一下自然光线，对准妈妈和胎儿来说都是一件再好不过的事情。挺着肚子在柔和的阳光下散步并与胎儿进行交流，就从现在开始做起吧！

告诉胎儿生活中一切美好的

作为胎教的基本环节之一，与胎儿交谈无疑起着非常重要的作用，那么具体应该怎么做呢？让我们一起来了解几种合适的、自然的与胎儿进行交谈的方法吧。

给胎儿读一读童话——如果准爸爸面对妻子隆起的肚子很想说点什么，又不知从何说起，不如试一试这个最简单的方法。可以选择自己小时候曾经读过的故事，也可以选择最近书店里人气最旺的童话书。不用太在意读的是什么，读才是最重要的，比较合适的频率是每天一次。最近有许多成年人都开始对童话产生兴趣，就让我们以培养自己性情并与胎儿进行交流为目的轻松地开始吧！

想出孩子的小名之后开始与其进行对话——妻子怀孕只有6个月，现在就要决定孩子的名字无疑有些勉强。但可以先想出孩子的小名，比如“宝宝”“豆豆”等的不分性别的爱称，准爸爸要和妻子一起决定孩子的小名。从此以后与胎儿交谈时，只要先亲切地呼唤孩子的名字就能迅速传递爱意，接下去的语言胎教也会变得轻松许多。

把日常生活当作交谈的基本话题——就像和妻子聊天一样把一天里发生的事情说给胎儿听吧。当然日常生活当中所发生的不可能都是好的事情，但既然交谈的对象是还未出世的胎儿，那何不按自己的意思选择一些积极的、正面的话题呢？

也可以谈一谈做为父亲的决心——每个准爸爸一定都曾暗自下过决心要成为什么样的父亲，现在把这一切告诉自己未出世的孩子吧，这将成为最有意义的交谈内容。

营养胎教：强化肠胃功能，促进胎儿骨髓造血

怀孕的第6个月，由于血液中水分的增多，准妈妈可能会发生贫血。还有些准妈妈因为钙质被胎儿大量摄取，也会出现眼疼和口腔炎这样的症状。因此，在这段时间里，准妈妈一定要注意补铁和补钙。而且这个月里，胎动会更明显也会多一些，准妈妈可以记录胎儿的胎动，这也关系到胎儿的健康与否。

选择强化肠胃功能的饮食

葛根和鸡肉对筋骨的形成很有帮助

在怀孕的第21～24周里，母体的“足阳明经脉”控制着胎儿的生长，这条经脉所对应的器官

是胃。因此，如果能够强化母体的肠胃功能，就可以促进胎儿的筋骨形成和骨髓造血。

能够起到强化肠胃功能作用的食物有：葛根、生姜、糯米、黏玉米、牛百叶、羊肉、母鸡、鲫鱼、梭鱼、黄花鱼、橘子、大枣、柿饼和韭菜等。

为了保证优质蛋白的供应，准妈妈应坚持摄取牛奶、乳制品、肉类、鱼类、豆类。此外还要选择含丰富铁质和维生素B_1、维生素B_2的食物，并同时注重补充维生素A、矿物质和纤维质等其他营养成分，应摄入足量的糖分和脂类以不断地获取必需的能量。

海藻类食物不仅可以缓解便秘，还对胎儿的成长有一定的促进作用

海带等海藻类食品不仅在缓解便秘方面有着极好的效果，还含有可以促进胎儿生长发育的特殊成分。

有运动习惯的准妈妈若食用海藻类等食物就可以使自己的运动能力得到很大的提升，从而为生下健康的孩子打下良好的基础。

减少盐分的摄取量

对于经常吃咸菜和虾酱等腌制品的人而言，注意避免因摄取过多盐分而带来的不良影响，是一件非常重要的事情。过量食用盐分之后，人体会出现以高血压为主的各种不良症状，会给心脏带来沉重的负担。另外，大量饮水会使准妈妈水肿加重。即使是普通人，食用过咸的食品也是有害的。因此，准妈妈就更应该做到保持饮食清淡这一条健康准则。

准妈妈每天必需的盐分大约是5克。

预防缺铁，摄取高蛋白食品

进入怀孕中期后，促进胎儿大脑发育最有帮助的做法就是，维持高蛋白的摄入量并预防缺铁。成年人脑部的重量仅仅是全身的2.5%，血液量是全身的15%。因此为了给胎儿的大脑供应充足、新鲜的氧气，准妈妈一定要避免缺铁情况发生。

贝类含铁量最为丰富，芹菜和菠菜里也同样含有大量的铁。巧克力也是含铁的食物，但铁与钙存在着互相制约营养作用的现

象，所以最好不要同时食用巧克力和牛奶。

各种含有铁质的食品及相应的摄入量

食品名称	每100克的含铁量（毫克）	每一餐的摄入量		
		食用克数	体食用量	含铁量（毫克）
猪肝	16	50	1块	8
牛肝	10	50	1块	5
蛤蜊/牡蛎	9	50	5只	4.5
干荞麦	5	100	1/3把	1
牛腿肉	3.6	100	1大片	3.6
茼蒿	3.5	100	1/3把	3.5
菠菜	3.5	100	1/3把	3.3
芹菜	7.5	3	1根	0.2

芝宝贝厨房

葛根茶

原料：葛根20克，大枣4个。

调料：水600毫升，蜂蜜少许。

做法：

- 1．将晒干的葛根切成同样的粗细，备用；大枣切瓣。
- 2．在水中放入大枣和葛根，文火煮30分钟。
- 3．将滚热的葛茶倒入茶碗，并根据口味加适量蜂蜜。

糯米团

原料： 糯米粉150克，橘子3个。

调料： 蜂蜜15克，砂糖10克，柠檬汁、盐少许。

做法：

- 1. 在糯米粉中放进少量的盐，然后投入到沸水当中。待其变成糊状之后取出来揉搓，接着再放到保鲜袋中备用。
- 2. 把橘子分成圆形的小瓣，裹上准备好的糯米粉，薄厚可以按照喜好调整。
- 3. 然后将上一步得到的半成品放在沸水中轻焯，再投入冷水中。
- 4. 将蜂蜜和砂糖与两杯水混合在一起煮沸并加入柠檬汁，放置至自然冷却。
- 5. 在裹好糯米的橘瓣上轻轻地浇上拌好的汤汁，即可食用。

猪蹄通乳汤

原料： 猪蹄1个，当归30克，麦冬8克，木通5克，桔梗5克。

调料： 盐少许。

做法：

- 1. 猪蹄去毛、洗净、切块，放沙锅中煮至烂熟，取其汤。
- 2. 将其余食材放入猪蹄汤中煎30分钟左右，加适量盐即可食用。

运动胎教：强化腰背部肌肉

腹部已经明显地凸起来。膨胀的子宫给肠部尤其结肠带来了不良的影响，因而可能导致便秘，此时准妈妈最好通过少量的运动来使肠部的活动变得更加顺畅。进入怀孕中期以后，身体的各个部位都已经能够有效地进行配合，初期时出现的那些不适症状也都逐渐消失殆尽。准妈妈可乘此机会学习一些锻炼动作。

此外，采取正确的姿势这一点是我们反复强调的。要知道人的姿势对身体的均衡、呼吸、外形和动作都有影响。随着胎儿的体积增大，许多准妈妈常常会出现腰痛的现象，这多半是由不正确的姿势引起的。因此，要养成保持正确姿势的习惯，并经常进行强化腰、背部肌肉的运动。

向前俯下轻摇腹部

Step1：双手和膝盖撑起整个身体，让腹部完全放松下来。

Step2：将身躯向两侧轻轻晃动。

功效：舒展腹内的空间，对疏通肠道有明显的帮助。

两腿分开半站

Step1：将两腿向左右方向大幅度分开，在这样的站立姿势下平伸双臂至肩部的高度。

Step2：保持双臂左右平举，让双腿的夹角接近90度，然后下坐2次，将力量集中到臀部再向上提升2次。

功效：锻炼大腿内侧和臀部肌肉的效果。

半坐式

Step1：两腿分立，与肩同宽，双臂向前平伸，与肩同高。

Step2：慢慢将双腿分开进行坐下再站起，尽可能不让臀部往后陷，让双腿集中力量坐下再站起。

功效：强化大腿内侧的肌肉。如果觉得保持平衡较为困难，可以抓住椅子或书桌的边缘来完成这个动作。

转动手腕

捏紧拳头并将手腕轮流向上和向下弯曲，再进行从里向外和从外向里的转动。

转动脚腕

Step1：将双腿向前平伸，背部挺

直，双手撑住地面。

Step2：脚腕尽力向上弯曲再改向前伸出，双脚从里向外再从外向里地转动。

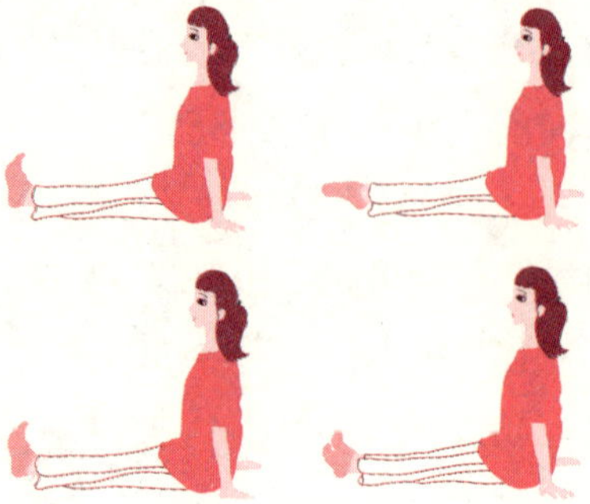

孕期穿舒服的鞋子格外重要。许多职业女性此时都会出现足部和脚腕肿胀的现象，这是久坐或久站而带来的血液循环不畅所引起的。因此，随时给脚和脚腕做按摩或常常转动手腕都大有益处。

按摩胎教：与抑郁症抗争

随着预产期的临近，准妈妈的心情可谓是五味俱全，有的甚至会将消极的影响带给准妈妈，首先要明白消极情绪对人的负面影响，接下来在漫长的孕期生活中，时刻要提醒自己不要生气，不要着急，不能烦恼，不能悲伤，为了胎儿，也为了自己，要想开点儿，提高自己的心理承受力，要有遇到挫折的准备。

针对皮肤瘙痒

在涌泉穴上按3次，每次4秒钟。

向着对角线方向的输尿管反射区滑动按摩，重复9次左右。

在脚踝内侧的膀胱反射区上挤压3次，每次持续4秒钟。

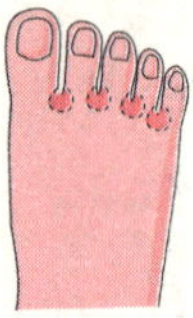

在5个脚趾各自之间的淋巴反射区上用大拇指和食指一起挤按，每次4秒钟，重复4～5次。

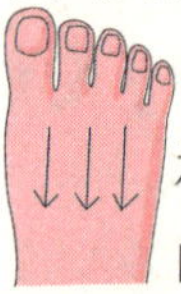

在脚背上朝着箭头所示意的脚腕方向进行整体的滑动按摩。

针对抑郁症

用双手握住整个脚背，模仿掰开一个苹果的动作，重复4～5次。

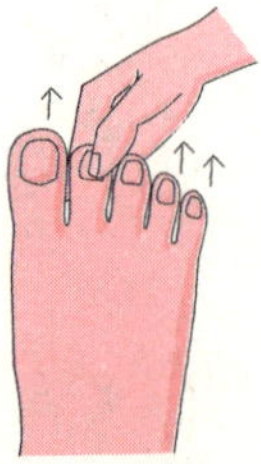

用大拇指和食指依次抓住5个脚趾向上提拉。

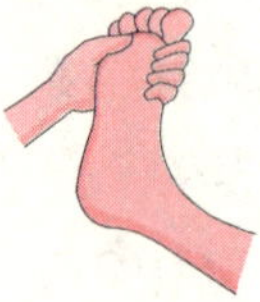

握住脚底向后扳，重复这一舒展运动4～5次。

用大拇指在脚踝的侧边卵巢反射区依照逆时针方向画圆，通过这一动作达到按摩的效果。

用大拇指在涌泉穴上按下并挤压3次，每次4秒钟。

针对鼻塞、流鼻血和过敏性鼻炎

按下并挤压位于脚底中央的肾脏反射区涌泉穴3次，每次4秒钟。

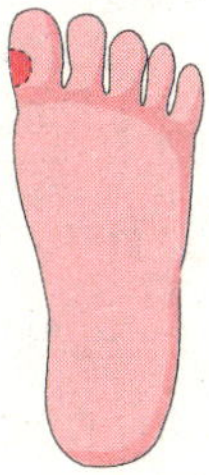

在大脚趾上的大脑反射区位置用大拇指和食指一起按住4秒钟以上，重复4～5次。

用拇指按压鼻部反射区其进行刺激，重复4～5次。

语言胎教：用形象的图片向胎儿传达语言信息

利用空闲时间绘制简单的图片，既可以帮助准妈妈打发无聊的时间，又可以培养新的爱好，还可以为胎儿提供积累知识的机会。这是利用形象的图片，让胎儿认字，向胎儿传达语言的有效途径。在给胎儿讲解词语的时候，要心态平和、语气温柔、吐字清晰，把平静的心情和集中的注意力结合起来。先调整好呼吸，将词语在头脑中画一遍，再用手指在卡片上描绘出来。

绘制色彩鲜艳的词语图片

词语是构成语言的单位，人们通过词语进行交流。准妈妈可以用彩笔或荧光笔画出数字、文字、语言图片，当然也可以把简单的数字运算画在图片上，例如加法、减法、乘法、除法等。也可以把汉语拼音或英语字母写在卡片上开展语言胎教。

在描画图片时，可以用色彩艳丽的笔写字，再用黑笔勾勒边缘，使之产生强烈的对比效果。由于这是一项需要长期坚持的工作，所以要求准妈妈有极大的耐心和毅力。为了保持更好的注意力，使母子得到意念上的统一，最好在孕中期以前就开始这样做。

用正确的方法向胎儿传达词语的含义

在绘制了颜色鲜艳的图片之后，还要利用正确的方法将图片信息传达给胎儿。为了达到更好的效果，最好在柔和的房间里进行训练，不要选择嘈杂的环境、色彩艳丽及装饰复杂的房间。这样既能让准妈妈保持稳定而愉快的心情，又可以为胎儿创设优雅、安静的学习环境。

更重要的是，准妈妈要保持正确的发音，用手在卡片上将字形描摹出来，这样可以更清楚地将词语的感觉传达给胎儿。

向胎儿讲述和词语有关的知识

在语言胎教中，利用图片向

胎儿讲述知识是必不可少的，但要求不是非常严格。所以，不必讲述得像词典一样丰富而精确，只要保证讲的内容不是错误的就可以了。如果遇到困难，可以去图书馆查资料，千万不要把错误的知识传授给胎儿。例如讲到汉语拼音“ā”，你可以说这个字母可以组成很多词语，也用得非常广泛，人们在说：“啊”“阿姨”“妈妈”的时候，都会用到它。

在向胎儿讲述英语字母时，也可以利用形象记忆加强效果。例如讲解字母Q时，可以说“Q就像一个充满气的、系着飘带的气球，还像扎辫子的小脑袋。”

在讲解“熊猫”这个词语时，可以说“熊猫是中国的国宝，它的四肢、耳朵和眼睛是黑色的，其他部位全都是白色的。熊猫特别喜欢吃竹子，也喜欢爬树。熊猫早在200万年前就生活在地球上了，为了保护它们，我们国家开设了好几个大熊猫自然保护区。”

森林浴胎教：植物杀菌素和阴离子有利于胎教

所谓森林浴，就是一种“在呼吸新鲜、清爽空气的同时在森林里漫步或休憩的活动”。森林浴的黄金季节是初夏到初秋。

这段时期温度和湿度较高，植物杀菌素会被大量地释放出来。此外，在一天当中最好的时段是上午10～12点，我们应该尽量利用这段时间享受森林浴的乐趣。

森林浴可以使心情和身体都变得舒畅起来

走进森林，当你将新鲜、清爽的空气和树木散发出的幽香一口气吸入体内时，身体和内心的所有疲劳感都会被一扫而光，它将给你的生活重新带来活力。实际上，大量的研究结果证明了森林里的空气对人体健康有益这一事实。

森林浴对完全暴露在压力环境和各种污染之下的现代人来说是一种极佳的保健方法。不仅如此，这种使身体和心情都变得舒畅的活动给准妈妈带来的积极作用也是难以估量的。

植物杀菌素和阴离子都可以对胎教产生帮助

进入树木繁茂的森林中，无论是谁都会感到自己的心情变得爽快起来。这实际上是“植物杀菌素”的功劳。植物杀菌素是植物为了保护自己不受细菌的侵害而不断释放出的一类“芳香性物质”，即所有植物产生的杀菌性物质的总和。而森林浴的效果也同样来源于这些植物杀菌素。

在你踏入森林的一刹那总会闻到一股树木特有的清香味道，这种味道来自植物杀菌素当中的主要成分萜。萜又名松烯，它在起到抗菌作用的同时对身体的活性化过程产生帮助。萜被身体吸收之后会轻微地刺激人的皮肤，提高人体的活性，促进血液循环，并达到使人的心情安定下来的效果。

森林浴的另一个效用就是为人体获取大量的阴离子。阴离子可以使人的自由神经变得镇定，还可以起到促进新陈代谢并强化细胞和脏器功能的作用。

安定身心，增强胎教效果

森林浴可以为由于怀孕而产生压力的准妈妈提供很大的帮助。在森林中一边呼吸新鲜空气一边漫步，可以将身体里的废弃物随着呼吸一起排出体外，可以促进新陈代谢并强化心肺功能，还可以缓解因为压力和疲劳而引起的肌肉与神经的紧张状况。

多听一些自然界的声音也可以对胎教产生帮助。小溪流水和鸟儿、虫儿的鸣叫等这些来自于大自然的声音将超越所有古典音乐，为胎儿带来前所未有的胎教效果。

进行腹式呼吸

与散步时相类似，在进行森林浴时应该努力吸入尽可能多的空气，感觉好像要用空气把自己的身体注满一样。这种腹式呼吸的方法可以让人充足地吸收氧气和植物杀菌素。此外还可以在树木之间轻轻地跳跃，或者做一做体操和伸展运动，这些都会增强森林浴的效果。

穿比较宽松的衣服

在进行森林浴时应尽量穿轻便而宽松的衣服，这样就可以使皮肤更多地接触空气中的植物杀菌素。由于在森林中呼吸新鲜空气的同时还要走山路，所以对鞋子的选择十分重要。除了尽量穿运动鞋之外，还应该选择鞋底较厚的鞋子，以应对高低不平的山路。

森林浴后按摩放松

用手掌从上往下轻轻按摩小腿，以放松的姿势坐下，再用整个手掌从脚腕开始向膝盖位置抚摸并提拉整个腿部的肌肉。

用拇指和其他手指的前端以抓捏物体的姿势揉搓整个腿部。

两手用拧干衣服的姿势轻轻地拧自己的腿。从脚腕部位开始，到膝盖为止顺次做这一动作。

在按摩小腿1～3次之后，用拳头轻轻地敲自己的小腿。

用整个手掌从下到上对腿部进行揉搓，让积聚其中的废弃物进入体液并流动到排泄器官当中。

准妈妈经验谈

从心底里热爱清爽的空气和美丽的大自然

以前我常常听到“胎教很重要”这样的话，但一直没有决定应该使用哪一种胎教方法，也没有像别人一样尝试每一种胎教方法。我和丈夫都认为每个准妈妈都应该有自己独特的胎教方法，我所选择的方法就是愉快地对待和经历每一件事，因为我相信：准妈妈在身体上和情绪上获得的所有感受都会完全传递给胎儿。所以每一天，我都尽量保持做自己喜爱的事情。在悠闲的时候听一听音乐或做几样好菜，有时就在附近散散步。丈夫也跟我一样有散步的爱好，在得知怀孕的消息之后，他非常积极地带我去公园和山上慢慢游逛。在工作日里，我们吃完晚饭以后也会在社区里兜兜圈子并愉快地谈话。我们所住的地方并不在都市圈里，所以周围有小山和树林。有时兴致来了我就会享受一番森林浴，之后便觉得自己的心情格外爽快。

在散步时我并不是简单地走来走去，而是不停给胎儿描述路边的花草、树木、蝴蝶、星星等大自然的一景一物。“树木可以给我们带来新鲜的空气、凉爽的树阴和美味的果实，它们是我们的朋友。”我就用这样的方式与胎儿进行对话。

现在我们的女儿已经1岁了，她表现出了特别强烈的好奇心，而且从不挑食，一直在健康快乐地成长着。现在回头看来，自己当初坚持散步并呼吸新鲜空气的做法的确非常明智。

7 孕7月的胎儿和准妈妈

孕7月

在怀孕中期，早孕反应早已消失，随着胎动会发现，准妈妈无论在身体上还是心理上都会出现较大的变化。这时准妈妈的胃口很好，心情愉悦，胎动让准妈妈更加感觉到小生命的存在。在这个时期由于胎儿的肺和气管还没有完全发育成熟，所以一旦要流产，胎儿很难存活下来。所以，无论什么时候，准妈妈对安全都不能掉以轻心。

胎儿的生长

怀孕25周，这时胎儿开始了各种与呼吸有关的练习，味蕾生长完毕，身体也渐渐变胖，但皮肤仍然皱得很厉害。

第26周，胎儿体重快速增长，身体变得丰满起来。胎儿开始进行呼吸，其脸部和身体越来越像新生儿了，并且开始对外界的抚摸做出自己的反应。

到了27周，胎儿身体的每个部分几乎都已经形成，视网膜继续发育，内耳的神经连接已经完成，眼皮已能够分开，并且会出现不时眨眼的动作。

28周，这一周可以算是孕晚期的开端，胎儿的眉毛和睫毛不断地生长，脑组织数量明显增加。头发变得更长，体重有了成倍的增长。进入这一时期以后，胎儿会做梦了，睡眠也有规律了。

准妈妈的变化

到了26周的时候，准妈妈的子宫差不多有足球那么大。腹部可能出现瘙痒症状。这时千万不要自作主张地使用软膏涂抹或用手抓挠，以免导致症状加重。由于生殖激素的分泌量增加，身体容易出汗。此外，如果打算母乳喂养，还要在这一时期注意是否有乳头下陷的情况，并就此请教专家。

接下来的27周，准妈妈的子宫继续长大。如果能够注意营养、均衡饮食，准妈妈体重增加的幅度应该在7.2～9.9千克，胸部、腹部、臀部和大腿内侧都可能出现妊娠纹。

准妈妈还很容易出现腰疼、小腿痉挛和头痛等症状。此外还有可能出现暂时性的思考能力降低和健忘等症状。相反，有的时候怀孕过程中分泌的某些激素可以刺激脑部当中负责学习和记忆的那块区域，其活动性变强以后往往会出现记忆力不降反升的现象。

28周的时候，准妈妈子宫底的高度到达了肚脐上方7厘米的位置。耻骨到子宫上部的距离变为27厘米。准妈妈的手臂、腿、脚等部位可能肿得很厉害，这时，可以通过按摩缓解症状。子宫变大的同时胸部会有疼痛的感觉。开始出现有规律的胎动，如果胎动发生的次数很少就有必要做检查。

这个月的最后一周，准妈妈身体里的耻骨到子宫上部的距离已经达到了28厘米。到此时为止体重的正常增长幅度是7.7～10.8千克，腹部的红色妊娠纹变得十分鲜明，腹部、臀部和大腿内侧都变得更加丰满，乳房上的血管也显得更加突出了。

芝宝贝孕期札记

甲状腺异常——若脉搏突然发生变化或是手掌出现红晕，则应考虑是不是与甲状腺的异常有关，准妈妈的甲状腺异常往往会成为胎儿早产和流产的诱因，所以必须加以注意。如果觉得有必要补充一些营养品，也一定要在医生的指导和建议下服用。

腹部不适与消化不良——腹部不适与消化不良会使准妈妈吃不下饭，在这种情况下，应该选择绿叶蔬菜等营养丰富的食品，而不要吃那些脂肪、油和糖分高的食物。

预防早产——有过早产史或胎膜早破史等问题的准妈妈很容易发生早产，这一类准妈妈应该经常记录自己的宫缩情况并时刻保持警惕。

补充维生素——应及时摄入含有对人体生长起到重要作用的维生素A、对神经发育和血液细胞的形成有积极影响的维生素B，以及可以促进肌肉和红细胞生成的维生素E。

伸展运动——若使用电脑，每小时需要休息一次，久坐之后也要站起来做运动以舒展身体，转动脚腕、肩膀，并拉伸背部对缓解紧张的神经有所帮助。

水肿——手臂、腿部、脸和脚腕都有可能发生水肿，这段时间里应该经常把腿搁在高处，坐的时候将腿伸直，还要注意穿比较宽松的鞋子。除此之外，多喝水可以将身体里的废弃物排泄出去，对消除水肿也有很大的帮助。

胸部疼痛——如果想缓解消化不良和心口难受的症状，可以每天进餐5～6次，减少每餐的摄入量。

另外，胎儿的大脑组织正以惊人的速度增长着，身体也渐渐结实起来。准妈妈可能感到肋骨部位的疼痛。有的时候缺水也会造成水肿，只要补充充足的水分就可以消除这一症状。

一家三口胎教法

胎儿也具有记忆吗？根据胎儿出生以后记得以前听到过的父母的声音这一点来看，他的确具有一定的记忆能力。那么，胎儿到底能记住些什么呢？

有许多相关的研究结果都表明：怀孕7个月以后，随着负责记忆功能的中枢神经逐渐形成，在胎儿周围发生的所有事情都有可能被其记住。所以身为父母，在胎儿7个月左右时就要特别注意自己的言行。还有研究发现：胎儿对音乐和语言这两大领域的记忆能力最为突出。

丰富的营养摄入和文雅的言行举止能给胎儿带来好处

胎儿——随着脑部的不断发育，胎儿渐渐开始对自己的身体有了控制能力。这一时期胎儿的脑电波变得十分发达，几乎接近新生儿，具体而言就是能够在羊水中控制自己，并做出转身的动作。胎儿的感觉变得更加敏锐，并且会将自己心情愉快与否的信息传递给母体。在听见美妙的声音时懂得静静欣赏，听见嘈杂的噪声时则会不耐烦地踢打妈妈的腹部。由于获得了分辨光亮与黑暗的能力，开始有了自己的生物钟。同时，味觉变得越来越发达，可以尝到甜味和苦味，并很快喜欢上了甜味。手脚变长，逐渐具备了人的模样，肺部的发育进一步带动了呼吸。

准妈妈——身体的重量逐渐增加，肚子也越变越大，这让准妈妈很难保持平衡。体重的增加使两条腿的负担越来越重，随着疲劳程度的增加，腿部的形状可能改变。此外，体积不断增加的子宫已经满满地占据了整个下腹部。拖着这样沉重的身躯恐怕连睡觉也成了一件困难的事情。所以，这一时期有的准妈妈会被慢性疲劳症状困扰，还有的人会感到胸部疼痛，或者出现由于胃部被扩大的子宫压迫而引起的消化不良。胎动的幅度越来越大，如果把手放在准妈妈肚皮上也能感觉。

准爸爸——可以通过活跃的胎动而强烈地感受到胎儿的存在。应该从现在开始就和妻子一起为孩子的出生做准备，包括购置婴儿用品。渴望与爸爸沟通的胎儿也希望得到更多的父爱，如果丈夫根据妻子的提示在胎儿踢中的部位外侧轻轻回敲，胎儿就会再次踢打那个部位以试图和爸爸对话，所以此时对胎儿的各种努力做出积极的反应就成了准爸爸当仁不让的任务。当然，不要忘记给因为身体发生巨大变化而倍感吃力的妻子做一做按摩。除此之外为她做一顿美味佳肴或者去环境优美的餐厅吃饭也是不错的选择。这样既可以慰劳妻子，也可以给刚刚能品尝到味道的胎儿带来享受，岂不是一举两得吗？

准妈妈吃的就是胎儿吃的

“又没有直接吃东西，何谈胎儿会有味觉呢”？有的人可能提出这样的问题。但胎儿的确是具有味觉的，到了怀孕第28周，胎儿的味觉已经很发达了。例如，当准妈妈直接服用葡萄糖时，可以观测到胎儿的心脏搏动次数有明显的增加。因为胎儿有着强烈地摄取葡萄糖这种必需营养成分的愿望，所以才想通过自己活泼的表现表达出这种愿望。

让胎儿也来参与制订准妈妈食谱吧

准妈妈摄取营养的状况与胎儿成长状况相关。所以不能随随便便地决定准妈妈的饮食内容，而要考虑其在滋补身体方面所能起到的作用。因此，准妈妈要为了胎儿的健康选择最营养的食物，不要把方便食品或快餐食品当正餐。在没怀孕之前，可以随心所欲地选择吃什么，但是怀孕之后则是你和胎儿共同的选择，所以，在确定食谱时，怎么能不考虑胎儿的感受呢？

营养胎教：孕期水肿食疗即可

到了这个阶段，准妈妈的胃口一般都很好，饭量增加，是因为一个人吃供两个人的营养。但是一定要注意，不能够营养过剩，孕期营养过剩有可能使准妈妈和胎儿出现很多并发症。由于营养过剩会导致准妈妈的妊娠高血压综合征，出现水肿、高血压、尿蛋白这些症状。准妈妈营养过剩，摄入钙过多会使宝宝骨骼过早钙化，影响成长；摄入过多的维生素A、D，可能造成中毒和宝宝畸形。一般准妈妈营养过剩会使胎儿往往过大，出现巨大儿，使生产过于困难。

沙参对强化肺部功能有帮助

在怀孕第25～28周中，母体的“手太阴经脉”控制着胎儿的生长。这条经脉是与肺部直接相关的。我们所选择的食物必须有强化肺部的作用，并且能够对胎儿的皮肤、毛发和大脑的发育有所帮助。沙参的重要作用在于可以同时保护到肺部的阴气，除此之外，橘子、核桃、梅子和牛奶也是对准妈妈的身体极其有益的食品，可将牛奶和米粥一起熬制后随时服用。

适量饮水和低盐的饮食可以消除水肿

这一时期还是要保证准妈妈每一顿都吃饱，但不要吃太咸的食物。每天保持摄入水分1 500毫升左右，并在此基础上根据身体是否水肿来相应调整。除了白开水以外，准妈妈也可饮用大麦茶和果汁等来补充水分。

尽管怀孕第17～24周也会出现全身水肿、腹部隆起和呼吸困难的现象，但水肿出现得最为明显和频繁的阶段还是在怀孕第7个月，即在第25～28周。

水肿严重时可以考虑采取食疗法：把鲤鱼的腹内掏空，在其中放入一把红豆后熬汤服下。或者把桑根皮和红豆按照同样的分量混合烧煮后饮用。

桑根皮和红豆不但具有显著

的利尿作用，还可以预防与水肿同时发生的高血压症状。除此之外冬葵汤、玉米粥和玉米茶对缓解水肿症状也有一定的效果。

孕中期每日营养结构表

第一类	脂类	牛乳	400毫升
		乳酪	25克
	蛋类	鸡蛋	1个
第二类	荤食	瘦肉	50克
		鱼	80克
	豆类	豆腐	1/2块
第三类	蔬菜	深色	100克
		浅色	200克
	薯类	土豆	100克
	水果	苹果/柑橘	200克
第四类	谷类	米饭	100-200克
		面包（馒头）	100克
	糖类	砂糖	20克
	油脂	油脂	20克

芝宝贝厨房

烧核桃

原料： 核桃仁200克，碎牛肉100克。

调料： 砂糖、蒜泥各5克，碎葱10克，砂糖8克，香油3毫升，牛肉调料、酱油5毫升，蜂蜜5毫升，胡椒少许。

做法：

- 1．将核桃仁放入沸水中烧煮1～2分钟，去核桃仁皮。
- 2．把碎牛肉蘸上牛肉调料，放在倒上油的平底锅中炒熟。
- 3．加入核桃继续煎炒。
- 4．把除蜂蜜以外的料理酱按照各自的分量放入锅中烧煮，待其变得浓稠以后把核桃和牛肉倒进去，并搅拌均匀。
- 5．待核桃开始发出深色光泽以后倒上蜂蜜。

沙参玉竹老鸭汤

原料：鸭子1只，北沙参60克，玉竹60克。

调料：生姜2片，盐适量。

做法：

- 1．将鸭子、北沙参、玉竹洗净，切块。
- 2．把全部用料放入锅内，加清水适量，武火煮沸后，文火煲2小时。
- 3．加盐调味后即可食用。

冬葵薏仁粥

原料：冬葵子30克，薏仁200克。

调料：糖适量。

做法：

- 1．将冬葵子切碎，煮沸10～15分钟。
- 2．放入薏仁共煮，熬制成粥，加适量糖，搅拌均匀，空腹服用。

运动胎教：促进胎儿自由呼吸

胎儿的脑部快速发育，产生大量的脑细胞，此时需要为胎儿提供充足的氧气和营养。那些能够促进呼吸的运动意味着可以给胎儿带来更多新鲜的空气。相反，那些需要屏住呼吸，或者要求举起很重物体的运动，准妈妈最好不要考虑。

抬头呼吸

两脚分开，与肩同宽，将双臂缓缓地举向上方并用鼻子吸气，与此同时抬起自己的脚后跟。

功效：提高准妈妈保持平衡身体的能力并增加氧气的供应量。

拉伸肩部

Step1：两腿分开，膝盖弯曲，跪坐，上半身前倾并让两手接触地面。

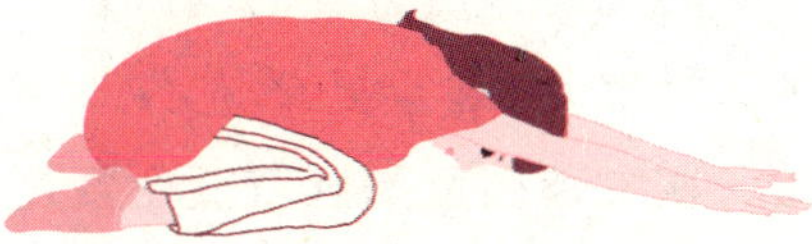

Step2：尽可能地向前伸出双手，彻底地舒展自己的肩部。

功效：增加肩膀的柔韧性，并让整个身体松弛下来。

舒展背部

Step1：双臂上举，吸入空气再从口里慢慢吐出，上半身向前弯曲。

Step2：注意保持背部挺直，脖子稍稍上抬，两眼凝视前方。待身体弯曲至与双腿构成直角之后再次吸入空气，弓起背部并慢慢地让上半身恢复原位。

功效：强化肌肉，并使准妈妈的呼吸变得更畅通。

转动身躯

Step1：将右腿完全伸直，左腿弯曲起来并跨过右腿踩在地面上，此时开始扭动上半身并向后看。

Step2：用右手揽住膝盖，左胳膊撑在地面

上。上半身保持竖直，在保持有规律地呼吸的同时做上述动作。换另一侧重复做。

功效：缓解背部肌肉紧张。

按摩胎教：准妈妈的心胸更顺畅

很多女性怀孕以后，由于体内激素发生变化，会出现倦怠无力，困顿难忍。还有一些准妈妈觉得胎儿很小，害怕做过多的运动会惊动或是伤害到宝宝，实际上，不运动对宝宝是不利的。所以，准妈妈要让生活始终充满了情趣，要保持以往的求知欲和好学心，让自己的孕期生活充实而又有质量，这样，才能将一些良好的信息传递给体内的宝宝，从而促进胎儿的大脑神经和细胞的发育。

针对失眠

用热水泡脚15分钟左右。

在脚底中央的涌泉穴反射区挤压2～3次，每次4秒钟。

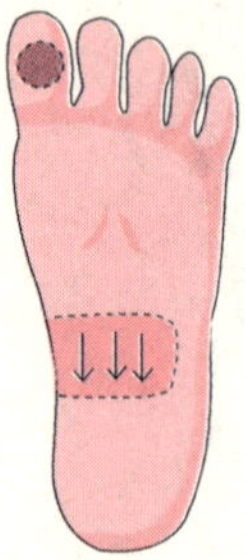

在大脚趾中央位置的大脑反射区上用大拇指使劲按4～5次。

用大拇指在小肠反射区按照箭头方向反复擦拭并按摩。

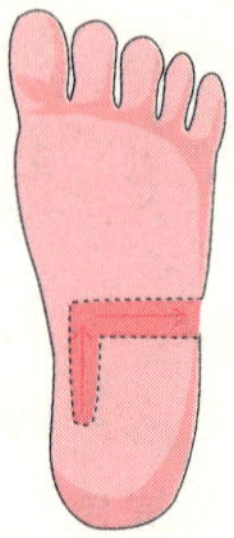

左手按压右脚，右手按压左脚，用大拇指在脚底部位每隔4秒钟挤按1次，最终每一个按下的点连接起来可成为弯勾的形状。

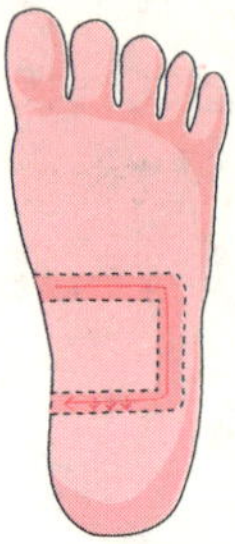

用右手大拇指在左脚脚底上每隔4秒钟挤按1次，把按下的点连接起来就呈“U”状。

还要记得在直肠反射区上多按下1次，这一动作在晚上睡觉之前应重复4次。

针对呼吸困难和胸部疼痛

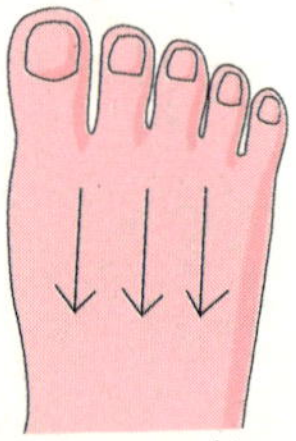

用热水泡脚10分钟以上。

在脚底中央的涌泉穴反射区挤压3次，每次4秒钟。

在脚背上朝着箭头所示意的方向进行整体的滑动按摩。

针对静脉瘤

用大拇指按涌泉穴3次，每次4秒钟。

向着对角线方向的输尿管反射区滑动按摩，重复9次左右。

在脚踝内侧的膀胱反射区用

大拇指挤压3次，每次4秒钟。

用大拇指和食指握住脚腕，然后从下部向膝盖方向摩擦，重复4～5次，以达到按摩脚内侧、外侧和后侧的效果。

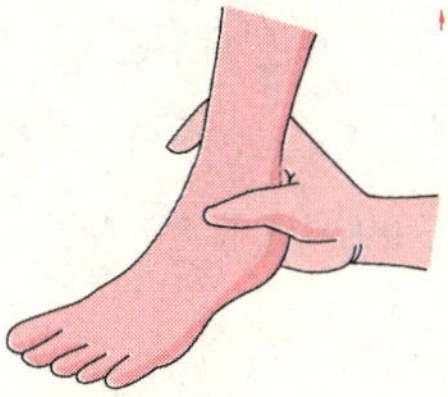

视觉胎教：培养感性能力和审美习惯

尽管一直以来人们更为熟悉的是音乐胎教和童话胎教，但最近随着人们对胎教的关注程度不断上升，视觉胎教也终于出现在了大多数人的视野当中。对名画进行鉴赏、给图案上色等方法都属于通过接触色彩，训练胎儿感性能力的视觉胎教。准妈妈看到的东西越多，胎儿所能感受到的美觉体验就越多，因此，现在就让我们开始看，开始感受吧。

视觉刺激与听觉刺激同样重要

对胎儿进行视觉刺激与听觉刺激同样重要。胎儿的听觉在怀孕早期不断地发育，并且会在怀孕24周时达到成人的水准，而相比之下，视觉的发育则要晚许多。在这种情况下，我们切不可因此而疏忽必须对胎儿进行的视觉刺激。

胎儿在视觉上接受的刺激也同样会对其在情绪上产生明显的影响。相对而言，人的视觉需要极为复杂的功能作为支持，而直到出生时为止，胎儿并没有完全具备这些功能。进一步说，小孩子要长到8岁才能获得与成人一样的视觉能力。人类视觉发育的周期如此之长，这就难怪胎儿只能分辨光线明暗的程度了。

照射到母亲眼睛里的光线会对一种叫做褪黑激素的物质产生调节的作用，使胎儿的眼前也相应地产生明暗的感觉。当看到明亮物体的时候，褪黑激素的分泌量会下降，看到昏暗物体的时候上升，这一点使胎儿也具备了辨别外界事物明暗的本能。胎儿对外部的光线开始产生反应往往是在怀孕第7个月之后开始。

刺激五感可以促进脑部发育

当人们看到伦勃朗的《犹太新娘》，莫奈的《睡莲，水景系列》这样的名画时，心情会很自然地平静下来。这些画当中包含着画家的精神，以及一种可以使人感动的东西。

此外，在观赏名画的同时进行一定的讲述也可以增强刺激的效果。怀孕6～7个月之后胎儿已具有了五感，而美术正是具有能够有效刺激五感的胎教内容。胎儿的脑部在有所感受的时候才会快速发育，此时全面地刺激五感就能起到最大的帮助效果。

视觉胎教的方法

提到视觉胎教，你的脑海中也许立刻就浮现出了准妈妈欣赏名画的场景。对于很多人来说，欣赏图画似乎就是视觉胎教的全部内容，其实系蝴蝶结、织十字绣、折纸和陶艺也都属于视觉胎教的范畴。靠手指来进行操作的织十字绣、系蝴蝶结和折纸等，不仅能够培养人的注意力，还可以使内心很快安定下来。因此准妈妈最好能培养自己对上述活动的兴趣，并且用它们来打发平日里的闲暇时光。

不过，要想完成一个作品往往需要花费很长的时间，所以无论是谁，在参与时一定要具有耐心。这一点其实也与胎教的根本目的完全相符，因为准妈妈的耐心和意志力会对胎儿产生很大的影响。同时，在这一过程中，胎儿的思想和审美能力也会受到一定的启发。准妈妈可以经常去附近的文化宫或美术馆探索并尝试适合自己的视觉胎教方法。

漂亮的照片和景色也可以成为视觉胎教的素材

平时对美术毫无兴趣的人，如果因为怀孕而强迫自己去美术馆或画展，是不可能得到任何明显效果的。假若一个人从未去过美术馆，即使特地跑到美术馆欣赏名作，也很难真正产生特殊的感觉和印象。

在这样的情况下，和丈夫一起去看场电影，漫步在夜景迷人的步行街或者看一看可以带来美好回忆的照片则是较为明智的选择，这样也属于视觉胎教。无论真实的风景还是照片，只要能让准妈妈心态平和并引起欣赏的兴趣，就可以称得上是视觉胎教最好的素材。

鉴赏胎教

与音乐胎教、语言胎教和童话胎教相比，视觉胎教可能显得较为无趣和困难。然而事实上，视觉胎教也是一种可以轻松掌握的方法。

提起对美术的认识，也许你只记得米勒的《拾穗者》和达芬奇的《蒙娜丽莎》，但这没有关系，因为你一定具有人类的基本色感。只要对画作没有反感，任何人都可以从零开始对它们进行鉴赏。

其实，对于鉴赏名画，最重要的并不是了解多少与之相关的背景知识，而是排除一切拒绝感和心理负担。因为，无论采用多么好的胎教方法，如果准妈妈在进行胎教的过程中感到有压力，就一定会产生的负面影响。

欣赏好的画作就和听到优美旋律、阅读感人的文字一样是一种美的享受，此时人的内心会变得安定，甚至会有一种被净化的感觉。参观摄影作品、画作、雕刻、陶艺和版画的画展将对胎教起到很大的帮助。

小提琴家朴有真的母亲在怀孕时，曾乐此不疲地前往美术馆和音乐会进行艺术胎教，这让人联想到，正是这种经历使朴有真的感性能力在胎儿时期就得到了锻炼。

即使一周只有一次，能够和丈夫一起前往最近的美术馆或画展，接触各种各样的画作无疑将给胎儿带来极大的享受。况且步行去场馆，准妈妈还能锻炼身体，何乐而不为呢？对于常常待在家里的准妈妈，出一趟门也会使准妈妈与胎儿之间谈论的话题变得丰富起来。

如果居住区文化氛围偏差或附近没有美术馆，可以借助画册进行胎教。

在选择画册时，要把准妈妈的爱好取向当作最为重要的基准。比起一些受到别人称赞的“杰作”，不如选择一些准妈妈所熟知和喜爱的画家的作品。此外，在学生时代的美术课上曾学习过的，或平时通过各种媒体经常接触的作品也很适合在胎教中使用。准妈妈看到这些作品时，往往会产生一种亲切的感觉。

进行音乐胎教，并不都是为了把孩子培养成音乐家。所以如果期待通过视觉胎教使孩子具有较高的审美感，长大以后成为一个名画家，虽是不切实际的，但这种暗示却是具有深远影响力的。

通过鉴赏画作使自己的感情变得丰富，并将这种美感传递到胎儿的做法才是真正意义上的视觉胎教。

欣赏优雅而柔和的作品

在进行视觉胎教时，人们往往会因为不知道该看哪些作品而感到苦恼。最适合被用做胎教的其实就是那些美感充足，线条和色彩较为鲜明且能够带给人柔和感觉的作品。从这一点上来说，那些能够用明亮的颜色和快速的笔触很好地展现色感变化的印象派作品就符合这样的条件。

名画鉴赏要点

刚开始的时候，与其欣赏细腻的人物肖像，不如看那些一眼就可以了解画家基本意图的风景画，看到美丽的自然风景就如同倾听自然的声音一样，可以使情绪安定下来。

在去美术馆之前可以先了解一下正在展示的大概是哪些作品。掌握了画家和作品的基本信息之后再对其进行鉴赏，往往可以带来更多的感受。

只要能看出画家何时创作了这幅作品，作品的名称是什么就已经足够了。掌握这些基本信息后就会对画作产生许多相关的疑问，到最后也就能相应地有许多感动和收获。也只有在准妈妈拥有感情的情况下，胎教才能真正有效。

对准妈妈来说，一个画展并不只具有观赏一次的价值。遇到一本好书，每读一遍都会有新的收获。欣赏画作也是这样，即使是同样一幅作品，每看一次都可能有不同的感受。昨天没有领悟的内涵也许会在今天的欣赏中产生新的感受，这种体验将带给你无比喜悦的感觉。

视觉胎教也和其他胎教一样，只有持之以恒才可以收到效果。去过几次画展,看了两眼画册并不代表着整个胎教过程就已进行完毕。只有长期坚持与那些画作打交道才可以使胎教变得更有效果，在这一点上，任何东西都不如“兴趣”这两个字重要。

8

孕8月的胎儿和准妈妈

孕8月

怀孕的第8个月，准妈妈的子宫前挺得更加明显，准妈妈的肚子更加突出了，子宫底的高度在25~27厘米。这时的身体显得沉重，行动很困难，走路时间不能过长，否则会感到下腹部和脚跟劳累不堪，还会伴随有笨重的感觉，甚至会有腰痛的现象。还有的准妈妈这时的水肿也很厉害。这时期最可怕的是妊娠高血压综合征。所以准妈妈要避免在这段时间过于劳累，还要注意盐分的摄取不可过多，要有充分的睡眠。两周一次的产检不容忽视。

胎儿的生长

怀孕29周，胎儿的皮下脂肪不断积累增多，手指甲生长出来，用光线刺激时，胎儿会随着光线的方向转动。

30周，女胎的阴蒂开始变大，并长出了阴唇模样的组织。男胎的睾丸则从肾脏附近移动到了阴囊当中。

31周，胎儿仍然一刻不停地生长着。胎儿的皮下脂肪明显增多，在1周的时间里体重能够增加500克以上。实际上新生儿的体重有一半都是在出生之前的7周里增加的。胎儿肺部与消化器官几乎都已形成，用光线照射准妈妈腹部可以观察到胎儿做出反应，眉毛和睫毛也变得更加完整了。

怀孕32周，胎儿的头部、臂部和腿部按照适当的比例生长着，并且开始排尿。由于没有活动的空间，胎动的次数逐渐减少，如果发现是双胞胎，则需要根据胎儿不同的位置来确定分娩方法。

• 准妈妈的变化 •

29周，准妈妈子宫在4周之内又增加了4厘米，体重增加的正常范围是8.5～11.2千克。妊娠纹、宫缩或者水肿都属于怀孕后期的正常现象，所以出现这些症状时用不着过于担心。此时可能常会有乳汁分泌，为了保持清洁，可以在胸罩里垫上纱布或棉垫。

孕期很容易长出黑痣或者雀斑，并且会由于油脂和水分的不均衡导致皮肤角质的出现，保证充足的睡眠并缓解压力可以有效地预防黑痣和雀斑等皮肤问题。

怀孕30周，子宫已经增大到几乎要触及肋骨的程度，看上去好像再也没有继续扩大的空间了。然而事实上胎儿和子宫的体积仍在不断变大，羊水量也在持续增加。

变大的子宫接触到横膈膜，让准妈妈感到呼吸困难。便秘、消化不良和小腿痉挛的情况时常发生。如果乳头上有残留分泌物，用温水柔和地清洗干净即可。

在怀孕第12周的时候，子宫就已经占据了整个骨盆，到了第31周则扩增至了腹部的大部分空间，体重正常增长范围是9.4～12.1千克。

准妈妈的体重几乎以每周500克的速度增长着。血液和体液量增加导致腿部常常发生水肿。当骨盆的血管被子宫压迫时，有可能引起整个下半身的血液循环受阻。

到了32周，肚脐与子宫上部相距12厘米，耻骨与子宫上部的距离则是32厘米左右。腹部的深色条纹变得更加显眼，肚脐可能变得平整，也可能明显地凸出。怀孕后期应该保持每天按摩乳房的习惯。脊柱和骨盆的关节变化常常导致腰部疼痛的发生，肩膀向后活动时也很容易产生疲劳的感觉。

芝宝贝孕期札记：

阵痛——即使只是非常轻微的阵痛，也最好采取侧卧姿势并保持镇静。一般来说，只要通过休养就可以解决宫缩和阵痛的问题。多次出现这些情况时要到医院接受检查。

饮食习惯——遵循少食多餐的原则，如果不喜欢某一种食物，不要因为其营养价值而勉强食用。

小心摔伤——沐浴时要注意水温不可过热，还要特别小心脚底打滑。

睡眠习惯——怀孕后期准妈妈可能出现各种睡眠障碍，这种情况完全属于正常现象。此时可以稍稍侧卧并将一条腿放在枕头上，这样可以帮助准妈妈进入熟睡的状态。

检查血液和体重——经常检查自己的血压和体重，在感到疲劳的时候要保证充分的休息。

控制体重——怀有双胞胎时，体重会增加20千克左右，这种情况下准妈妈就需要把更多的注意力放在对体重的监控上。

适当做运动——对于准妈妈而言，行走可以减轻水肿的症状，所以每天都外出行走，鞋跟不能超过2～3厘米。

一家三口胎教法

这一时期需要注意的是早产。尽管随着医学的发展，早产儿存活的概率有所提高，但尽量让胎儿正常出生总归是一件好事。怀孕后期，对准妈妈最大的威胁莫过于妊娠高血压综合征了，因此要时刻对水肿、蛋白尿和高血压等症状保持警惕。因此，在进行抬脚时，要注意准妈妈的体力，不易过于劳累。

出生前后，保持父母与孩子之间的各种接触吧

胎儿——到了怀孕的第8个月，即使是早产，胎儿存活的可能也非常高，此时出生的婴儿在外表上已经和足月儿极为相似，其听觉和视觉几乎完全发育成熟，第30周胎儿已经能够通过脑电波而产生感情。胎儿身躯修长，大约30厘米。随着身躯渐渐变大，胎儿活动的空间越来越狭窄，所以胎动的幅度比起过去有所减小。如果仔细观察，还可以看见胎儿为了适应出生以后的环境而进行呼吸练习。

准妈妈——随着胎儿体积变大，准妈妈越来越有压迫感。准妈妈由于膀胱受到压迫还会产生尿失禁的症状，受激素影响会出现腰部疼痛等不良反应，对每一个人而言都是一个艰苦的阶段。

准爸爸——这一时期里准妈妈真的非常辛苦，丈夫一定要给予最大的帮助。这种帮助不仅是给准妈妈按摩，还包括处处关心准妈妈。有时准妈妈会感到非常疲惫，不由自主地想一直躺着不愿活动，这时丈夫应该主动提出散步，让准妈妈得到必要的锻炼。怀孕后期仍然保持一定活动量，有利于分娩。此外这一阶段子宫较为敏感，所以一定要尽量节制性生活。丈夫分担准妈妈的辛苦，才是最大的帮助。

胎儿能够记住羊水的味道

一项研究结果显示，将分娩时排出的羊水涂抹在母亲一侧乳头上，让新生儿接近母亲，大部分的婴儿都会选择吮吸抹上羊水的那一侧乳头，这证明新生儿仍记得羊水的气味。由此看来，胎儿是具有嗅觉的。

但是胎儿这种出色的嗅觉能力

在出生1周以后就渐渐消失了。

正是因为胎儿对自己所处的子宫环境存在记忆，所以准妈妈要吃有益的食物，听柔和的声音，看优美的景象，这样才会对胎儿产生良好的刺激。

营养胎教：远离妊娠高血压综合征

大米、面粉等一些细粮都含有蛋白质、糖类、矿物质、维生素等营养成分，可是大部分都存在于稻子和麦子的买皮中，集中于胚芽周围。在怀孕期间，准妈妈在饮食中的粗粮和细粮的比例最好大概是1：4，如果把握不好，每个星期的主食中有三四顿为粗粮就可以了，粗粮吃太多反而会影响一些营养物质的吸收，也会造成营养不良。

梅子和牡蛎可以使大肠充分地发挥作用

怀孕第29～32周，准妈妈的“手阳明大肠经”与胎儿的生长有关。手阳明经脉所对应的器官是人的大肠。

所以这一时期准妈妈应该多吃可以强化大肠功能的小米、梅子、牡蛎、蛤蜊、芹菜、白菜和牛奶等食物构成。

增加对新鲜蔬菜和鱼类的摄入量

五味子、芝麻、食醋以及香菇、柠檬、土豆、菠菜、芹菜、芦荟等新鲜蔬菜和水果对准妈妈也很有好处，还可以考虑增加对海藻类和鱼类食品的摄入量。

除此以外，含有18种氨基酸的橘子、维生素E含量丰富的葵花子与扁桃、铁元素含量丰富的褐藻、鹿尾菜和钙质含量丰富的虾和沙丁鱼等都是不错的选择。当然，糙米以及可以补充人体赖氨酸的大豆、大豆胚芽和豆浆也同样具有很高的营养价值。

芹菜汁能有效缓解妊娠期高血压综合征

怀孕8个月后，准妈妈可能发生妊娠期高血压综合征，表现为血压升高、蛋白尿和水肿三大症状，严重时会引起准妈妈全身的痉挛，甚至昏迷。

因此，准妈妈应该尽量避免盐分含量过高或具有强烈刺激性的食物。平时血压就偏高的女性还可以在怀孕期间尝试喝芹菜汁来预防妊娠期高血压综合征。

孕晚期每日营养结构参考

第一类	脂类	牛乳	400毫升
		乳酪	25克
	蛋类	鸡蛋	1个
第二类	荤食	肝脏	35克
		鱼干	25克
第三类	蔬菜	深色	100克
		浅色	200克
	薯类	土豆	100克
	水果	苹果/柑橘	200克
第四类	谷类	米饭	100~200克
		面包（馒头）	130克
	糖类	砂糖	25克
	油脂	油脂	20克

芝宝贝厨房

银鱼菠菜粥

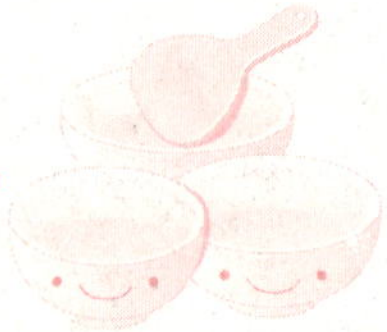

原料： 10–15条银鱼，50克大米，2根菠菜。

调料： 盐少许。

做法：

- 1．大米洗净后浸泡1小时，放入锅内熬煮成粥。
- 2．菠菜择洗干净，切成细末，待用；银鱼洗净后，切成细末，放入粥锅煮40分钟左右，然后再放入菠菜、盐稍煮片刻即可盛出，晾凉后即可食用。

芹菜肉包子

原料：芹菜500克，猪肉300克，粉丝100克，面粉600克。

调料：姜10克，葱30克。

做法：

- 1．芹菜择好洗净，切碎；粉丝泡软切碎，猪肉用开水煮一下，切小丁；葱、姜切碎末。
- 2．锅放油，放葱、姜末爆香。
- 3．倒入芹菜末，粉丝、肉丁，拌匀并调味。
- 4．面粉加酵母和成面团，放置温暖处发酵，等面团蓬松起来就可以包了。
- 5．包好后，再放置会第二次发酵。
- 6．发好后就可以上锅蒸了，大火蒸15分钟后即可。

运动胎教：科学控制体重

到了这一时期，子宫的上端开始压迫腹部，所以吃多一点就很容易感到不适。准妈妈还要一直保持营养丰富、摄入均衡的饮食习惯，保证每天摄入1 200～2 000千焦的热量。

如果想控制体重，千万不要节食，可以做些运动，比如散步、游泳以及在水中行走和慢跑。

胸罩不合适也有可能造成背部不适、疲劳以及肋骨酸痛，因此，应当及时更换能够完全支撑整个胸部的胸罩。有些准妈妈转动肩部感觉颈部有痛感，可以有针对性地训练上半身和脖子，利用重量合适的哑铃锻炼颈部、上臂以及脊柱。垫高背部或是采取侧卧姿势睡觉容易造成高血压、恶心和眩晕等，所以一定要保持正确姿势。

手臂运动

Step1：保持放松的坐姿，两肩向后倾的同时抬起双手，让肘部完全向上舒展后再放下，重复数次。

Step2：举起双臂时要吸气，向下放时呼气，反复进行。

推掌

Step1：以放松的状态坐下，两手在胸前合掌，吸气的同时用力推动双掌。

Step2：一边吐气一边放松。重复这一动作。

拉伸肋部

Step1：以放松的姿态盘腿而坐，用一只胳膊肘撑住地面。

Step2：另一只手臂向上举并做肋部弯曲，同时肘部以上的部分向地面方向用力。

功效：可以强化肋部肌肉。

肩部运动

Step1：两腿大幅度分开，在站立的姿势下弯曲膝盖并呈90度角。

Step2：两手撑住双膝，一侧的手将膝盖向后推，另一侧则尽量使肩膀往里沉，扭动上半身以配合这一动作。

功效：解除肩部和背部的紧张状态，并松弛大腿内侧的肌肉。

抖动双手

Step1：紧握双拳再放松，接着从上向下抖动双手。

功效：促进血液循环并缓解手部肌肉僵硬的感觉。

按摩胎教：预防早产

怀孕的第8个月，已是怀孕的晚期了，也就是说到了这个时候，准妈妈要格外注意保胎，直至宝宝安全出生。所从这个月往后的一些胎教，准妈妈要照顾到自身的身体情况和胎儿。属于运动方面的动作手法要慢、轻，还要科学；其他视听上的胎教也不能让自已太疲劳。这个时候按摩胎教可以帮助准妈妈为分娩做好身体和心理上的准备，丈夫能参与效果会更好。

预防早产

丈夫与准妈妈对坐，准妈妈把脚放在丈夫的膝盖上。

用大拇指在脚底中央的涌泉穴上用力挤压2次。

用大拇指捏住大脑反射区所在的大脚趾位置，然后进行揉搓按摩，重复2次。

在位于脚后跟的生殖腺反射区上按逆时针方向画圆进行按摩，重复2次左右。

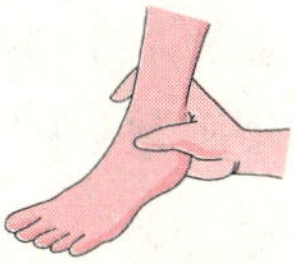

用大拇指和食指抓住脚腕，然后柔和地进行左右转动。

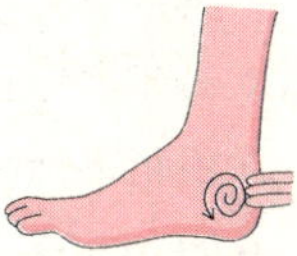

并拢食指、中指和无名指，然后用指纹所在的部位在准妈妈的脚踝周围按逆时针方向画圆。

针对妊娠性水肿

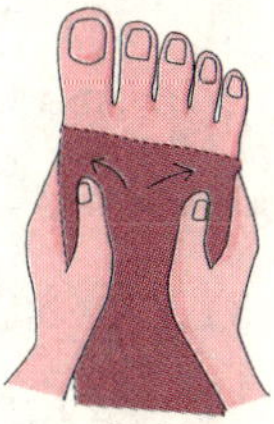

把毛巾敷在脚背上，用双手握住整个脚背，模仿掰开一只苹果的动作进行按摩，持续1～2分钟。

用一只手从脚腕出发往膝盖方向摩擦，就好像要让血液向上流动一样。持续1～2分钟。随后按摩另一只脚。

用大拇指在脚底中央位置的涌泉穴上轻轻按3次，每次持续4秒钟。

针对早期阵痛

在脚底中央的涌泉穴上用大拇指缓缓按4～5次。

用大拇指在小肠反射区上进行滑动摩擦，重复4～5次。

在脚后跟部位的生殖腺反射区上进行2次滚动按摩。按摩时要仿照旋涡的形状按逆时针方向进行。

针对手脚麻木

将手脚浸泡在热水中10分钟。

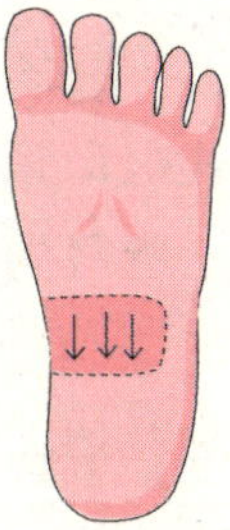

用大拇指在涌泉反射区从里到外按逆时针方向旋转着进行按摩。

在小肠反射区上用大拇指按照箭头所示方向进行摩擦。

用大拇指按压各个脚趾的顶端。

再将手和脚放到热水当中，不断地搓擦手脚直到感觉发热为止。

数学胎教：刺激胎儿的形象记忆

对闪光卡片的利用还体现在数学胎教上，即利用闪光卡片传达的形象记忆，向胎儿传授数字和简单的数学知识。这种数学胎教并非片面地讲述，而是形象记忆的过程，要求准妈妈充分运用联想力，将事物、图片与数学知识结合起来。

准妈妈睡眠充足或刚睡过午觉时，精神饱满，可以利用这个机会好好教胎儿学习数学。学习之前，不妨先洗个脸，提醒自己和胎儿："我们现在开始学习数学了！"

利用图片学习是非常愉快的方法，在不断的写写画画中，既可以传达知识，又可以让时间过得更快。

将数字和相关事物联系起来

利用闪光卡片可以使胎儿获得深刻的印象，可加深对图片上所写的数字、图形和颜色的记忆。通过准妈妈耐心细致的讲解、清晰的声音将这些知识传达给胎儿，就可以很好地启迪胎儿在数字学习上的智慧。正是由于以上因素的结合，才使原本平面的学习，变成了三维立体的学习方式。

每天学习的数字量不要超过5个，在学习数字时，一定要将抽象而枯燥的数字和丰富的联想结合起来。例如学习数字"1"，你可以这样描述"数字1就像竖立的铅笔，也像一根笔直的电线杆"，也可以和英语字母"i"进行比较。此外，还可以利用"1支铅笔""1块面包""1个橘子"等词语加深对数字"1"的认识。

在学习数字"9"时，可以这样描述"数字9就像1个站立的人的侧面，它和6是不一样的，因为9的头朝上，而6的头朝下。"

当然，你也可以将数字和具体的事物结合起来，如学到"1"时，可以拿出1个苹果，念着"这是1个苹果"。总之，利用你身边随处可见的事物，将枯燥的数字记忆转化为形象记忆，是有效地理解数学的方法。

用图片进行数字学习

用图片学习数字也是非常形象而高效的方法，准妈妈可以边用手在闪光卡片上描摹数字，边用语言进行描述。还可以将绘有图案的闪光图片和数字结合起来，边看图，边说出物体的数目。如学习数字"5"，可以先画出5个糖果，再慢慢地从1数到5，并用手指描摹。又可以和上文中的比喻方法相结合，这样既可以加深胎儿的记忆，又可以让他初步体会到数字的乐趣。

也可以将具体事物和图片相比较，例如，讲到5个鸡蛋时，可以将两个鸡蛋和绘有5个鸡蛋的图片放在一起。

和胎儿一起解答算术题

学习解答算术题时，可以综合运用以上两种方法，只不过需要灵活变通。这体现在任意组合数字并通过简单运算得到正确答案上。你可以用墨水在卡片上进行加减法运算，每天教5个，数字限制在0～50，当学习完数字“50”的运算后，再从“0”开始学。

例如，你可以将9－1=8，9–2=7，9–3=6，9–4=5，3+5=8，5+3=8等分别写在卡片上，注意一张卡片只写一个算式。再将卡片涂成不同的颜色，就会得到色彩斑斓的图案。长期坚持下去，就可以攒下很多宝贵的图片。在孩子出生后，可以让他继续利用这些充满乐趣的图片来学习数字。

此外，可以将图片和事物相结合，如讲到3+5=8时，拿出3块糖果，再拿出5块，放在一起就成了8块。同样的方法也可以用在减法运算中。与单纯的抽象运算相比，这种方法又快又直接，是胎儿和孩子乐于接受的方法，其说服力和效率相当高。

艺术胎教：将生活中的美传递给胎儿

此时胎儿的视觉已经很发达，因此，利用艺术胎教一方面可以丰富胎儿阅历；另一方面可以使准妈妈心神愉悦。在艺术胎教中，要求准妈妈通过自身体会生活中一切的没，而把自己的美的感受传输给胎儿。因为8个月的胎儿已经开始有了初步的意识萌动，可以给胎儿进行一些抽象的艺术胎教。

多看漂亮的照片、名画

欣赏好的照片和画作与听到旋律优美的音乐和阅读感人的文字一样，都是一种美的享受，此时准妈妈的内心会变得安定，甚至会有一种被净化的感觉。同时还使准妈妈的情感变得更加丰富，并将这种美感传递给胎儿。艺术胎教不仅可以丰富胎儿的阅历，也可以起到辅助情绪胎教的作用。

胎儿的视觉要比听觉的发育晚很多，但视觉上的刺激同样会对胎儿的情绪产生影响。科学研究发现，当光线照射到准妈妈眼中时，她的眼睛会分泌出褪黑激素，这使得胎儿也相应地具备了明暗的感觉。当看到明亮的物体时，褪黑激素的分泌量会减少，而看到灰暗的物体时，褪黑激素会增加分泌量，从而使胎儿的视觉能力得以发展。美好的画作恰恰可以促进胎儿视觉的发育。

欣赏画作要注意以下几点

刚开始的时候，与其欣赏细腻的人物肖像，不如看那些一眼就可以了解画家基本意图的风景画，看到美丽的自然风景就如同倾听自然的声音一样，可以使准妈妈情绪安定下来。

在去美术馆之前可以先了解一下正在展示的作品种类。掌握了画家和作品的基本信息之后再对其进行鉴赏，往往可以带来更多的感受。

只要能看出画家何时创作了这幅作品，作品的名称是什么就已经足够了。掌握这些基本信息后会对画作产生许多相关的疑问，到最后也就能相应地获得许多感动和收获。也只有在准妈妈对画作产生情感的情况下，胎教才能真正有效。

对准妈妈来说，一个画展并不只具有观赏一次的价值。遇到一本好书，每读一遍都会有新的收获。欣赏画作也是这样，即使是同一幅作品，每看一次都可能有不同的感受。昨天没有领悟的内涵也许会在今天的欣赏中产生新的感受，这种体验将带给准妈妈无比的喜悦。

自己动手作画

自己动手作画，可以达到释放内心情绪的目的，这种胎教方法所取得的胎教效果要比鉴赏画作高出数倍。在作画的过程中，准妈妈不仅可从普通事物中发现美，还可想象如何用画将美好的事物表现出来。准妈妈可以用蜡笔、颜料、彩色铅笔作画，可以画蓝天、白云或孩子美丽的脸庞。不过，要记得：一是带着自愿、愉悦的心情作画；二是克服完美心理。

十字绣

绣十字绣可以使准妈妈的心情很快得以平静，对提高注意力也有一定的作用。而且绣十字绣可以锻炼手指，刺激胎儿的脑部发育。同时，在一幅十字绣作品里往往要用到数十种颜色的丝线，所以在一针一线的编织过程中，准妈妈的色彩感和调和颜色的能力也不知不觉得到了提高。准妈妈若能在怀孕时多接触一些美丽的颜色和形状，生出的孩子也将拥有较高的审美能力。

在绣十字绣时，准妈妈还可以同时进行语言胎教。可以说一说正在为其制作的东西，比如枕头、围兜和儿童被等，也可以描述十字绣的各种颜色、图案。

艺术胎教不能急于求成

欣赏画作时，可选取那些美感充足、线条柔和、色彩鲜明的作品，印象派的作品就是不错的选择，比如马奈的《草地上的午餐》、莫奈的《日出印象》、梵•高的《向日葵》。印象派的画作清新自然，生动，色彩饱满，非常适合孕期欣赏。

欣赏美丽的照片或画作，重要的不是了解与之相关的背景知识，而是排除心理负担。丈夫可以带着妻子到画展或美术馆欣赏名画和摄影展。选择画册欣赏，准妈妈的喜好是最重要的基准。同时，进行艺术胎教时，要抛弃把宝宝培养成画家的思想。在准妈妈居住的房间贴上以美丽风景为内容的照片是不错的选择，有的准妈妈还喜欢把漂亮宝宝的照片贴在墙上，也是很好的做法。

刺绣使人眼光和神经都集中在了针尖那一点上，所以很容易产生疲倦的感觉。另外，准妈妈也不适合长久保持刺绣的姿势。因此，准妈妈最好把每次刺绣的时间控制在1个小时之内。最好在腰后垫一个垫子，在舒适的姿势下完成这项活动。此外，刺绣可以陶冶情操，稳定心态，是一种修身养性的过程，不可当成任务。

准妈妈经验谈

我用一针一线来传递对孩子的爱

我怀孕的时候，就在冥思苦想到底应该采用什么样的胎教方法。那时我刚好看到一个做十字绣的小店，尽管平时得去上班，但我仍有充足的休息时间织十字绣。在织十字绣时手指要不停地动，这样不仅对胎儿的脑部发育大有的好处，还可以培养胎儿的色彩感和美感。我对织十字绣的热情很高。

刚开始的时候我只能做一些手机链，后来水平慢慢提高到能做围兜、内衣。在欣赏优美旋律的同时一针一线地织成一样作品，等到完工的时候会有一种极大的成就感。此外，把做好的十字绣裱在像框里送给朋友，也可以使心情变得愉快起来。这种兴奋的感觉也同样会传递给胎儿。

如今我的儿子已经有31个月了，不知道是不是我织十字绣的缘故，他对做东西、拆东西、剪东西这样的事表现出了很明显的兴趣。

都说孩子只有多动手才能使头脑发育得更快，对于我的儿子来说都不用去教他，他自己就喜欢上了各种动手的活动。连幼儿园的老师都说，她从来没有看到过对手工这么感兴趣的孩子。

9

孕9月的胎儿和准妈妈

孕9月

在这个月里，要时刻注意早期破水。由于羊水随时都有破裂的可能，所以怀孕后期千万不能进行超过身体负荷的劳动。这一时期准妈妈会感到胎儿头部朝骨盆方向移动，按压胃部时，会发现压迫感几乎完全消失，取而代之的是一种轻松的感觉。除此以外，胎动也在这一时期明显地减少。

胎儿的生长

怀孕33周了，胎儿会吞入羊水并进行呼吸练习，头发明显增长，男胎的睾丸完全进入到了阴囊中。

34周，头部的骨骼变得坚硬，皮肤上的皱纹也减少了许多。脚趾甲长出来的同时手指甲已经完全长出。

35周，胎儿的肺部正充分地发育着，这一时期出生的胎儿存活率已经接近到了99%。

36周时，可以在胎儿出生以后起到体温调节作用的皮下脂肪逐渐增多，胎儿暂时还不能自主呼吸，所以此时出生的婴儿在一段时间内必须依靠人工呼吸才能够生存。

• 准妈妈的变化 •

33周，准妈妈的肚脐到子宫上部的距离变为13厘米，耻骨到子宫上部的距离有33厘米左右。体重增加了9.9～12.6千克。当感到腰部疼痛时，可以通过洗热水澡或进行按摩，以缓解肌肉的紧张状态。对乳房进行按摩的最佳时期是洗澡之后和睡觉之前。胎儿的快速成长使准妈妈的体重增加，胸部的不适也变得更加严重。

有些准妈妈喜欢与其他准妈妈比较腹部大小，其实谁大谁小并不重要，重要的是子宫增长的速度是否适当，因为这是我们判断腹中的胎儿是否在正常成长的依据之一。

34周，准妈妈的脸上有可能出现白色的斑点，但在分娩之后会很快消失。准妈妈可以感觉到胎儿的位置有所下降，呼吸变得轻松起来，但是由于胎儿向下移动，骨盆会有压迫感。在感到难以适应这种压迫时，就要去医院检查。此外，激素分泌的增多使乳腺保持着发达的状态，开始分泌少许乳汁。

35周的准妈妈，从肚脐到子宫上部的距离是15厘米，耻骨到子宫上部大约为35厘米。准妈妈的体重增加了10.8～13千克。随着分娩的临近，腰部的疼痛症状越来越严重，乳房胀至最大上限，身体变重使准妈妈很难进入到熟睡状态，情绪波动较大。

36周，距离生产还有四周的时间，这时，从肚脐到子宫上部的距离是14厘米，从耻骨到子宫上部是36厘米。准妈妈的腹腔内几乎再也没有多余的空间了。子宫随胎儿一起变大，这时已经抵到了肋骨下段的位置。由于膀胱受到压力，准妈妈又出现尿频现象，体重增加11～13千克，胎动次数也明显减少。

芝宝贝孕期札记

到了怀孕的晚期，准妈妈在进行胎教的同时，还要更多地了解一些关于分娩的相关知识。自然分娩可以避免手术带来的后遗症，分娩后只需要2天时间就可以出院，而且之后的恢复期也很快。但如果准妈妈的骨盆较小，胎儿的个头又很大，采取自然分娩会有一定难度，在怀有双胞胎或准妈妈有高血压、胎儿宫内缺氧的情况下，医生会建议采取剖宫产手术。总之，应该根据准妈妈和胎儿的健康状况选择适当的分娩方法。

这个月里，会出现早期破水的现象，这主要是由于羊水随时都有破裂的可能，所以应事先熟知早期破水的征兆。若阴道内有近似于水一样的清澈透明液体流出，则是破水的信号。

这个时期对营养的摄取是为了保证胎儿的健康和营养，准妈妈需摄取大量的维生素和矿物质，如果打算进行母乳喂养就应该更加注重营养的补充。

这个月的活动也都是为分娩做准备，还是要以避免早产为主。

一家三口胎教法

这一时期准妈妈很容易被这样或那样的不安感所包围，往往会为分娩时的痛苦和以后抚育孩子的问题而担忧，严重的会患上忧郁症。

忧郁症是准妈妈在适应怀孕和生产所带来的各种变化的过程中，可能发生的一种常见的精神疾病。它的致病原因一直被认为会给准妈妈带来负担的各种环境因素。一般来说这种症状会在产后6个月左右自行消失，但假如恢复的过程很不顺利，就可能使准妈妈受到产后抑郁症的困扰。

丈夫的关爱可以让准妈妈摆脱抑郁症

准妈妈应该把这些事实告诉身边的人，尤其是要告诉自己的丈夫，这样就能够得到应有的关心和照顾。也只有这样准妈妈才可以轻松地摆脱抑郁症所带来的烦恼。

胎儿——胎儿身体的各个器官都发育完成，虽然肺部尚未完成，但此时出生完全可以存活。脸部的表情更加丰富，有时皱眉，有时微笑。由于胎儿的身躯体积过大，此刻在子宫中几乎无法再做移动。此外，胎儿还会向下调整自己的头部，已经做好了随时来到这个世界的充分准备。

准妈妈——子宫膨胀到了极限，准妈妈感觉呼吸困难、胸部难受，心跳依然厉害了，排尿次数明显增多。如果发生尿失禁也用不着过于担心，因为这多半是一种暂时性的症状。某些准妈妈食欲出现下降，也有一些人会受到便秘或痔疮的困扰。腿部经常会发生水肿，腹部可能有发胀和堵塞的感觉。因此准妈妈要尽量避免久站或长时间保持一种姿势，还要有意识地减轻各种压力。

准爸爸——必须要经历生产这一考验的准妈妈，不仅在身体上十分疲惫，在心理上也同样会产生不安的感觉。因此准爸爸一定要多为准妈妈着想，对其进行无微不至的照顾。随着准妈妈的身体变得越来越笨重，此时再提出任何性要求都是不合适的。准爸爸应该尽可能地抽时间陪在准妈妈身边，与其一起练习按摩和调整呼吸的方法，还可以购置婴儿用品，与准妈妈一起做好迎接孩子到来的准备。

胎儿也会做梦

“胎儿也会做梦吗？”妻子怀孕后，她自己或是身边的人都有可能做梦，这种梦被称作胎梦。每个人的胎梦都不一样，对胎梦的解释和分析也不尽相同，但我们可以把胎梦看成提示准爸爸或者准妈妈开始进行胎教的自然信号。

另一方面，不仅准妈妈和准爸爸会做梦，胎儿也有做梦的可能。在怀孕第9个月时，对胎儿进行脑电波测试，就可以观察到胎儿大脑电波会发生交叉并引起做梦。尽管我们无法了解那是一些怎样的梦境，但是胎儿会做梦这一事实已经被明确地证实了。

那么，准妈妈和准爸爸此时应该给予胎儿怎样的帮助呢？其实只要仔细想想自己做梦的情况就可以找到正确的答案。在心情舒畅、愉快的日子里我们往往会在睡觉时进入美好的梦境，相反在心情沉闷的时候我们不仅很难入睡，还常常会进入到乱七八糟的复杂梦境当中。

胎儿的所有经历都是通过母亲获得的，所以母亲只有在生活中保持平和安定的心态才能对胎儿的梦境产生好的影响。想想看，准妈妈在梦里见到即将要出生的胎儿，而胎儿则梦到不久将要见到的爸爸妈妈，这是一件多么美好的事情啊！不过请记住一点：要想达成这一目标，需要准妈妈、丈夫、同事、亲戚以及其他所有周围人的共同努力。

准妈妈的周围要充满爱

准妈妈在怀孕的10个月当中无疑时刻需要被保护，因此，周边人士的细心照顾非常必要，而这也同样是倡导社会胎教的理由。工作中的同事应该尽可能地给准妈妈最好的照顾，婆家的亲戚则要在各方面都多加注意，争取将准妈妈的压力减到最小。

在面对准妈妈时，我们要记住她是一个怀有充满希望的小生命的人，记住自己的言行举止都可能对两个人的未来产生影响，这样想的话我们就能变得更加小心起来。每个人都为培育健全美好的生命而贡献一份力量，请记住，要让准妈妈的周围充满爱。

营养胎教：安胎防早产任务重

一般来说，不足37周分娩的称早产。准妈妈在平时经常摄取富含钙质和维生素的食物可预防流产和早产。

准妈妈还应该吃一些维生素E含量丰富的食品。维生素E的实际成分就是生育酚。因此，如果在怀孕期间缺乏维生素E就很容易出现流产、早产等危险情况。在小麦胚芽、向日葵油和羊肉里含有较多这类物质。

胎儿已经具备呼吸和吸吮乳头的生存能力，即使这时出生，存活率也可达到95%。

肉枣和五味子可以强化肾脏功能

怀孕33～36周，母体的“足少阴经脉”控制着胎儿的生长，这是一条与肾脏有关的经脉。所以强化准妈妈的肾脏功能可以促进胎儿的性器官发育，并使骨骼变得结实起来。总而言之，这一时期的饮食宗旨就是帮助胎儿获得完整健全的身躯。

例如，肉枣和五味子可以对准妈妈的肾脏起到补养作用，在保护胎儿的“精血”方面大有好处。橘子、山莓、栗子和黑豆也都是具有类似功效的食物。

如果准妈妈是第一次怀孕，胎儿的头部已经降入骨盆。所以为了应对分娩时所发生的出血状况，就要从这一时期摄取含有大量维生素C、维生素K、维生素B族、叶酸和铁元素的食品。含有这些元素的食品还包括酵母、瘦肉、动物肝脏、牛奶、奶酪、鸡蛋黄、鱼卵、蛤蜊、鱼、紫菜、白菜和菠菜等。

大枣可以起到安胎的作用

将大枣烤熟后食用也可以起到安定神经和补养虚羸的作用。

如果胎儿情况一直不安定或者准妈妈有出血症状，腰和下腹部有坠痛，食用松子可以获得意料之外的显著效果。还可以将南瓜柄炒熟之后裹上一层面粉，然后与糯米浆一起食用，或者服用南瓜藤煮成的汤，这些都具有显著的安胎效果。此外莲根汁液和当归茶在补充维生素B族、维生素C、维生素E的同时能起到止血和保暖的作用。

准妈妈要知道，多吃吃富含维生素的食品可以预防流产。每500克的羊肉内含有45毫克的维生素E，还含有钙质112毫克，铁质21毫克和大量的维生素B_1、维生素B_2，因此羊肉对防止早产很有帮助。

芝宝贝厨房

枣茶

原料：干肉枣200克。

调料：蜂蜜和砂糖少许。

做法：

- 1．将肉枣放在冷水中迅速清洗再捞出。
- 2．将肉枣放入水中，用小火微微烧煮。
- 3．把肉枣的颜色煮出来之后将肉枣茶倒入茶杯当中。
- 4．根据自己的喜好放入蜂蜜或砂糖即可饮用。

海参炖鸡茸

原料：水发海参750克，鸡脯肉40克，鳜鱼肉20克。

调料：酱油30克，料酒20克，盐5克，味精20克，葱、姜末各5克，蛋清8克，淀粉20克，烟葱油40克，高汤适量，白糖5克。

做法：

- 1．将海参切条，轻焯以后倒出。
- 2．将鸡脯肉和鱼切成肉茸。放入碗中，加水冲开后，与蛋清、淀粉搅拌成粥。
- 3．将锅中倒如食用油，烧至3分熟，把鸡鱼茸倒入漏勺，漏在油里，如不漏，用手将勺压一压，等其漏完捞出。
- 4．用葱、姜炝锅，放酱油，料酒、汤、盐、味精、糖、海参，烧2分钟后勾芡，倒入肉茸中即可食用。

运动胎教：为分娩做准备

怀孕后期由于胎儿变大，骨盆会产生明显的疼痛与不适。此外，会阴部有压迫感和小便次数频繁也是常有的现象。通过规则的提肛和收缩骨盆的运动可以降低尿失禁的发生概率，如果有尿失禁的情况，可以使用卫生巾。

体积增大的胎儿会让准妈妈感到胸闷和呼吸困难，可以活动上半身以促进呼吸。某些准妈妈静脉症状可能比较严重，需要通过运动来促进血液循环，让血管恢复弹力。

有静脉曲张等症状的准妈妈不可保持久站或者久坐的姿势，应该让自己的一条腿保持尽量高的高度。不要穿高跟皮鞋，要穿较为宽松的袜子。

缩紧阴道

Step1：吸气，同时慢慢地从肛门用力尽力缩紧阴道，注意不要把力量分散到其他部位。

Step2：呼气，同时慢慢放松下来。吸气时数到6，呼气时数到8，重复5次之后改向一侧躺下休息。

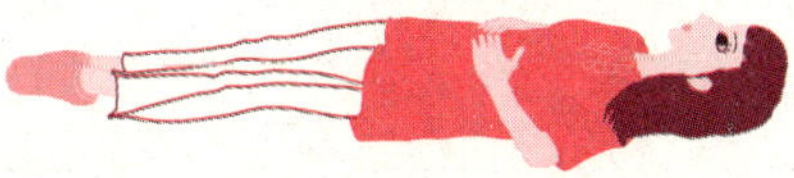

分腿运动

Step1：在平躺的姿势下将膝盖向上举。用嘴慢慢呼气的同时，按住膝盖并抬起上半身。

Step2：用鼻子吸气并恢复平躺姿势，重复5次之后改向一侧躺下休息。

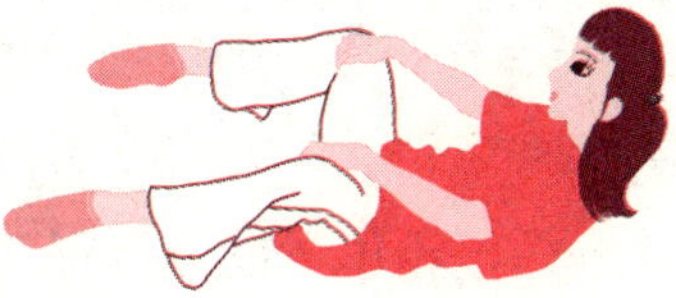

找平衡

Step1：两腿分开站立，用鼻子吸气的同时高举双臂。

Step2：一边吐气一边放下双臂降到与肩同高，一条腿保持不动并尽力寻找平衡感，另一条腿稍稍向前抬起。

Step3：再次呼吸之后将腿放下，变换方向，重复这一动作。

脚腕运动

两手自然地撑住地面，双腿向前舒展，待腿部完全放松之后碰撞两脚腕。多次重复这一动作。

腿部运动

Step1：平躺以后把双腿举起并靠在墙壁上，一条腿慢慢下沉到地面后再重新抬起。

Step2：再换另一条腿进行这一动作。重复5次左右之后改向一侧躺下休息。

功效：强化腿部、臀部肌肉及增加大腿内侧柔软性，并且解除疲劳，防止在准妈妈的腿足部位的血液过于集中。

按摩胎教：缓解分娩前紧张

这个时候很多准妈妈已经等不及了，希望尽快分娩。这种心理暗示会体现于身体上诸多的不适，甚至出现妊娠疾病。除了积极配合医生的指导外，按摩仍然是个不错的选择。

针对妊娠期糖尿病

用热水浸泡双脚20分钟以上。

在脚底中心的涌泉穴上用力挤压2次。

用拇指和食指揉搓大脑反射区所在的大脚趾下面区域，重复2次。

在脚后跟部位的生殖腺反射区上用画圈的方法进行按摩，重复2次。

用大拇指和食指抓住准妈妈的脚腕，然后柔和地进行左右转动的按摩。

将食指、中指和无名指并拢，然后用指纹所在的部位在准妈妈的脚踝周围用画圆的方法进行转动按摩。

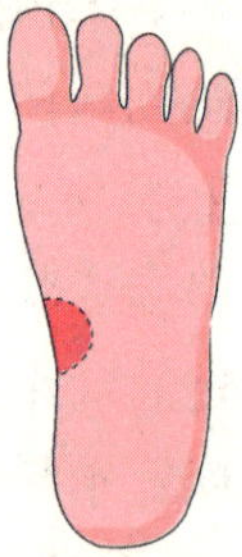

如右图所示，大脚趾正下方的区域是胰脏反射区。在这一位置用大拇指挤压3次，每次持续4秒钟。

针对记忆力和思考能力降低

在脚底部位的涌泉反射区上用大拇指按2～3次，每次4秒钟。

用一只手从脚腕出发向膝盖方向摩擦，就好像要让血液向上流动一样。两手交叉方向对两只脚分别进行这种按摩，持续1～2分钟。

用拇指和食指捏住位于大脚趾上的大脑反射区，然后用转圈的方法进行按摩，重复2次。

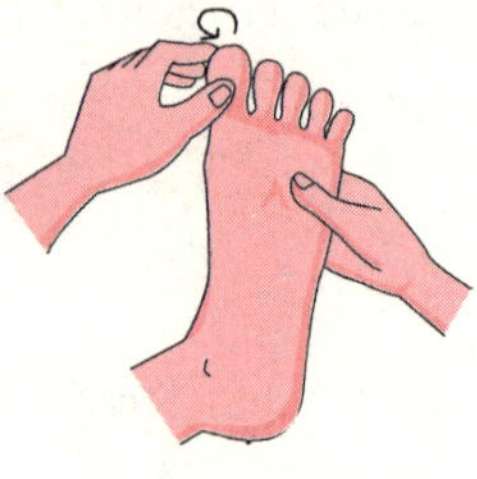

针对压力过大

在脚底中心的涌泉反射区上用大拇指缓缓按4～5次，按时要尽量用力。

在小肠反射区从上向下进行滑动摩擦，重复4～5次。

在脚后跟部位的生殖腺反射区上用画圈的方法进行按摩，重复2次。

用一只手抓住自己的脚，另一只手将5个脚趾一起向后扳动。

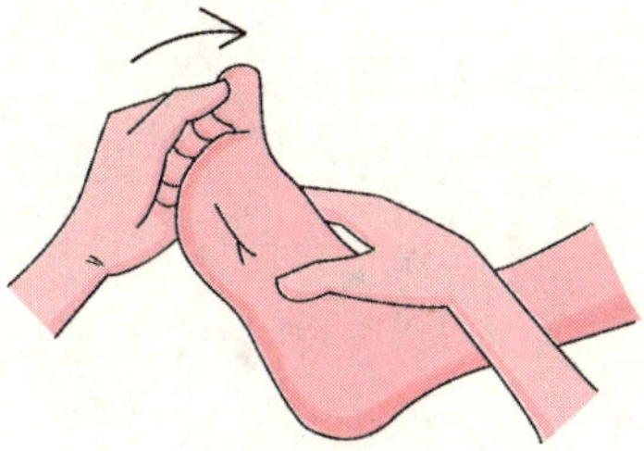

10

孕10月的胎儿和准妈妈

孕10月

这个月面临着分娩，准妈妈一定要明白：阵痛开始之后就可以通过胎儿监护仪来观察其心脏的跳动情况。产程一般要经历十几个小时，随着阵阵宫缩，胎儿全身及头部受到挤压。这种挤压对胎儿十分重要，可促进胎儿肺成熟，为第一声啼哭和生后适应外界生活做好准备。为了宝宝的身心健康，尽量争取自然分娩。从现在开始想像拥抱可爱宝宝的感觉吧！

胎儿的生长

怀孕37周，胎儿继续不断地生长，体重仍在增加，并生成了大量的皮下脂肪。

怀孕38周，现在胎儿已经完全成熟了。

怀孕39周，胎儿可能将脱落下来的头发和汗毛吞进肚子里，一段时间之后就会成为胎便并排出体外。肺部得到了完整的发育，所有的身体器官都已发育成熟。

怀孕40周，胎儿占据了整个子宫，几乎再也没有任何移动的空间。尽管这一周是预产期，但宝宝有可能提前1周，或推迟1周降生。

准妈妈的变化

在最后最后一个月当中，准妈妈的子宫大小与上一周相似。准妈妈的体重差不多到达了最高点，与怀孕之前相比增加11～15千克。胎儿向骨盆下方移动，这一过程可能造成痔疮的发生。准妈妈单侧乳房的重量已经达到了400～800克，发生阵痛时子宫颈会变软、变薄。分娩过程中，当胎儿通过产道时准妈妈的腰和背会感觉到明显的疼痛，这种疼痛的感觉会在分娩之后仍然持续很长时间。

在这最后的几周里，准妈妈的腹部不再继续变大，但此时已经很笨重了。从肚脐到子宫上部的距离是16～18厘米，耻骨与子宫上部之间达到了36～38厘米。

这一时期最好不要采取仰卧的姿势，以免造成呼吸困难和恶心。进行适当的运动可以缓解力气不足和情绪不安的症状。

到了39周，从肚脐到子宫上部的距离是16～20厘米，耻骨到子宫上部的距离是36～40厘米。此阶段应避免体重增长过快，最好控制在12～16千克。胎儿位置的下降能会给准妈妈的行走造成困难。此外，分娩之后在胸部等地会留下妊娠纹。

最后一周，从肚脐到子宫上部的距离是16~20厘米，耻骨到子宫上部的距离为36~40厘米。这时准妈妈可以感觉到胎儿做好了一切出生的准备。

腹部的皮肤时刻处于紧绷的状态，并有可能产生瘙痒的感觉。此外，颜色变深的乳晕在哺乳时则可以成为一种对婴儿起引导作用的视觉信号。

芝宝贝孕期札记

进入到怀孕的第10个月，胎儿体重增加迅速，同时胎儿的心脏、肝脏、肺脏、肾脏等已经发育成熟。男胎的睾丸已经、全部进入阴囊，女胎的大小阴唇发育良好。并且，到了这个时候，胎儿的头部已经进入到准妈妈的骨盆中，胎儿身体的位置往下移，随时准备出生。

每一个准妈妈阵痛和分娩时的状况都不尽相同，因此要做好充足的心理准备，是否采用麻醉，何种情况下采取剖宫产手术……这些具体的分娩计划都必须事先制订。

饮食上，直到分娩之前准妈妈都应该保持良好的饮食习惯。要尽量避免摄入高脂肪和高热量的食物，也不要吃生鱼、生肉。

如果打算母乳喂养就要事先准备好哺乳用的胸罩，卡扣在前的那类胸罩往往较为舒适。为母乳喂养做准备。打算母乳喂养，就要继续保持均衡的营养摄取。进行母乳喂养的女性每天要额外消耗1 700~2 800千焦的热量，所以这一时期应远离各种容易引起肠胃不适或带有强烈刺激性的食物，还应每天保持喝2升以上的水，并注意补充钙质。

运动方面，准妈妈可以进行强化阴道肌肉的提肛运动，腹部肌肉以及促进血液循环、减轻水肿和痉挛症状的腿部运动。此外轻微的舒展活动也一样可以起到强化韧带及周围肌肉的效果。

了解阵痛。由于不知道阵痛会发展到什么程度，所以必须提前做好各种准备，包括了解阵痛和分娩过程中可能发生的紧急状况和相应的对策。阵痛发生期间还可能出现恶心和呕吐等症状，所以需要更加注意。口渴时，嚼食冰块比直接饮水更有好处。

胸部不如果不适，最好不要一下吃太多的东西，只要做到少食多餐就不会有胸部难受的感觉。保持营养均衡的饮食，在想吃甜食的时候尽量选择香蕉、葡萄、芒果等健康水果。可把土豆、鸡肉和沙拉当做加餐。

一家三口胎教法

怀孕的最后一个月，准妈妈的心情很复杂，同时心情还难免激动难耐，因此，很多胎教大概也没有多大的心思继续了，越是这样的时候，准妈妈需要的是安静下来，为胎儿的平安降生张弛有度地度过这最后一个月。在家人的帮助下，放松心情。

将胎教进行到分娩那一时刻

胎儿——此时胎儿已经做好了来到这个世界的一切准备，急不可待地等着那个特殊时刻的到来。此时的胎儿正为出生后的呼吸做着大量的准备。胎儿还会从母体当中汲取各种抗体以增强自己的免疫力，肠道中充满了胎便，这些粪便会在出生之后的几天内排泄出来。

准妈妈——准妈妈和胎儿一样为分娩做着最后的准备。这时腹部体积和重量的增长让准妈妈很难保持平衡。子宫口此时开始为分娩做准备，变得潮湿且柔软，还会有许多分泌物，准妈妈需要经常进行沐浴。如果下腹部发胀或者疼痛次数明显增高，应该立刻到医院检查。

准爸爸——胎儿终于要出生了。这时准爸爸应该做些什么呢？除了陪在心神不宁的妻子身边，就是时刻做好去医院的准备。因为我们无法准确地预知胎儿会在何时降临世上。假如准妈妈一个人在家，往往在出现阵痛时过度紧张，所以准爸爸要尽可能地陪在妻子的身边，即使不能陪在她身边，也要随时打电话问一下。到了妻子分娩的时候，更应该在她身边与她一起承担这必经的历程，一起享受宝宝出生所带来的奇妙感觉。

自然分娩是准妈妈的首选

实际上，有许多充足的理由可以让准妈妈选择自然分娩法。

根据有些科学家的研究结果，采用自然分娩法生出的婴儿比采用剖宫产生出的婴儿智商高。因为婴儿在经过母体的产道时，身体上的各个组织都受到了挤压的刺激，而剖宫产手术则不能达到这样的效果。身体所受到的刺激与胎儿肺成熟后及生后适应外界生活存在着不可分割的密切联系。

如果可能，丈夫要尽量陪产

孩子的出生对其本身，对爸爸妈妈，以及对整个家族来说都是一件值得庆祝的大事。但是在现实当中人们常常不能享受到这一点，准妈妈被单独推进产房，家属不得不焦急地在门口等待。

妻子即将分娩了，丈夫首先要确认如下事项：分娩室是否允许丈夫进入，医院对采用自然分娩的态度等。如果条件允许，丈夫最好能陪产。即使只是表达一下想共同承受痛苦的心意，同样可以起到减轻准妈妈疼痛的作用。让许多人参与进来，与准妈妈一起承担痛苦的新观念，以及分娩过程中始终持续的积极氛围，对准妈妈是非常重要的。

营养胎教：提前为哺乳做好准备

这时可以为分娩之后虚弱的身体补充营养，维生素C还可以使伤口快速恢复。充足地补充骨蛋白能有效预防和治疗各种骨骼疾病。

因此，如果想尽快摆脱各种产后后遗症的困扰并让虚弱的身体恢复起来，就必须在怀孕第10个月进一步增加维生素C的摄取量。补充维生素C的最佳方式莫过于吃蔬菜和水果了，西芹、白菜、青椒、菠菜、橘子和莴笋是最佳的选择。此外莴笋还可以对乳汁分泌起到明显的促进作用。

食用海带和益母草有益于强化膀胱功能

怀孕第10个月里母体的“足太阳经脉”控制着胎儿的生长，这是一条与膀胱有关的经脉。

胎儿借助母体膀胱的功能在怀孕最后阶段获得了完整的骨骼和元气，然后才来到这个世上。因此准妈妈一定要食用可以强化膀胱功能的食物。这类食物包括海带等海藻类的食物，还包括益母茶。

摄取可以促进母乳分泌的食物

准妈妈需要在这一时期提前为以后的喂奶做好准备。维生素L有促进乳汁分泌的作用，这种成分主要存在于动物肝脏和酵母中。

此外，如果打算母乳喂养，从现在开始要以比平时多补充40毫克维生素C，因为新生儿的出生会使产妇缺乏维生素C。

依照某一篇研究论文当中的记录，对怀孕10个月的准妈妈血液当中的维生素含量进行测定，发现这一数值甚至还未超过平日的1/3，因此在怀孕过程中一定要坚持补充维生素C，尤其在怀孕的最后一个月里更是如此。

有打算母乳喂养的准妈妈要避免吃含有大量脂肪的食物。摄取高脂肪食品容易使乳汁变得黏稠并对喂奶产生一系列的不良影响，因此准妈妈在摄取肉类时需尽量只食用瘦肉部分，而且最好避免吃凉性的食物和过咸的菜肴。

分娩期的营养结构表

第一类	谷类	精白米
		杂粮
第二类	优质蛋白质	动物性食品
		大豆类食品
第三类	含钙丰富的食品乳制品	鱼虾
		蔬菜及豆类

第四类	含铁高的食物	动物肝脏
		肉类
		鱼类
		蔬菜
第五类	维生素和碘	大豆及其制品
		新鲜蔬菜
		水果
		海藻类

芝宝贝厨房

蘑菇炒青椒

原料： 蘑菇300克，青椒100克，洋葱50克。

调料： 葱、蒜泥各5克，盐3克，料酒、辣椒油和芝麻适量，辣椒丝少许。

做法：

- 1．剪掉蘑菇的底端，去除外皮之后分成4等份。
- 2．把青椒的子去除干净，分成4等份以后再按2厘米的长度切开。
- 3．把洋葱切成与青椒一样的大小，再把小葱细细切碎。
- 4．在平底锅里倒入油，放进蒜泥和洋葱开始炒，再先后放入蘑菇和青椒继续炒。
- 5．在锅里倒入料酒和辣椒油并用盐进行调味，接着加入辣椒丝、芝麻粒和小葱后拌一下，即可食用。

银耳拌芹菜

原料： 芹菜400克，银耳200克。

调料： 盐3克，味精3克，花生酱5克，酱油5克，胡椒粉3克，醋5克，香油15克。

做法：

- 1．将芹菜洗净摘取较嫩的枝干，银耳浸泡后洗净去根。
- 2．先将芹菜焯水后，捞出沥干，依次加入盐、味精、香油少许，拌匀，平摊盘中。
- 3．将银耳入沸水略汆捞起，盛入碗中。
- 4．另取一只碗，放入花生酱，加少许凉开水调成糊状，加入酱油、味精、胡椒粉、醋、香油调匀，倒入银耳中拌匀，放在芹菜上即可食用。

清拌莴笋丝

原料： 莴笋600克。

调料： 食醋10毫升，盐10克，香油、味精少许。

做法：

- 1．莴笋切丝，用少量盐腌制5～10分钟，倒掉多余的水分。
- 2．加入适量葱末，调入盐、香油、醋、味精，即可食用。

运动胎教：为顺利分娩做准备

最后一周，可以做一些为分娩做准备的呼吸练习。如拉梅兹呼吸法，通过对它的学习和伸展大腿内侧肌肉的运动，可以使准妈妈的分娩变得更加顺利。

曲膝观顶

Step1：将双腿大幅度分开，两臂向侧面平伸。在这样的姿势下一只腿慢慢弯曲过来，上半身向弯腿的那一侧倾斜。

Step2：一只手向地面伸出，另一只手伸向屋顶，同时双眼向上仰望，注意臀部不能下沉。

功效：增加平衡感，并使大腿内侧的肌肉变得柔软。

侧卧抬腿

Step1：在侧卧的姿势下让位于下方的腿微微弯曲或平伸。

Step2：另一只腿伸直，用手抓住靠上的一只脚使劲向上拉。

功效：放松臀部和大腿内侧的肌肉。

蹲坐运动

Step1：双脚大幅度分开站立，然后慢慢地蹲坐下，双手在身体前方撑住地面。

Step2：俯下上半身并伸直膝盖，从臀部开始向上抬举并站起身来。

功效：放松大腿内转筋。

骨盆运动

Step1：双脚大幅度分开，竖膝而坐。两手抱住膝盖，一边靠鼻子用力吸气，一边让身体竖直，向前推动骨盆。

Step2：在从口中吐气的同时背部向后弯曲。

功效：可以使骨盆放松，并解除背部肌肉疲劳。

侧分双腿

Step1：双腿向两侧分开，将两膝弯曲起来并向上举起。在吸气、吐气的同时将上半身抬起，展开膝盖并用双手按住两侧的小腿肚。

Step2：静止下来从1慢慢数到5，再次吸气并向后躺下。在重复2～3

次以后身体向侧面躺下休息。

功效：对分娩更加有利，并使大腿内侧肌肉的柔软性得到增强。

按摩胎教：促进乳汁分泌

这个月胎儿的增大已经严重影响到准妈妈的休息、运动，准妈妈的各种不适都可以运用按摩胎教来缓解，之前讲述的方法依然可以使用。在这一时期，要注意手法不能过重，以舒适为准。

针对产后抑郁症

用双手握住整个脚背，模仿掰开一个苹果的动作进行按摩，重复4～5次。

用大拇指和食指依次抓住5个脚趾中的每一个向上提拉。

握住脚底向后扳，重复4～5次。

用大拇指在脚踝侧边的子宫反射区上依照逆时针方向画圆。

用两手的大拇指从左右两侧对应着挤压脚底中心的涌泉反射区。一共挤按3次，每次4秒钟。也可以用一只大

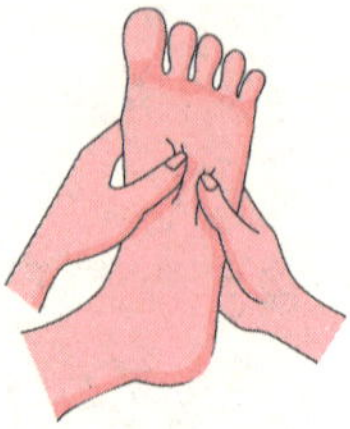

拇指进行按摩。

针对肥胖

把毛巾敷在脚背上，用双手握住整个脚背，模仿掰开一个苹果的动作进行按摩，持续1～2分钟。

从脚腕出发向膝盖方向摩擦，对两只脚轮流做这种按摩，持续1～2分钟。

用大拇指轻按脚底中心的涌泉穴上3次，每次按4秒钟。

针对妊娠期高血压综合征

把毛巾敷在脚背上，双手握住整个脚背，模仿掰开一个苹果的动作进行按摩，持续1～2分钟。

从脚腕开始向膝盖方向摩擦，就好像要让血液向上流动一样。对两只脚轮流进行这种按摩，持续1～2分钟。

用大拇指轻按脚底中心的涌泉穴上3次，每次按4秒钟。

促进乳汁分泌

在脚底中心的涌泉反射区上按4次，每次3秒钟.

向着对角线方向的输尿管反射区滑动按摩，重复9次左右。

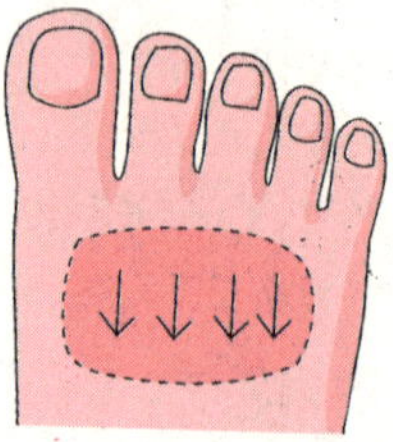

在胸部反射区，按照箭头所指方向滑动搓摩4~5次。

针对产后水肿

把毛巾敷在脚背上，用双手握住整个脚背，模仿掰开一个苹果的动作进行按摩，持续1～2分钟。

从脚腕开始向膝盖方向摩擦，就好像要让血液向上流动一样。对两只脚轮流进行这种按摩，持续1～2分钟。

在脚底中心位置的涌泉反射区用大拇指轻按3次，每次4秒钟。

准妈妈普拉提：使身体舒展、身心平静

普拉提与健美操等其他锻炼方式的不同之处就在于，它要求练习者在移动脚步或肩部的时候完全集中自己的注意力。它还强调让横膈膜进入规律的活动状态，以及掌握正确的呼吸方法，从而使气息变得更加匀称。

坚持练习普拉提可以使全身的骨骼变得更加稳固，并让紧张的肌肉放松下来，从而达到让整个身体更加健康的目的。

让准妈妈的身心变得平静

在怀孕之后，激素分泌量的增多使准妈妈在生理上和心理上发生一系列的变化，随后会出现乳房体积变大，产生恶心感觉等非常明显的症状。

这些身体内部的变化其实是为怀孕和分娩而做的一种准备，所以我们应该把注意力转移到即将出生的孩子身上，从而让自己的心情愉快起来。普拉提不仅能够纠正练习者不正确的姿势和习惯，以保持人体各方面的均衡，还可以给人的内心带来平和的感觉。所以这项运动能够给压力过大的现代人，特别能给准妈妈带来很大的帮助。

练习普拉提之前先进行咨询

怀孕前3个月进行运动可能引发流产，所以在怀孕初期有运动打算时，一定要先咨询专家的建议。此外还应该注意避免过量或幅度过大的运动。

在进行正式运动之前应该先做一做准备活动。普拉提的准备活动与其他运动的准备活动有很大的区别，其目的并不是舒张和收缩自己的肌肉并让脉搏数上升，而是要让整个身体变得平静

并进入协调的状态。

在做完准备运动之后，人的身心将会变得平和起来，所有的注意力都会集中到自己的躯体上。这时就可以开始慢慢地、小心地进行运动了。如果在活动的过程中有疲劳感觉，应当立刻停止活动并进行充分的休息。

正确的姿势很重要

普拉提强调的就是保持正确的姿势，这一点对准妈妈来说尤为重要。正确的姿势可以解除肌肉的紧张感觉，还能够使血液循环变得更加通畅，并促进人的自由神经发挥作用。在练习普拉提的过程中若姿势不正确，将不会得到任何的锻炼效果。

膝盖与墙壁保持15～20厘米的距离，并倾斜地站立，两脚分开与肩同宽，用脊柱靠在墙壁上。头部稍稍抬起，颈部挺直，两臂自然下垂。在站立的同时让肚脐和脊椎之间产生互相吸的感觉。

深深地吸一口气再呼出，向上牵拉骨盆的肌肉，下巴降到胸部的位置。这样颈部和背部都会有向上舒张的感觉。此时手臂可以轻微地自然摆动。

彻底地向前俯下身去，让臀部贴住墙壁，手臂和头自然地垂向地面。身体在下垂的过程中可以得到舒展并松弛下来，呼吸也会在一段时间内保持非常自然的状态。

在呼气的同时确认肚脐是否在向脊椎方向推进，向上紧拉骨盆的肌肉，再次舒展骨盆与背部之间的肌肉，在站立的姿势下慢慢转身，舒张背部的同时让肩膀自然下沉。重复整套动作3次。

怀孕初期

考虑到流产的危险，准妈妈不应在怀孕初期进行负担过重的运动。

挤按枕头

Step1：平躺，脚底着地。把一只枕头或垫子放在竖着的膝盖当中。确认是否缓解了肩部和颈部的紧张程度。

Step2：运用腹式呼吸的方法，在呼气的时候应该感到肚脐和脊柱相互吸，同时使劲推挤膝盖之间的枕头。身体的其他部位保持不变，而仅对两个膝盖用力。

Step3：再次吸气的同时轻轻地夹

住枕头。将此套动作重复10次。

怀孕中期

到此时为止，准妈妈的身体已经出现了腹部渐渐隆起等非常明显的变化。在怀孕初期出现的孕吐、疲乏等症状已逐渐减轻或彻底消失。怀孕中期可以做一些躺着进行的体操动作，但是若感到疲倦或不舒服则应立即停止运动。

伸展四肢

Step1：平躺，左腿伸直，右腿曲膝。右臂向上伸出，左臂自然地放在身体左侧。

Step2：开始进行腹式呼吸。长长地吸入一口气，在呼出的时候双臂和双腿的姿势分别互换。重复5～10次。

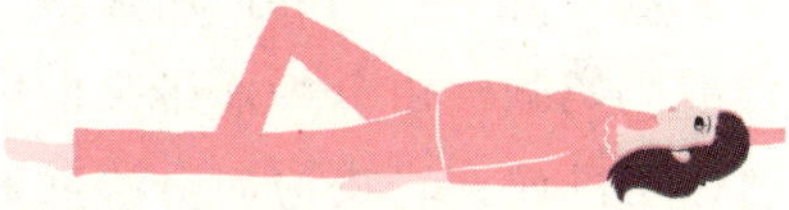

蹲坐

Step1：把一个体积较大的垫子靠墙放在地面上。两腿分开与臀部同宽，并靠墙站立。

Step2：在吸气和呼气的过程中曲起膝盖，顺着墙壁慢慢地坐到垫子上面，在臀部碰到垫子的那一刻把双手放在两膝上，用这样的姿势进行休息。

Step3：保持以上的姿势1～2分钟，将身体的重量集中在下部，完全放松腰部，深深地吸一口气再呼出，在保持背部靠墙的姿势下缓缓起身。但要注意，在胎位为臀位时不能采用这样的姿势。

怀孕后期

很多准妈妈在怀孕后期都会感到呼吸不畅和异常疲惫，并且会经常出现手、足、脚腕水肿的现象。在这一时期，轻柔的运动和摄取充足的水分会减轻水肿症状。

抬腿

Step1：靠墙而坐，两腿向前伸直。在右腿下垫两个枕头，左脚紧贴地面并曲起左膝。

Step2：慢慢地完全伸直右腿，并继续尽力拉伸。保持脚趾向上并对脚后跟用力。在这之后让腿放松下来，并舒适地放在枕头上面。重复10次后换另一只腿。

靠墙抬腿

Step1：用垫子垫住头部，尽量让自己的臀部贴在墙壁上。保证背部处于舒适状态后，在尽可能的范围内让双腿自然伸至墙的上端。保持这一姿势5分钟。

Step2：双腿向两侧分开，直至起到拉伸的效果为止，但注意不要太过吃力。保持这一姿势5分钟。

11 分娩先知道

在全家人的精心呵护下，胎儿是那样急切地想要看到外面的世界，看到妈妈和家人慈祥的笑脸。对孕妇来说，她是那样盼望宝宝的到来，在她的眼中，分娩是快乐的，这将使她更深刻地感受到收获生命的喜悦。

在接近300天的孕育与期待中，一个崭新的小生命马上要诞生了。这不禁让人既期盼，又紧张。在这里，我们将揭开分娩的神秘面纱，让准妈妈更清楚地认识分娩的要素，掌握分娩方法，更有效地进行产前和产后保健，为准妈妈减轻由分娩而带来的疑惑，帮准妈妈轻松应对分娩和产后恢复。

准妈妈的准备

新生儿临产前的2个月，准妈

妈就应该为迎接小宝宝做必要的准备工作了。要将坐月子期间所穿用的内衣、外衣准备好，洗净后放置在一起。要选择纯棉制品的内衣，因纯棉制品在吸汗方面比化纤制品优越，穿着较舒适。上衣要以易穿易脱，方便哺乳的样式为主。裤子可选购比较厚实的针织棉纺制品，如运动裤，既保暖又比较宽松，穿着舒适，同时还容易穿、脱。坐月子洗澡不便，要多准备几套内衣，以便换洗。同时，还要准备适量的卫生纸、卫生巾，几条洗脸、洗澡用的毛巾。

准爸爸的准备

清扫、布置房间

准爸爸应在妻子产前将房子收拾好，使妻子愉快地度过产褥期，使宝宝出生在一个清洁、安全、舒适的环境里。布置房间时应当首先将妻子和小宝宝的床安排在采光好、通风条件好、安静、干燥的位置。如果房间少，不能专为妻子和宝宝安排一间，可用家具为妻子和宝宝隔一个小间，以便减少外界干扰。

拆洗被褥、衣服

准爸爸应主动将家中的被褥、床单、枕巾、枕头、妻子坐月子时要穿的衣服拆洗干净，并在阳光下暴晒消毒，以使妻子顺利度过产褥期。

购买物品、用具

要经常购买新鲜的小米、大米、红枣、面粉、红糖、鲜鸡蛋、食用油、虾皮、黄花菜、木耳、花生米、芝麻、黑米、海带、核桃等。洗涤用品，如香皂、洗衣粉、洗洁精等也要准备齐全。

产前征兆

分娩日接近时，会有以下各种征兆告诉孕妇即将临盆，但征兆出现时机因人而异，较快者在怀孕36周就会有感觉。

子宫底下降

一般是指胎儿开始下降的情况，此时，准妈妈在呼吸时会感到比较轻松，胃不再受到压迫，感觉比较舒畅，食欲也佳。

腹部膨胀

又称产前阵痛，这是因为子宫敏感，稍受到刺激，便容易形成收缩所致。有时会有疼痛的感觉，却是不规则的阵痛，有些人甚至还会有腰酸的现象。

尿频

这是胎儿头部下降压迫膀胱

所致。特别是在夜间，孕妇每夜必须三番五次起床小便，这就是分娩即将到来的征兆。

胎动减少

这是胎儿头部下降导致胎儿在主骨盆腔内难以活动所致。

大腿根部鼓胀

大腿或膀胱附近有鼓胀的感觉，甚至会疼得难以举步。

分泌物增多

主要是子宫颈口处的分泌物增多，而且呈黏稠状态，其作用是润滑产道，使分娩时胎儿易于通过。

体重不再增加

原本持续增加的体重不再增加，甚至会有降低的情形发生。

分娩征候

分娩将近时，分泌物中会混合少量血丝，这是子宫收缩造成子宫口稍稍张开，张开部分便因而剥离出血。虽然不必因此而急着去住院，但应仔细检查住院的准备是否已经妥当。

需住院的情况

太早住院于事无补，但太晚住院也很麻烦，因此住院时期的判定应依据准妈妈本身的状况而定。有些临产迹象，可能就是该住院的信号。

一旦住院，医师一定会询问以下各事项，如规则疼痛开始的时间和以后的经过，淡红色或茶褐色的分泌物的最初发现时间、流量和以后的状况，破水的时间和后续状况（持续漏出和颜色变化），出血增多的时间、流量和后续出血状况等，所以应谨慎注意以便回答。

没有反常现象时，从规律阵痛开始时即应住院，若破水或反常出血时，就必须立刻住院。

初产妇在腹部每隔10分钟便有规律性疼痛时便应住院。经产妇每隔10～20分钟腹痛时便应住院，若前次分娩极为轻松，时间极短便结束，这一次在间隔30分钟阵痛之际就住院较为恰当。

一旦破水应立刻住院。此时可用清洁卫生棉吸水，尽量高举腰部，且需避免入浴。

出血增多

若是少量出血尚不成问题，一旦出血量增多，混有血块或持续出血，便应立即住院。腹痛激烈或其他反常现象发生就应住院。

住院前的准备工作

住院时各种必备的事物，如各种生产用品、联络对象、汽车的安排、婴儿用品等，都应在怀孕25周左右时开始准备。

住院必备的物品因人而异，一般来说，现在有的医院为强化服务供应许多用品，准妈妈应事先了解，可按需购买或自备。

这些用品在怀孕6～7个月时，便应该开始购买，到了怀孕8个月时，就应购齐。不只是准妈妈本身应做此准备，家人也应了解才可，这样在产妇住院时，家人便可协助将婴儿所需之物带到医院给婴儿使用。

迎接新生儿最重要的是使婴儿和产妇享有舒适愉快的环境。因此，在孩子和妻子回家之前，丈夫便应该将家中整理清洁一番，把婴儿房打扫干净，把婴儿的寝室、洗浴、饮用品都准备好。

家中的安排

准妈妈在住院前，应列下一张表格，让丈夫了解一切东西的放置处所，尤其是重要文件的放置处交代清楚。

前往医院的交通工具也应事先安排，即使有自用车辆，临到用时可能发生故障，或丈夫刚好外出，不妨事先安排出租车，以防万一。

尤其是夜间，医院的电话号码可能和白天不同，一定要先弄清楚，以免在休假日或夜间慌忙赶往医院。最好在事前确定挂号地点、分娩室、宝宝看护室以及其他相关设施的位置。

紧急时的联络电话

事先记下婴儿出生时紧急的联络电话，最好能简单明了，以便准妈妈住院时能推往医院，也可让他人代为通知丈夫、娘家亲人或友人等。

产妇若需紧急手术时，需家人签同意书，留下紧急联络电话。

住院手续及费用

一旦决定住院就必须办理住院手续，事先就应准备妥住院保证书和保证金，保证金的收据必须留存，以备出院时结算费用。

分娩前的心理准备

分娩的疼痛是不可避免的，但若产妇在分娩时能了解分娩过程中的各种状态，不但可以减少心中的恐惧感，而且还可激励自己全力以赴，因此，获知分娩的相关知识就显得格外重要。所以必须积极参加妈妈教室、产前指导等课程，或由书籍获得相关知识。

分娩是自然的生理现象，虽然需要医师和助产士的帮助和指导，但最重要的是准妈妈必须具备靠自己的力量生下孩子的心理准备。

严禁性生活

正如前文所述，怀孕第10个月应禁止性生活，否则可能造成胎膜早破和早产。尤其在临近分娩前绝对不要性交，以免在分娩后发生产褥感染。如果在分娩前不久进行过性交，很容易将细菌带入产道，侵入创面，经过分娩就会发生产褥感染。离分娩越近，发生感染的机会就越多。经科学调查发现，在410例产褥感染的病例中，有50%以上在妊娠最后1个月有性交史，9.5%在分娩前1天有性交史。如果在分娩前3天内有性交者，有20%可发生严重的产褥感染。

分娩过程

大致分为3个产程。第1产程（开口期），第2产程（娩出），第3产程（产后期）。

第1产程及要点

从阵痛每隔10分钟时开始，到宫口全开大为直径10厘米。初产妇需要10～12小时，经产妇需4～6小时。

要点是：阵痛发作时进行短促呼吸和胸式呼吸，此时不能用力。

第2产程及要点

是从宫口开全到胎儿娩出。初产妇要2～3小时，经产妇需1～1.5小时。

要点是：按医生的指导，进行短促呼吸或用力。用力的要领如同解大便，宫缩间隙时放松。

第3产程及要点

从胎儿诞生到胎盘娩出。初产妇要20～30分钟，经产妇需10～20分钟结束。

要点是：切断脐带后，在10～30分钟内有轻微阵痛，再一次用力，胎盘娩出。

分娩的要素

产道（产出婴儿的通道）、胎儿和娩出力（将婴儿挤出产道的力量）是直接影响分娩顺利与否的3个要素。此外，母体的健康状态、周围环境都是生产的相关要素。其中，产道有软产道和骨产道之分，娩出力有阵痛和腹压两种情况。

阵痛

子宫的肌肉无法像手脚的肌

肉由意志来控制活动。然而子宫肌肉的收缩却具有周期性，这就称为阵痛，是分娩的原动力。

怀孕中期，尤其是16周以后，便会出现怀孕阵痛，但都是不规则阵痛，和分娩阵痛有所不同。

阵痛并非子宫肌肉持续收缩，而是收缩与弛缓反复交替。这种收缩就是阵痛发作，阵痛发作与发作间的休止期就称为阵痛间歇。

接近临产时，起初是不规律的子宫收缩，然后才渐渐规律化。而其间隔由1小时，渐渐缩短为30分钟、20分钟、15分钟，而张力也逐渐增强。等到出现10分钟间隔的规律收缩时，真正的分娩也就开始了。

不过，每一位产妇的状况不同，如经产妇就可能不是逐渐缩短间歇时间，而会立刻由不规律状态进入5分钟的短暂间歇，在极短时间内进入分娩状态。

阵痛发作使子宫肌肉僵硬，抚摸腹部即可感觉到。在子宫反复收缩下，子宫会向下降落，子宫颈口张开，以便胎儿通过。

随着分娩进行，间歇会逐渐缩短、阵痛会逐渐变强变长，最后间歇和阵痛时间约1分钟，反复交替，此时加上腹压的辅助，不久婴儿即可诞生。

腹压

利用腹壁肌肉和横膈膜收缩，增加腹部压力就称为腹压，而这种压力也可用于子宫，以帮助分娩。

腹压就是一般所说的用力，是在意识状态下进行，但分娩进行至胎儿头部下降到压迫直肠时，便会有像解大便一般的动作，自然地使出劲来。尤其在胎儿即将出生时，随着阵痛发作的反射性用力，更是产妇难以自我控制的，这称为共压阵痛。

若无腹压也可能分娩，可是一般产妇必须靠阵痛和腹压共同作用才能完成，尤其是在分娩后期，腹压可发挥极大的作用，所以善于用力与否对分娩的进行有极大的影响。

产兆

子宫的收缩反复加强，最后子宫颈口在压力下开始张开，因而羊膜下方会自子宫颈口附近的肌壁剥离，以至于出血，并与黏液共同流出体外，这就是所谓的“产兆”。若量少则呈粉红色，量多则呈红色，若时间一久则变为褐色。

产兆往往不只出现一次，有时即使有产兆出现，但隔两三天仍无阵痛发生，或者阵痛发生后才出现产兆。无论如何，血液和黏液都将随着产程的进展而增加。

分娩开始时子宫收缩、内部压力增加，羊水便会向外溢泄，而这个溢泄出口便是子宫颈口。随着压力的增加，羊膜会由子宫壁剥离，而失去支撑的羊膜则开始膨胀，这就称为胎胞。

胎胞逐渐压迫子宫颈口，待子宫颈口充分张开耐不住压力时，胎胞会破裂，羊水流出，这就称为破水。若羊膜不破便须实行人工破膜。

自然分娩对孕妇和胎儿的益处

在盛行剖宫产的今天，很多人认为剖宫产快捷、安全、痛苦小。其实，自然分娩才是人类繁衍过程中的一个正常生理过程，是人类的一种本能行为，有许多好处。

首先，在分娩的过程中，子宫有规律地收缩能使胎儿肺脏得到锻炼。这是因为胎儿头部受子宫收缩和产道挤压而充血，进而提高脑部呼吸中枢的兴奋性，以便新生儿出生后迅速建立正常呼吸。

其次，对准妈妈来说，分娩时腹部的阵痛使准妈妈大脑中产生内啡肽，这是一种比吗啡作用更强的化学物质，可给产妇带来强烈的欣快感。阴道分娩可使子宫口扩张得很大，有利于产妇产后恶露的排泄引流，产后子宫快速恢复。

此外，自然分娩是由产妇的垂体分泌的一种叫缩宫素的激素引起的，这种激素不但能促进产程的进展，还能促进产后乳汁的分泌，有利于增进母婴感情。自然分娩也不会有手术引起的并发症，便于节省医疗资源。

因此，准妈妈在没有医学指征的情况下，应尽量自然生产。

自然分娩的准备事项

分娩前准备越充分、越周密，越有利于自然分娩。对多数准妈妈来讲，从家人、同事、朋友以及邻居那里都会听到要准备的东西。但这些往往是“硬件”准备，除此之外，还应做好“软件”的准备工作：

在怀孕前及整个孕期，准妈妈要了解分娩的相关知识，多看一些生育方面的科普书籍，去孕妇学校听课，与已经分娩过的妈妈们交谈，与医护人员交流等。

定期做好产前检查，对自己的妊娠过程自然分娩的概率有所了解，与医生多交谈、多询问。

与丈夫一起做有助于自然分娩的一些运动，包括拉梅兹呼吸运动、拉梅兹按摩镇痛及一些有助于分娩的辅助肌的锻炼等。

要了解何种情况下必须去医院，了解临产的现象，也可以记下医生的电话，有情况及时询问，以免延误去医院的时机。

要安排好去医院的路线、交通工具等。

无痛分娩

这是根据注射药物或服用镇静剂、止痛药、麻醉剂等药物，或者使用吸入麻醉法、腰髓麻醉法、硬膜外（脊髓硬膜外腔）麻醉法、局部麻醉法或者针灸麻醉法等方法所施行的无痛分娩。施行这些方法时，必须悉心遵照医师的指示，以免影响胎儿。

剖宫产

人们通常所说的剖宫产是分娩的一种方式，指妊娠28周以后剖开子宫使胎儿娩出。是因产妇骨盆小或胎儿大不能经阴道分娩，或胎儿在子宫内缺氧等情况下而采取的分娩方式。

剖宫手术的实施除了应本人要求而做外，在自然分娩可能危及母体与胎儿生命时，或产道、娩出力、胎儿、胎盘发生异常时均可实施。

譬如胎儿头部不均衡、前置胎盘、胎儿头部遭胎盘阻碍而致使母体大量出血，或原因不明的胎儿心音不良、子宫口不张开、母体患心脏病等无法以自然方式分娩时均可施行剖宫产。

此外，胎盘早期剥离或子宫破裂，以致胎儿死亡而欲挽救母亲时也可施行剖宫手术。

具体来说，实施剖宫手术有以下几方面原因：

1.脐带通过子宫颈脱垂（脐带脱垂）。

2.前置胎盘。

3.胎盘从子宫壁剥离（胎盘早期剥离）。

胎儿呈现极度窘迫症：在每次宫缩，如果胎心率慢或“胎心变弱”（低沉）时窘迫症是明显的，当每次宫缩之间出现心率慢时则窘迫症更加严重。这将在电子监测仪上显示出记录结果；或者羊水内混有胎粪时亦为胎儿窘迫症表现，因胎儿缺氧可引起肠蠕动增加，使胎粪排出于羊水中。胎儿肠蠕动可提示窘迫症。

为了某种原因，如胎儿需要提前娩出，进行引产分娩对胎儿和妈妈来说被认为是无必要的冒险。

若胎儿非常大或有头盆不相称，即胎头大于骨盆腔者。

胎位不正。臀位胎儿往往采用此法分娩，特别是在美国。

有剖宫产史者。这是最常见的手术原因。

任何性质的子宫感染。

严重的阴道感染，如生殖器疱疹。

子宫颈未能扩张者。

产钳牵引术也未能娩出婴儿者。

严重的RH血型不合者。

有的情况要到分娩已经开始才能作出决定，其结果就是做紧急的剖宫产术。除非产妇已作硬脊膜外麻醉，否则要采用全身麻醉方法才能进行手术。

人工破膜法引产

此法简称“ARM”或“羊膜穿破术”，这是在临近正常分娩期进行的引产法。由于一旦破水就有感染的危险，因此必须在24小时内分娩。如果羊膜穿破术未能充分地引产，产妇需要进行其他的引产方法以加速产程，就是通常的“缩宫素滴注”。

羊膜穿破术的方法是用一把镊子或者像钩针一样的器械插入子宫内，并在羊膜上穿刺一个小洞让羊水溢出。对大多数产妇来说，这种手术是无痛的。因为胎头不再有东西垫压得以缓冲，而是硬顶压着子宫刺激子宫收缩，所以通常在做过人工破膜之后分娩会迅速达到高潮。

目前，羊膜穿破术几乎常规地用于临产。如果羊膜不穿破，便要到第1产程后期才能破水，这样会影响通过脐带至胎儿的血流。除了作为一种引产方法以外，羊膜穿破术还可以检查羊水内有无胎粪。

“缩宫素”引产

“缩宫素”是从脑垂体后叶分泌的天然激素，有促进分娩的作用。运用人工合成的缩宫素可使分娩开始并维持产程的进行。“缩宫素”的给药方法有几种，其中一种是把小药片含于舌下或者置于牙齿与面颊部之间轻轻吮吸。如果孕妇控制得好，可通过吸吮药片的强弱程度来调节宫缩的速度。

另一种是采用“缩宫素滴注”，医务人员把输液针头插入孕妇少活动的手臂里。在缩宫素滴注状态下，宫缩往往更加强有力、时间更长但更疼痛，也可使宫缩之间的松弛期更短暂。在每次强烈宫缩中，供应子宫的血液会暂被阻断，这种现象被认为可能对胎儿有害。目前，产科医生认为只有极少数的分娩需要用缩宫素引产，然而，其使用率仍多达40%～50%。

使用缩宫素的不利因素之一就是需要使用较大剂量的镇痛药，这种引产方法的成功率仅为85%。

实施外阴切开术的原因

“外（会）阴切开术”就是在阴道口和肛门之间切开，以利于胎儿娩出。这种手术在西方国家是极为普遍的。它是在局部麻醉的状态下，当胎头刚露出时用剪刀在上述部位剪一切口。如果在外阴变薄前过早地切开，会使肌肉、皮肤和血管遭破坏，并可能引起大量出血；而且用剪开切口时，组织也会被剪断。这种做法会导致伤口青肿、肿胀和愈合缓慢，并造成剧痛和不适。

如果肌肉纤维排列不规则，骨盆底肌肉的完整性也有受破坏的可能性。阴道和外阴如缝合得太紧，妇女在恢复后性交时可能会感到不舒服。

一般如属下列情况者，需做外阴切开术：

外阴没有时间缓慢扩张，如果时间许可，做呼吸运动和按摩也许会有所帮助。

胎头可能太大不能通过阴道口。

孕妇不能控制腹压，因此，必要时可停止腹压并逐渐而平稳地用手推动。如果在第2产程中控制腹压有困难，就要做外阴切开术以便迅速娩出婴儿。

难产

难产并未有确切的定义，但若危及母体与胎儿时便可称为难产。

形成难产的原因大致有母体产道异常、娩出力过强或过弱、胎儿状况不佳、产妇本身患病。以上情况会导致分娩困难，甚至病情恶化而难产。

拉梅兹生产运动法

拉梅兹运动法是保证顺利生产的有效方法，通过产前运动可以让肌肉更有弹性，尤其是生产时需用力的部位，从而增强产力，也会有利于胎儿在生产中的运动，保证顺产。

盘腿运动

可以增加骨盆底的可动性，以及肌肉的韧性。孕妇坐在地上或床上，背部倚靠墙壁，两脚盘腿，每日练习数次。

压膝运动

增加骨盆底的可动性，以及肌肉的韧性。孕妇两脚底合在一起，将两脚及膝盖尽量靠近身体，双手置于膝盖上，柔柔下压，再轻放，反复练习5下，每天练习3次。

摇摆骨盆

使肌肉有力，减轻腰酸背痛。孕妇躺卧，吸气时收紧臀部肌肉，腰部有略为抬高的感觉，吐气时放松，反复练5下，每天练3次。

变化式

更有效地减轻腰酸背痛，也可采取俯卧式生产。孕妇跪在地上，双手扶地，两膝与肩同宽，吸气时抬头，腹部朝地面压，使背下沉，呼气时，收缩臀部、低头，眼睛看肚子，将背及腰拱起、放松，反复练5下，每天练3次。

腿部运动

加强腹部肌肉，增加大腿及背部肌肉的韧性。孕妇取仰卧位，手放于两侧，做深呼吸，吸气慢慢抬腿（保持腿伸直位）至90度，呼气将腿放下，放松。另外，还可以将腿向侧方运动，两腿交替练习，反复练5下，每天练3次。

拉梅兹待产按摩放松法

拉梅兹按摩放松法需要丈夫的配合，具体方法包括以下几个部位：

脊椎及脊椎两侧按摩

适合于腰背部疼痛。先将两指张开，顺着脊椎两侧由胸脊向下按压滑动，然后用拇指指腹，沿着脊椎两侧，一节一节轻轻按压，两种手法可交替应用。

腰骶部按摩

适合于腰骶部疼痛。以手掌贴住腰骶部位，在原位平稳地做圆形运动。

腹部按摩

适合于腹痛。以手掌由外向内顺着腹部做弧形按摩，这一按摩可由产妇自己完成。

大腿内侧按摩

主要用于避免腿部痉挛，并能放松会阴。用手在大腿内侧作圆形运动，双侧轮流按摩。

这4种按摩方法只要应用得当，可有效缓解疼痛。按摩时应注意用手直接接触产妇皮肤，不要隔着衣服，用力要适度，按摩时可用些爽身粉以减少摩擦力。

拉梅兹生产呼吸法的应用

第1产程

宫缩来时可以先做1次深呼吸，然后做浅呼吸，频率根据疼痛情况调整，加速或减速，宫缩结束时再做1次深呼吸。如果无效，可先做1次短促呼吸，接着做1次深呼吸，再做3次短促呼吸，接着再做1次深呼吸，最后做5次短促呼吸，之后再做1次深呼吸结束。或者每做4次短促呼吸，做1次深呼吸。

第1产程末过渡期

这是分娩过程中最疼痛的时刻，此时宫缩最强烈，持续时间也最长，但还未到用力推出胎儿的时候，孕妇又有向下用力的感觉，可先做两次短促呼吸，跟着一次较长的呼气。

第2产程

这是宫口开全用力将胎儿推出的时候，当宫缩来时做一次深呼吸，并在能忍受的时间范围内屏息一会儿，同时用力向下推，在两次推的动作之间，做几次深呼吸，在宫缩消失后恢复正常呼吸，以保持体力。

另外，在第2产程还有一个最重要的方法是用力将胎儿生出来，在宫缩来时马上用力推，在无收缩时完全放松休息。方法是先做1～2次“深呼吸”，双手抱住膝窝处，肘部保持向外，将两膝抬起分开两腿，骨盆底肌肉、腿、脚完全放松。再深深吸一口气，憋住气，向下用力，使肺部内的空气压向下腹部肌肉，尽可能憋气。需要另一次换气时，保持原有姿势，马上做1～2次平静“深呼吸”，再吸足气憋住继续用力，直到宫缩完全结束。当收缩结束，继续做平静的“深呼吸”，以弥补用力时造成的缺氧。

附录1
准妈妈瑜伽

瑜伽胎教可以用运动法、呼吸法和冥想法达到身心的宁静。

瑜伽的练习方法大致可以分为3类：使身体得到锻炼并往健康方向发展的运动法，强化生命力的呼吸法，以及净化人的心灵并带来内在平和的冥想法。

运动法是借助瑜伽体操来均匀地伸展骨骼、肌肉等各个部位，从而起到锻炼整个身体的效果。

呼吸法是通过吸入和呼出等调节呼吸的手段来积蓄气息，在给身体带来活力的同时让内心变得平静。

冥想法要求端正心态，通过冥想变成自己心灵的真正主人，从而让自己的生活变得随意而自由起来。

瑜伽胎教正是采用了这三种方法使准妈妈的身体保持各方面的平衡和稳定，并能够迅速地进入良好的状态。

准妈妈在练习瑜伽时的注意要点

所有的动作都要根据身体的状况慢慢地进行。摆好姿势以后，要深深地、均匀地呼吸。在站立姿势下做动作时要特别注意身体的承受能力。

感到吃力时可以减小动作的幅度，并用增加次数来弥补效果。

不可用力压迫腹部。

用餐3～4小时后再开始练习。

练习瑜伽的最佳时期是在怀孕4～8个月，最好询问专门教练的建议之后再练习。

瑜伽胎教的准备动作

转动颈部

让自己的耳朵碰到肩部为止，让颈部缓缓地向左边旋转几圈。在此过程中要保持双眼一直睁开，并使眼球和自己的视线也跟着颈部一起转动。随后向反方向继续转动。由于这个动作可能引起头晕，所以最好坐下来慢慢地做，此外紧闭嘴唇也可以提高锻炼的效果。

手与手腕的运动

Step1：肘部稍稍弯曲，重复握拳和松开的动作10～30次，这样做可以促进身体的血液循环和能量循环。

Step2：轻握自己的双拳，手腕向左侧旋转10～20次。然后换方向重复这一动作。

Step3：松开握住的拳头，要像甩掉手上的水珠一样快速地向下面、上面和侧面甩手。这样做可以解除手指和手腕的疲劳感觉。

膝盖运动

Step1：双脚合拢或双脚分开与肩同宽，站立。

Step2：两手各自抓住同侧的膝盖，重复做呼气时坐下、吸气时起立的动作。

转动腰部

Step1：两脚分开，与肩同宽，保持站立姿势。

Step2：两手叉腰，腰部和臀部向两侧来回摆动，注意在摆动出去的时候呼气。

脚趾与脚腕

Step1：两脚分开，与肩同宽，保持站立姿势，抬起左脚脚跟并转动脚腕。

Step2：用同样的方法转动右脚脚腕。

怀孕初期

选择可以使胸部、腹部和骨盆的全身肌肉变得柔韧而有力，能够减轻骨盆所受的压迫，强化骨盆，使肺活量增加的动作。

调整坐姿

Step1：采取舒适的坐姿，自然挺直上身并保持肩膀和脸部的放松。

Step2：两手交叉在一起，然后高高地举过头顶。此时手掌应正对屋顶。

Step3：在呼气的同时使肘部靠近耳朵并完全伸直，让包括手掌在内的整个手臂都得到拉伸。

Step4：均匀地吐出气息并保持几秒钟不动，注意下巴不要向前伸出。

Step5：慢慢地放下胳膊并分开交叉着的手指，把双手搁在膝盖上让其彻底放松下来。

选择可以促进肾脏、前列腺和膀胱健康的动作。

舒展骨盆

Step1：将两腿伸开后坐下，保持脊柱挺直。

Step2：双脚并拢，两手交叉握住双脚，脚后跟抵住自己的会阴部。

Step3：进一步伸展脊柱，远望前方或注视自己的鼻尖，均匀地呼吸并保持平静的状态。

Step4：在这一状态下让膝盖接触地面再恢复原位，重复这种一上一下的动作。

选择可以消除疲劳的动作。为了让神经和肌肉感到舒适，要尽可能地放松身体所有的部位。

休息的姿势

Step1：平躺，轻轻地闭上双眼。

Step2：双臂自然地放在身体的两侧，手掌向上。

Step3：自然地分开双腿并保持放松，保持笔直的平躺姿势，头部、臂部或腿部不要向一侧歪斜。

怀孕中期

牛首姿势

Step1：跪起膝盖坐下。

Step2：举起右臂，曲起右肘，越过肩部之后在背后拉住左手。

Step3：在呼气的同时双手相互对拉，然后保持均匀的呼吸休息15～20秒钟。

Step4：慢慢地松开双手，左右手互换之后继续互拉。

功效：提高胸部肌肉的弹性，有利于日后的哺乳，通过扩张胸廓和提升肺活量，增进肺部功能。通过提肩和沉肩来放松身体，同时保持均匀的呼吸。如果两手互拉很困难，可以抓住手绢或丝带来完成此动作。

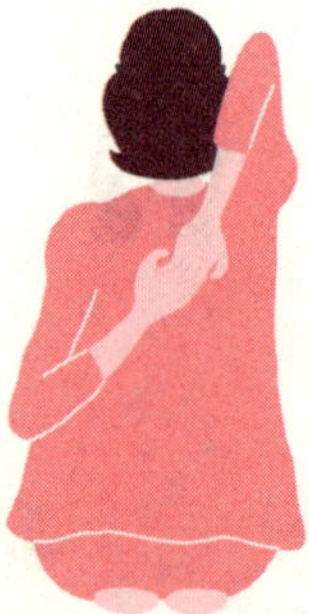

向侧面俯身

Step1：双腿向两侧伸展后坐下。

Step2：双臂举过头顶，吸气。

Step3：在呼气的同时向前俯下上半身，用手绢或丝带挂住脚底向身体方向拉。

Step4：让膝盖窝尽量贴近地面，在均匀呼吸的同时保持不动。在不压迫下腹的情况下伸展背部，注意用力不要过于勉强。

Step5：缓缓抬起上身并让呼吸变得匀称，彻底地将身体放松。

功效：缓解消化不良、食欲不振及便秘等不适，并去除下腹部的多余脂肪。

小幅度的倾斜

Step1：左腿向里侧弯曲，右腿向外侧弯曲。

Step2：两手交叉，举过头顶，仅让上半身往左边转动。

Step3：两手在脑后保持交叉的姿势然后向右倾斜。

Step4：向头部上方拉伸交叉的双手并向后倾斜身体。

功效：增强股关节的柔韧性，减轻腰部和臀部的疼痛症状。并能够以腰部为中心，缓解整个背部紧张与疲劳的状态。

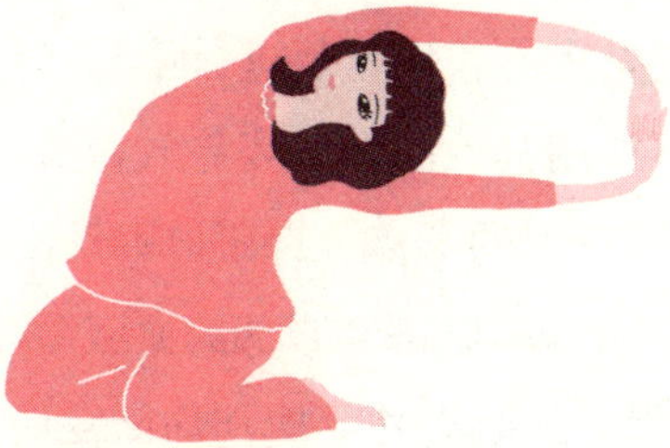

怀孕后期

蝙蝠姿势

Step1：两腿完全伸直，尽最大可能向两侧分开，舒展脚后跟，同时注意自己的腰部保持挺直。

Step2：一边吐气一边让双手接近两侧地面，然后上半身缓缓向前俯下。

Step3：保持均匀的呼吸，持续10～20秒。

Step4：吸气的同时再缓缓抬起上半身。

Step5：双腿慢慢并拢，休息片刻。

功效：增加腿部内侧和后侧的肌肉，消除肌肉疼痛和肌肉痉挛的症状。增强骨盆的柔软性，使肝脏和肾脏的功能保持正常。

猫势

Step1：手掌与膝盖着地，摆出爬行的姿势。双手之间和双膝之间都要保持与肩同宽。尽量使手臂和大腿都与地面形成90度角。

Step2：一边吸气一边向后弯曲颈部，在注视屋顶的同时腰部自然下陷，臀部保持向上顶的姿势。伸直手臂的同时手掌和膝盖用力，持续做向下推的动作。

Step3：在吐气的同时低下头并曲起肩部，摆出注视自己腹部的姿势。

Step4：慢慢地恢复正常姿态，再重复进行第3～5步。

Step5：跪起膝盖坐下或用其他的舒适姿势放松身体。

功效：怀孕之后，变大的子宫一直压迫着骨盆的血管和腰椎，此动作可以改善这一情况，并减轻腿部和肾部的血液循环障碍。

强化腹部和脊柱附近的肌肉并促使其均衡发展，从而有效地支撑子宫的重量。

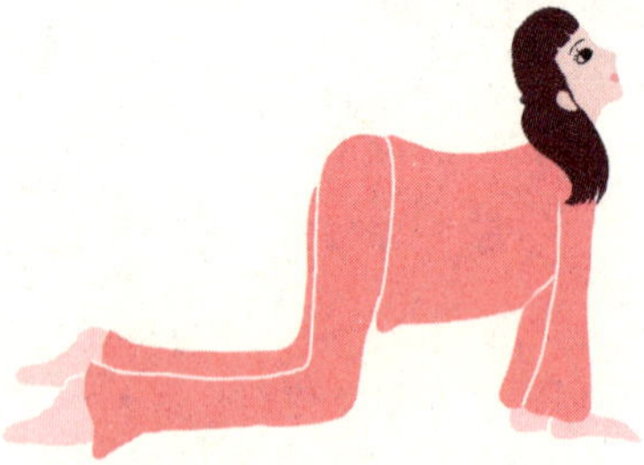

放松腿

Step1：垫高背部，在肩膀或头的下面垫一张垫子并平躺。把腿搁在墙壁上让其与底面呈45度角，注意不要让背部太过僵硬，手臂可以放在身体的两侧或向外平伸。

Step2：这一姿势保持几分钟，但不要让脚有发凉或者发麻的感觉。闭上眼睛，舒服而有节奏地进行呼吸。

功效：通过抬腿来帮助血液顺利地流回到心脏，使准妈妈肿胀而疲劳的臂部和腿得到放松。此外还能自然地伸展腰肢，可以起到预防腰痛的效果。

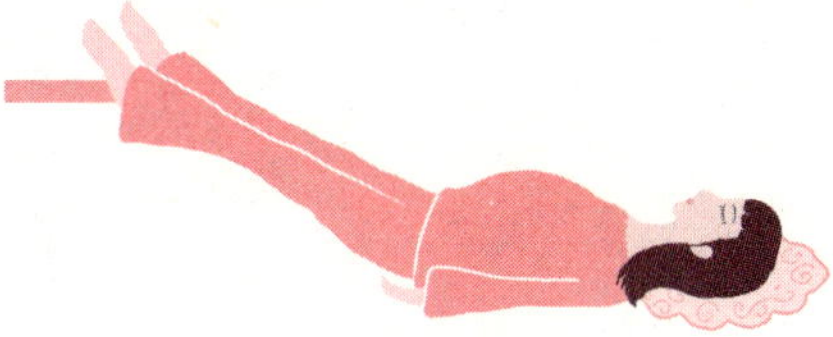

准妈妈经验谈

和老公一起练瑜伽

我遵照教练的建议从怀孕初期就开始练习孕妇瑜伽，并一直坚持到了怀孕后期。由于我的丈夫也是瑜伽爱好者，所以我们常常在家一起练习，并围绕身体和瑜伽等话题进行了大量的讨论。许多人都说女人在怀孕之后与丈夫的关系似乎变得疏远了，但可能是由于瑜伽的关系，我们两人之间反而有了许多新的话题，关系也变得越发亲密起来。

我怀孕的时候，年纪已经不小了，所以在能否顺产这个问题上着实有那么一点担心，但是在练习瑜伽的过程中这种恐惧感一点点消失了，教练给我讲了许多呼吸的要领，告诉我呼吸是自然的镇定剂，只要掌握呼吸就可以让一切都变得轻松起来，于是我非常努力地练习用鼻子吸气，再用嘴呼气的正确呼吸方法。

说来也怪，在分娩的时候我真的没有出现很剧烈的阵痛，在疼了3个小时以后就把孩子生了下来。

附录2

给准父母阅读的国学美文

胎教诗歌

梅花（王安石）

墙角数枝梅，凌寒独自开。
遥知不是雪，为有暗香来。

夜宿山寺（李白）

危楼高百尺，手可摘星辰。
不敢高声语，恐惊天上人。

江上渔者（范仲淹）

江上往来人，但爱鲈鱼美。
君看一叶舟，出没风波里。

画（王维）

远看山有色，近听水无声。
春去花还在，人来鸟不惊。

鹿柴（王维）

空山不见人，但闻人语响。
返景入深林，复照青苔上。

竹里馆（王维）

独坐幽篁里，弹琴复长啸。
深林人不知，明月来相照。

相思（王维）

红豆生南国，春来发几枝？
愿君多采撷，此物最相思。

送崔九（裴迪）

归山深浅去，须尽丘壑美。
莫学武陵人，暂游桃源里。

杂诗（王维）

君自故乡来，应知故乡事。
来日绮窗前，寒梅著花未？

终南望馀雪（祖咏）

终南阴岭秀，积雪浮云端。
林表明霁色，城中增暮寒。

宿建德江（孟浩然）

移舟泊烟渚，日暮客愁新。
野旷天低树，江清月近人。

静夜思（李白）

床前明月光，疑是地上霜。
举头望明月，低头思故乡。

春晓（孟浩然）

春眠不觉晓，处处闻啼鸟。
夜来风雨声，花落知多少？

怨情（李白）

美人卷珠帘，深坐蹙蛾眉。
但见泪痕湿，不知心恨谁？

八阵图（杜甫）

功盖三分国，名成八阵图。
江流石不转，遗恨失吞吴。

登鹳雀楼（王之涣）

白日依山尽，黄河入海流。
欲穷千里目，更上一层楼。

雨巷（戴望舒）

撑着油纸伞，独自
彷徨在悠长、悠长
又寂寥的雨巷，
我希望逢着
一个丁香一样地
结着愁怨的姑娘。
她是有
丁香一样的颜色，
丁香一样的芬芳，
丁香一样的忧愁，
在雨中哀怨，
哀怨又彷徨。
她彷徨在这寂寥的雨巷，
撑着油纸伞
像我一样，
像我一样地
默默彳亍着
寒漠、凄清，又惆怅。
她默默地走近
走近，又投出
太息一般的眼光，
她飘过
像梦一般地
像梦一般地凄婉迷茫。
像梦中飘过
一枝丁香地，
我身旁飘过这女郎；
她静默地远了、远了，
到了颓圮的篱墙，
走尽这雨巷。
在雨的哀曲里，
消了她的颜色，
散了她的芬芳，
消散了，甚至她的
太息般的眼光，
丁香般的惆怅。
撑着油纸伞，独自
彷徨在悠长、悠长
又寂寥的雨巷，
我希望飘过
一个丁香一样地
结着愁怨的姑娘。

春江花月夜（张若虚）

春江潮水连海平，海上明月共潮生。滟滟随波千万里，
何处春江无月明。江流宛转绕芳甸，月照花林皆似霰。
空里流霜不觉飞，汀上白沙看不见。江天一色无纤尘，
皎皎空中孤月轮。江畔何人初见月？江月何年初照人？
人生代代无穷已，江月年年望相似。不知江月待何人，
但见长江送流水。白云一片去悠悠，青枫浦上不胜愁。
谁家今夜扁舟子？何处相思明月楼？可怜楼上月徘徊，
应照离人妆镜台。玉户帘中卷不去，捣衣砧上拂还来。
此时相望不相闻，愿逐月华流照君。鸿雁长飞光不度，
鱼龙潜跃水成文。昨夜闲潭梦落花，可怜春半不还家。
江水流春去欲尽，江潭落月复西斜。斜月沉沉藏海雾，
碣石潇湘无限路。不知乘月几人归，落月摇情满江树。

优美散文

陋室铭（唐·刘禹锡）

山不在高，有仙则名。水不在深，有龙则灵。斯是陋室，惟吾德馨。苔痕上阶绿，草色入帘青。谈笑有鸿儒，往来无白丁。可以调素琴，阅金经。无丝竹之乱耳，无案牍之劳形。南阳诸葛庐，西蜀子云亭。孔子云：“何陋之有？”

译文：山不一定要高，有仙人居住它就能天下闻名；水不一定要深，有龙居住在其间，就能降福显灵。这虽然是一间简陋的屋子，好在主人有美好的德行。给阶前的苔藓像是铺上了绿毯，芳草把帘内映得碧青。谈笑的是渊博的学者，往来的没有浅薄无知的人。闲暇时，可以弹奏素朴的古琴，浏览珍贵的佛经。在这里，没有嘈杂的音乐扰乱两耳，也没有官府的公文劳累身心。这间小屋就好比南阳诸葛亮的茅庐，西蜀扬子云的玄亭。孔子说：虽然是陋室，但只要君子住在里面，又有什么简陋的呢？

春（朱自清）

盼望着，盼望着，东风来了，春天的脚步近了。

一切都像刚睡醒的样子，欣欣然张开了眼。山朗润起来了，水涨起来了，太阳的脸红起来了。

小草偷偷地从土里钻出来，嫩嫩的，绿绿的。园子里，田野里，瞧去，一大片一大片满是的。坐着，躺着，打两个滚，踢几脚球，赛几趟跑，捉几回迷藏。风轻悄悄的,草软绵绵的。

桃树、杏树、梨树，你不让我，我不让你，都开满了花赶趟儿。红的像火，粉的像霞，白的像雪。花里带着甜味儿；闭了眼，树上仿佛已经满是桃儿、杏儿、梨儿。花下成千成百的蜜蜂嗡嗡地闹着，大小的蝴蝶飞来飞去。野花遍地是：杂样儿，有名字的，没名字的，散在草丛里，像眼睛，像星星，还眨呀眨的。

“吹面不寒杨柳风”，不错的，像母亲的手抚摸着你。风里带来些新翻的泥土的气息，混着青草味儿，还有各种花的香，都在微微润湿的空气里酝酿。鸟儿将巢安在繁花嫩叶当中，高兴起来了，呼朋引伴地卖弄清脆的喉咙，唱出宛转的曲子，跟轻风流水应和着。牛背上牧童的短笛，这时候也成天嘹亮地响着。

雨是最寻常的，一下就是三两天。可别恼，看，像牛毛，像花针，像细丝，密密地斜织着，人家屋顶上全笼着一层薄烟。树叶儿却绿得发亮，小草儿也青得逼你的眼。傍晚时候，上灯了，一点点黄晕的光，烘托出一片安静而和平的夜。在乡下，小路上，石桥边，有撑起伞慢慢走着的人，地里还有工作的农民，披着蓑戴着笠。他们的房屋，稀稀疏疏的，在雨里静默着。

天上风筝渐渐多了，地上孩子也多了。城里乡下，家家户户，老老小小，也赶趟儿似的，一个个都出来了。舒活舒活筋骨，抖擞抖擞精神，各做各的一份事去。“一年之计在于春”，刚起头儿，有的是工夫，有的是希望。

春天像刚落地的娃娃，从头到脚都是新的，它生长着。

春天像小姑娘，花枝招展的，笑着，走着。

春天像健壮的青年，有铁一般的胳膊和腰脚，领着我们上前去。

荷塘月色（节选）（朱自清）

曲曲折折的荷塘上面，弥望的是田田的叶子。叶子出水很高，像亭亭的舞女的裙。层层的叶子中间，零星地点缀着些白花，有袅娜地开着的，有羞涩地打着朵儿的；正如一粒粒的明珠，又如碧天里的星星，又如刚出浴的美人。微风过处，送来缕缕清香，仿佛远处高楼上渺茫的歌声似的。这时候叶子与花也有一丝的颤动，像闪电般，霎时传过荷塘的那边去了。叶子本是肩并肩密密地挨着，这便宛然有了一道凝碧的波痕。叶子底下是脉脉的流水，遮住了，不能见一些颜色；而叶子却更见风致了。

月光如流水一般，静静地泻在这一片叶子和花上。薄薄的青雾浮起在荷塘里。叶子和花仿佛在牛乳中洗过一样；又像笼着轻纱的梦。虽然是满月，天上却有一层淡淡的云，所以不能朗照；但我以为这恰是到了好处——酣眠固不可少，小睡也别有风味的。月光是隔了树照过来的，高处丛生的灌木，落下参差的斑驳的黑影，峭楞楞如鬼一般；弯弯的杨柳的稀疏的倩影，却又像是画在荷叶上。塘中的月色并不均匀；但光与影有着和谐的旋律，如梵婀玲上奏着的名曲。

荷塘的四面，远远近近，高高低低都是树，而杨柳最多。这些树将一片荷塘重重围住；只在小路一旁，漏着几段空隙，像是特为月光留下的。树色一例是阴阴的，乍看像一团烟雾；但杨柳的丰姿，便在烟雾里也辨得出。树梢上隐隐约约的是一带远山，只有些大意罢了。树缝里也漏着一两点路灯光，没精打采的，是渴睡人的眼。这时候最热闹的，要数树上的蝉声与水里的蛙声；但热闹是它们的，我什么也没有。

从百草园到三味书屋（节选）（鲁迅）

冬天的百草园比较的无味；雪一下，可就两样了。拍雪人（将自己的全形印在雪上）和塑雪罗汉需要人们鉴赏，这是荒园，人迹罕至，所以不相宜，只好来捕鸟。薄薄的雪，是不行的；总须积雪盖了地面一两天，鸟雀们久已无处觅食的时候才好。扫开一块雪，露出地面，用一支短棒支起一面大的竹筛来，下面撒些秕谷，棒上系一条长绳，人远远地牵着，看鸟雀下来啄食，走到竹筛底下的时候，将绳子一拉，便罩住了。但所得的是麻雀居多，也有白颊的“张飞鸟”，性子很躁，养不过夜的。

这是闰土的父亲所传授的方法，我却不大能用。明明见它们进去了，拉了绳，跑去一看，却什么都没有，费了半天力，捉住的不过三四只。闰土的父亲是小半天便能捕获几十只，装在叉袋里叫着撞着的。我曾经问他得失的缘由，他只静静地笑道：你太性急，来不及等它走到中间去。

我不知道为什么家里的人要将我送进书塾里去了，而且还是全城中称为最严厉的书塾。也许是因为拔何首乌毁了泥墙罢，也许是因为将砖头抛到间壁的梁家去了罢，也许是因为站在石井栏上跳下来罢，……都无从知道。总而言之：我将不能常到百草园了。Ade，我的蟋蟀们！Ade，我的覆盆子们和木莲们！

中华成语故事

后来居上

西汉武帝时有个叫汲黯的人，他刚直正义、敢讲真话，因而很受人尊重。他为人和做官都讲求实效，虽然表面上看上去不那么风风火火，却能把一个郡治理得井井有条。因此，朝廷把他从东海太守调到朝廷去主管地方吏官职的任免工作，官位是主爵都尉。

有一天，汉武帝说要实行儒家的仁义之政，为老百姓办好事。皇帝话还没说完，汲黯就说：“陛下内心里那么贪婪多欲，表面上却要装得实行仁政，这是何苦呢？”一句话把皇帝噎了回去。汉武帝顿时脸色骤变，宣布退朝，满朝文武都为汲黯捏着一把汗，担心他会因此招来杀身之祸。皇帝回到宫里以后，对身边的人说：“汲黯这个人也未免太粗太直了。”

从这以后，汲黯的官职就再也没有得到提升。在他当主爵都尉的时候，公孙弘、张汤还都是不起眼的小官，后来，他们一个劲儿往上攀升，公孙弘当上了丞相，张汤做上了御史大夫，可是汲黯还在原地没动。有一天，汲黯对武帝说：“陛下使用群臣，跟劈柴一样，是‘后来者居上’啊！”汉武帝当然听得出这是发牢骚，于是转脸对臣下们说：“人真是不能不学习啊！你们听汲黯说话，越来越离谱了！”

这个故事出自《史记·汲郑列传》。现在，成语“后来居上”就指后起的可以胜过先前的。

天涯海角

韩愈，字退之，是唐中叶时的伟大文学家。他两岁时父亲就去世了，不久他的母亲也逝去。幼时依靠他哥哥韩会和嫂嫂郑夫人生活。他的哥哥韩会有一个嗣子叫老成，排行十二，小名就叫十二郎，年纪比韩愈小一点。后来韩会四十二岁的时候，因宰相元载的事，被贬为韶州刺史，没有几个月就病死在韶州，这时候韩愈只有十一岁，十二郎也很小。虽然韩愈有三个哥哥，但他们都很早离开了人世。因此只有韩愈和他的侄子十二郎两个人继承祖先后代了，他们孤苦零丁，没有一天离开过。

韩愈十九岁时从宣城前往京城，往后的十年间，只和十二郎见过三次面。当他正打算西归和十二郎永远生活在一起的时候，不幸的是十二郎就在这时死去了。韩愈知道了这消息，悲痛欲绝，于是写了一篇《祭十二郎文》，叫建中备了一些时下的物品从老远的地方去致祭他。这篇祭文，一字一泪，读来令人心酸。

祭文中有“一在天之涯，一在地之角”的句子，后来人们把它引申为“天涯海角”这句成语，用来比喻极其遥远的地方。

铁杵磨针

李白是唐朝著名大诗人，小时候很不喜欢读书，经常逃学，到街上去玩耍。

有一天，李白又逃学，在街上东逛逛、西看看，不知不觉地到了城外。温暖的阳光、欢快的小鸟、随风摇曳的花草让李白感叹不已：“这么好的天气，如果整天在屋里读书多没意思？”

就这样想着走着，走着走着，在一个破茅屋门口，坐着一个满头白发的老婆婆，正在磨一根棍子一般粗的铁杵。李白走过去，问：“老婆婆，您在做什么？”

“我要把这根铁杵磨成一个绣花针。”老婆婆抬起头，对李白笑了笑，接着又低下头继续磨着。”“绣花针？”李白又问，“是缝衣服用的绣花针吗？”

“当然！”

“可是，铁杵这么粗，什么时候能磨成细细的绣花针呢？”

老婆婆反问李白：“滴水可以穿石，愚公可以移山，铁杵为什么不能磨成绣花针呢？”

“可是，您这么大年纪了？”

“只要我下的功夫比别人深，就没有做不到的事情。”

老婆婆的一番话，让李白很惭愧，于是，回去之后，他再也没有逃过学。每天学习也特别地用功，终于成了名垂千古的诗仙。

故事告诉我们，无论做什么事情，只要有恒心，一定会成功，功夫不负有心人。

盲人摸象

很久很久以前，在印度有一位国王，他养了很多大象。有一天，他坐在大象的身上游玩，忽然看见几个盲人在路旁歇息，就命令他们走过来，并问他们：“你们知道大象是什么样子吗？”盲人们同声否认：“陛下，我们不知道。”国王笑着道：“你们亲自用手摸一摸吧，然后向我报告大象是什么样子的。”

盲人们赶紧围着大象摸起来。一会儿，他们开始相继向国王报告。

摸到象耳朵的瞎子说：“大象同簸箕一样。”

摸到象背的瞎子说：“大象好似一张床。”

摸到象腿的瞎子说：“大象和柱子一样。”

摸到象尾的瞎子说：“大象好似绳子。”

国王听了后，哈哈大笑起来。原来他们都是把自己摸到的某一个部位误认为是大象的全体了。后来人们就用“盲人摸象”来形容那些观察事物片面、只见局部不见整体的人。

曹冲称象

在三国时，有一次，吴国孙权送给曹操一头大象，曹操十分高兴。就在大象运到许昌的那天，曹操带领着文武百官和小儿子曹冲，一同去看。曹操的部下都没有见过大象。这大象又高又大，光是腿就有大殿里的柱子那么粗，人走过去一比，还够不到它的肚子呢。

曹操突然对大家说："这头大象真是巨大，可是到底有多重呢？你们中谁有办法能称出它有多重呢？""这么大的个，这可怎么称呢！"大臣们开始纷纷议论了。

有个人说："只能造一杆超大的秤来称了。"

另一个人说："这得要造多大的一杆秤呀！可是，大象是活的，也没办法称呀！我看只有把它宰了，切成块才能称。"他的话音刚落，在场的人都哈哈大笑起来。大家都说："你这个办法呀，真是笨极啦！为了称重量，就把大象活活地宰了，多可惜啊！"

大臣们想了很多办法，但一个个都行不通，真是让人很为难。这时候，一个小孩从人群里走出来，对曹操说："我有个法儿，不用把大象宰了，还可以称出它有多重。"

曹操一看，这个小孩正是他最心爱的儿子曹冲，便笑着说："你小小年纪，有什么法子呢？你倒说说看。"

曹冲说了称大象的办法，曹操一听连连拍手叫好，就吩咐左右立刻准备称象，然后对大臣们说："走！咱们到河边看称象去！"

大臣们跟随曹操来到河边。只见河里停着一只大船，曹冲叫人把大象牵到船上，等船身稳定了，就在船舷上齐水面的地方，用刀刻了一条道道。再叫人把大象牵到岸上来，然后把大大小小的石头，一块一块地装到船上，船身就会慢慢往下沉。等船身沉到先前刻的那条道道和水面一样齐了的时候，曹冲就叫人停止装石头。

大臣们各个都睁大了眼睛，起先还摸不着头脑，可看到这里就不由得连声称赞："好办法！好办法！"现在谁都明白，只要把船里的石头分次称一下，再把重量加起来，就是大象的重量了。

曹操自然是更加高兴了。他眯起眼睛看着心爱的儿子，又洋洋得意地望望大臣们，好像在说："你们还不如我的这个小儿子聪明呢！"

曹冲称象这个故事就成为了人们世代相传的一段佳话了。

车水马龙

东汉时名将马援的小女儿马氏，其父母早亡，因此，她年纪很小时就开始操办家中的事情，并且把家务料理得井然有序，得到了亲朋好友们的称赞，都说她是个能干的人。

在马氏十三岁那年，她被选进宫内。她在宫里，先是侍候汉光武帝的皇后，非常受宠爱。光武帝去世后，太子刘庄即位，也就是汉明帝，这时，马氏被封为贵人。由于她自己没有生育，就收养了贾氏的一个儿子，取名为刘旭。公元60年，由于皇太后对她非常的宠爱，她就被立为明帝的皇后。

马氏当了皇后，生活上还是非常俭朴。她常常穿着粗布衣服，裙子也不镶边。一些嫔妃朝见她的时候，还以为她穿了特别好的料子制成的衣服。而走到跟前一看，才知道原来是很普通的衣料，从此就对她更加尊敬了。

马皇后知书达理，常常认真地阅读《春秋》《楚辞》等著作。有一次，明帝故意把大臣的奏章给她看，并且问她应如何处理，她看后当时就提出中肯的意见。但她并不因此而干预朝政，此后再也不主动去谈论朝廷的事。

明帝死后，刘旭即位，就是汉章帝。马皇后被尊为皇太后。不久，汉章帝根据一些大臣的建议，想对皇太后的弟兄封爵。马太后遵照已逝去的光武帝有关家族不得封侯的规定，明确地反对章帝这样做，这件事就一直没有办。

到了第二年的夏天，发生了大旱灾。一些大臣又上奏说，今年所以大旱，是因为去年不封外戚的缘故。他们又要求章帝分封马氏舅父。马太后仍然不同意，并且还为此专门发了诏书，诏书上说：“凡是提出要对外戚封爵的人，都是想献媚于我，都是要从中取得好处。天大旱跟封爵有什么关系？要记住前朝的教训，宠贵外戚会招来倾覆的大祸。先帝不让外戚担任重要的职务，就是要防备这个。今后，怎能再让马氏者走路呢？”诏书接着说：“马家的舅父，个个都很富贵。我身为太后，还是食不求甘，穿着简朴。左右宫妃也尽量俭朴。我这样做的目的，是为下边做个样子，让外亲见了好反省自己。可是，他们不反躬自责，反而笑话我太节省。前几天我路过娘家住地濯龙园的门前，见从外面到舅舅家拜候、请安的，车子像流水那样不停地驶去，马匹往来不绝，好像一条游龙，招摇得很。他们家的佣人，穿得整整齐齐，衣服绿色，领和袖雪白；看看我们的车上，比他们差远了。我当时竭力控制自己，没有责备他们。他们只知道自己享乐，根本不为国家忧愁，我怎么能同意给他们加官进爵呢？”

“车水马龙”这个成语就是从马太后诏书中的话简化而来的，现在用它来形容车辆很多，来往不绝。

不屈不挠

这个成语故事的主人公是我国古代汉成帝时的丞相王商，他为人耿直，作风正派。

话说汉成帝时，有一年的秋天，在京城长安城，忽然有传言说就要发大水了，长安城会被水吞没了。顿时间，整个长安城的老百姓都开始惊慌起来，人们扶老携幼地争相逃命。

百姓因传言逃命的消息传到了宫中，汉成帝立即召集文武百官商量对策。当时的大将军也就是成帝的舅父王凤也惊慌失措，劝成帝和太后赶快躲到船上去准备撤离。大臣们也纷纷附和王凤的意见。唯有丞相王商坚决反对，他认为大水不可能突然而来，一定是谣传，在这个紧要关头更不能轻易撤离，这样就会使人心更加慌乱。于是，成帝采纳了王商的意见，过了一会，城里并没有发大水，自然谣言不攻自破，城里的秩序也慢慢恢复了正常。经过调查，确实是传言失实造成了这样的场面。成帝对王商能够排众议非常赞赏。王而凤却认为是王商使他下不了台，使他难堪，因此从此对王商心怀不满。

大将军王凤有个亲戚叫杨彤，当时为琅那太守，因为没有把他管辖的地方管理好，王商要治他的罪，王凤为了这件事亲自跑到王商面前，为杨彤说情，为他开脱。王商仍然坚持原则，还是免去了杨彤的官职，这让王凤更加怀恨在心，千方百计想要寻找机会对王商打击报复。于是他勾结了同伙去诬陷王商。汉成帝最后听信了谗言，罢免了王商的丞相职务。

而后来《汉书》的作者班固在撰写王商的传记时对王商是这样评价的：为人诚实公正，不屈不挠。是非自有公论，这样的评论是很客观公正的。现在用“不屈不挠”来比喻在压力、恶势力和困难面前不屈服、不低头，表现十分顽强。

毕恭毕敬

西周的最后一个国君是周幽王，他昏庸暴虐，政治腐败。公元前779年，褒国进献了一个姓姒的美女，就叫褒姒。周幽王非常宠爱她。褒姒一向不笑，周幽王用音乐歌舞、美味佳肴都不能博得她的一笑。于是，有人献计说，点燃报警的烽火台，召来各路诸侯兵马，让他们都上当，这样可以让褒姒笑一笑，周幽王欣然同意了。他带褒姒到行宫游玩，到了晚上，传令点燃烽烟，各地诸侯见到烽烟，以为京城受到盗寇的侵扰，便纷纷率领兵马赶来相救。可是，到了一看，幽王却在喝酒取乐。幽王派人对他们说：“没有什么盗寇，让你们辛苦了！”

各诸侯受骗，匆匆地来，又匆匆地去。褒姒看了后不由地大笑，幽王看到褒姒笑了，更是开心。后来，褒姒生了个儿子叫伯服，幽王废掉申后，就立褒姒为王后；废掉申后生的太子宜臼，立伯服为太子。宜臼被废黜后住在外祖父申侯家里。他对自己的命运和国家的前途，心怀忧愁，内心十分痛苦，写了一首题目叫作《小弁》的诗，抒发自己的心情。诗的第三节说道：“看见屋边的桑树和梓树，一定要必恭必敬。我尊敬的是自己的父亲，我依恋的是自己的母亲。谁人不是父母的骨肉，谁人不是父母所生？上天生了我，可我的好日子到何处找寻？”

幽王的无道使诸侯纷纷叛离。公元前771年，宜臼的外祖父申侯联合犬戎的军队进攻镐京。幽王便下令点燃烽烟，向召集各诸侯来相救，但是诸侯受过骗，都不派救兵。犬戎的军队攻下镐京，杀了幽王，褒姒也被掳走。

“毕恭毕敬”，现在是十分端庄和有礼貌的意思。

百尺竿头

宋朝的时候，在长沙有位叫景岑的高僧，号招贤大师。这位太师佛学造诣颇深，常常到各地去讲经传道。

有一天，招贤大师应邀到一座佛寺的法堂上去讲经。前来听讲的僧人很多，大师讲得深入浅出，娓娓动听，听的人备受感染。法堂之内除了大师的声音外，一片寂静。

招贤大师讲经完毕后，一名僧人站立起来，向他行了一个礼，然后提了几个问题，请求大师解答。大师还了礼，慢慢地回答他的每一个提问。

那个僧人听到不懂的地方，就又向大师提问，于是两人一问一答，气氛十分亲切自然。

听讲的人发现，他们俩谈论的是有关佛教的最高境界——十方世界的内容。为了说明十方世界究竟是怎么回事，招贤大师当场出示了一份偈帖。偈帖就是佛教中记载唱词的本子。但见大师指着上面的一段文字念唱道："百丈的竹竿并不算高，尚需更进一步，十方世界才算是真正的高峰。"

后来慢慢地演变为"百尺竿头"这个词，有时也会说"百尺竿头，更进一步"，用来比喻学问、成绩达到了很高的程度以后仍继续努力。

安居乐业

老子是春秋时著名的哲学家和思想家，他姓李，名耳，字聃。据说他刚生下来的时候，就是一个白头发，白胡子的小老头儿，因此人们称他"老子"；还有个说法是他出世在一棵李树下，所以姓李；又因为他耳朵长得特别大，所以名"耳"。其实，老子是人们对他的一种尊称。

老子对当时的现实很不满，并反对当时的革新浪潮，想走回头路。他向往远古的原始社会，认为物质的进步和文化的发展毁坏了人民的淳朴，从而给人们带来了痛苦，所以他渴望出现一种"小国寡民"的理想社会。

老子是这样描绘他所设想的"小国寡民"社会的：甘美食，美其服，安其居，乐其俗。国家很小，人民稀少。即使有许许多多的器具，也不去使用它们。不要让人们用生命去冒险，也不向远处迁移，即使有车辆和船只，也无人去乘坐它们，即使有兵器装备，也无处去使用它们。要使人们重新使用古代结绳记事的方法，吃得很香甜，穿得很舒服，住得很安适，满足于原有的风俗习惯。邻近各国互相望得见。鸡鸣狗叫互相听得见，但是人们直到老死，也不互相往来。

现在“安居乐业”就是指安定地生活，愉快地工作。

一鸣惊人

战国时代，齐国有一个名叫淳于髡的人。他的口才很好，很会说话。他经常使用一些有趣的隐语来规劝君王，使君王不但不生气，并且乐于接受。

当时齐国的威王是一个很有才智的君主，可他即位以后，却沉迷于酒色，对国家大事不闻不问，每天只知道饮酒作乐，而把所有的正事都交给大臣去办理，自己从不过问。长此以往，就造成了政治不上轨道，官吏们贪污失职的结果，又加上各国的诸侯也都趁机来侵犯，齐国就到了濒临灭亡的边缘。齐国的一些爱国之人虽然很担心，但是都因为惧怕齐王，就没有人敢出来劝谏了。

而齐威王又是一个很聪明的人，他很喜欢说一些隐语，来显示自己的智慧，虽然他不喜欢听别人的劝告，但如果劝告方法得当的话，他还是会接受的。淳于髡知道了这一点后，便想了一个计策，准备寻找机会劝告齐威王。

有一次，淳于髡见到了齐威王，就对他说：“大王，为臣有一个谜语想请您猜一猜：其国有只大鸟，住在大王的宫廷中，已经整整三年了，可是它既不振翅飞翔，也不发声鸣叫，只是毫无目的地蜷缩着，大王您猜，这是一只什么鸟呢？”

齐威王本来就是一个聪明人，一听就知道淳于髡是在讽刺自己，像那只大鸟一样，身为一国之尊，却毫无作为，只知道享乐。他沉吟了一会儿之后，便毅然地决定要振作起来，做一番轰轰烈烈的事，于是他对淳于髡说：“嗯，这一只大鸟，你不知道，它不飞则已，一飞就会冲到天上去，它不鸣则已，一鸣就会惊动众人，你慢慢等着瞧吧！”

从此，齐威王就不再沉迷于饮酒作乐，而开始整顿国政。首先他召见全国的官吏，尽忠负责的，就给予奖励；而那些腐败无能的，则加以惩罚。这样一来，全国上下很快就振作起来，到处充满了蓬勃的朝气。另一方面他也着手整顿军事，强大武力，奠定了国家的威望。各国诸侯听到这个消息以后都十分震惊，不但不敢再来侵犯，甚至还把先前侵占的土地，都归还给了齐国。

由此看来，齐威王的这一番作为，真可谓是“一鸣惊人”呀！

所以后来的人便把“一鸣惊人”这句成语用来比喻平时没有特殊的表现，一干就有惊人的成绩。

愚公移山

冀州的南面，河阳的北面，有太行和王屋两座大山，方圆七百里，高达几万尺。山北有一位老人，叫做愚公，年纪快九十了。他的家正对着这两座大山，苦于大山阻隔，出入的道路十分迂曲艰难，于是他就召集全家人商议说：“我想和你们一起，用尽一切力量去搬掉这险阻，开出一条大道，直通冀州的南部，到达汉水的南面，你们说行吗？”

全家人纷纷表示赞同。只有他的妻子提出一个疑问，说：“就凭你这点力气，就是像魁父这样的小山包，恐怕都搬不掉，又能把太行、王屋这两座大山怎么样呢？再说，挖出来的那些石头和泥土又往哪里扔呢？”家人就纷纷说：“把它们扔到渤海的边上，山的北面去。”于是，愚公就率领着三个能挑担子的子孙，凿石头，挖土块，再用簸箕和筐子把石土搬运到渤海的后面去。从冬到夏，他们只能往返一次。

愚公一家搬山的事，惊动了邻居们。邻居家的一位寡妇，有个遗腹子，才刚七八岁，也蹦蹦跳跳跑去帮忙。黄河边上住着一个叫智叟老头，他劝阻愚公说：“你怎么这么傻呀！就凭你这把年纪，这点儿力气，要拔掉山上的一棵树都办不到，又怎么能搬掉这么多的山石土块呢？”

愚公长叹了一口气，说：“我看是你太顽固了，简直不明事理，连个七八岁的小孩都不如！虽然我会死的，可是我还有儿子呢！儿子又生孙子，孙子又生儿子，儿子又生儿子，儿子又生孙子，这样子子孙孙都不会断绝的呀！而这两座山又不会增高了，还怕挖不平吗？”智叟听了，无言以对。

山神听到了愚公的这番话，担心他挖山不止，就去禀告了天帝。天帝被愚公移山的诚意所感动，就派了夸娥氏的两个儿子去背走了那两座大山，一座山放在了朔东，一座山放到了雍南。从此以后，从冀州的南部，直到汉水的南面，就再也没有大山挡路了。

现在人们用“愚公移山”比喻做事有毅力，有恒心，不怕困难。

附录3

胎教音乐推荐

高雅的中国古典音乐

《春江花月夜》

《梅花三弄》

《高山流水》

《阳春白雪》

《渔舟唱晚》

《月光下的凤尾竹》

《平沙落雁》

《夕阳箫鼓》

《渔樵问答》

优美的轻音乐

柴可夫斯基的《睡美人》中的《波兰舞曲》《如歌的行板》《小进行曲》，贝多芬的《致爱丽丝》《月光奏鸣曲》，戈达尔的《约瑟兰的摇篮曲》，克莱斯勒的《摇篮曲》，莫扎特的圣乐曲《春的序曲》，史特拉汶斯基的《普钦奈拉》中的《小夜曲》，舒伯特的《摇篮曲》《圣母颂》《野玫瑰》，勃拉姆斯的《摇篮曲》，德彪西的《月光》，夏农的《爱尔兰摇篮曲》，格什温的《夏日时光》，亨利·曼西尼的电影《蒂凡尼的早餐》中的插曲《月亮河》，贝多芬的《悲怆奏鸣曲》第二乐章《如歌的行板》。

德沃夏克的《诙谐曲》勃拉姆斯的《第五号匈牙利舞曲》《圆舞曲（作品39之15）》，肖邦的《第七号圆舞曲》，舒伯特的《音乐瞬间》的第三首，贝多芬的第六号交响曲《田园》。

小约翰·施特劳斯的《蓝色多瑙河》，格里格《培尔·金特》中的《早晨》《索尔维格之歌》《阿拉伯舞曲》《安妮特拉之舞》。

休息的时候，最安全有效的胎教音乐：柴可夫斯基的芭蕾舞曲《天鹅湖》，维瓦尔第的《金翅雀协奏曲》，克莱斯勒的《伦敦德里小调》《天使小夜曲》《罗曼史》《爱的悲伤》《十四行诗》《幻想曲》，莫扎特的《小夜曲》，托斯蒂的《小夜曲》，古诺的《小夜曲》，威尔第的《弄臣》中的《女人善变》《美女如云》，海顿的《小夜曲》，约翰·施特劳斯的《春之声圆舞曲》，贝多芬的第一交响曲中的《小步舞曲》，莫扎特的《小步舞曲》，阿尔贝尼斯的《探戈》。

用餐时，最安全有效的胎教音乐：柴可夫斯基的《胡桃夹子》中的《花的圆舞曲》，亨德尔的《弥赛亚》中的《哈里路亚》，巴赫的《d小调管风琴托卡他与赋格曲》《法国组曲》的第六首《波兰舞曲》、《管弦乐组曲》，德沃夏克的《斯拉夫舞曲（作品e小调46之1、2）》，肖邦的《军队波兰舞曲》《离别曲》《雨点前奏曲》《即兴幻想曲》，莫扎特的《一首小夜曲》中的第四乐章回旋曲。

附录4
胎教、怀孕及育儿类图书推荐

斯波克父母经

在一个家庭中，普遍的规律是父母们总是担心和纠正孩子的行为。因为父母之爱不只是给予孩子拥抱、欢笑和夸奖，它还包括希望孩子的热心助人和彬彬有礼能被亲朋好友所认可，他们的良好学习习惯能被老师所欣赏。从最基本的底线来说，父母要保证孩子们健康、安全，避免意外伤害。所有这些牵挂、担心都会让父母们变成一个个容易紧张不安、小题大做的人。

有的父母对一两岁的宝宝特别是两岁多的宝宝心怀恐惧，称其为“可怕的两岁”，其实，这是父母们的偏见。

3~5岁的孩子，总是自信和快乐的。他们对成年人的莫大赞美就是希望自己成为他们那样的人，而且经常都会模仿他们的言谈举止。

6~11岁的孩子则不再像小时候那么乖巧迷人、讨人喜欢了，他们不再以父母为榜样，而是去模仿同龄人，外表上邋邋遢遢，吃相上毫不讲究，语言粗鄙，喜欢争辩，抗拒接受父母教给他们的良好的言行举止。

本书主要话题包括：

根据宝宝需要调整父母的职业规划

理解现代父亲在家庭教育中的角色

教孩子如何应对陌生人

开发培养孩子的潜能

与孩子谈论性、疾病、死亡、信仰

培养孩子健康的饮食习惯

处理离婚和孩子抚养权问题

处理孩子的睡眠困难问题

评估儿童保育教育机构的优劣

怀孕40周完美方案

每一个孕妈妈都希望自己的宝宝健壮、聪明、可爱。其实这并不难做到，如果孕妈妈在怀孕前就准备好去面对所有的问题，那么一切都会变得顺利。因此，孕妈妈需要从怀孕前就开始学习一些有关孕育的知识，熟悉哪些是正常的生理现象，哪些是值得注意的异常情况。了解了这些知识，孕妈妈就能够安全地渡过孕期，顺利生下健康的宝宝。

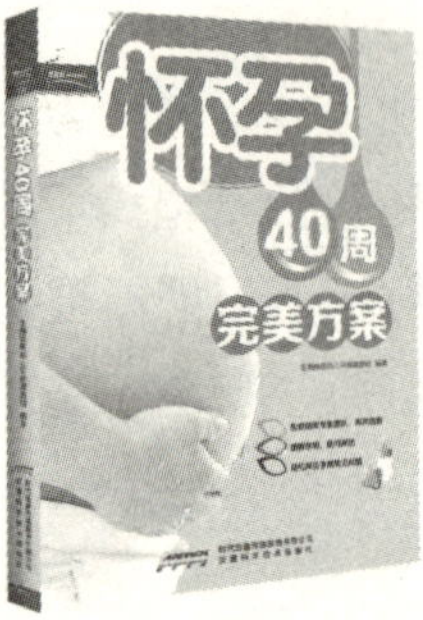

书中具体内容是按照妊娠40周的时间顺序，由浅入深地讲述了胎儿的发育情况，介绍了准备怀孕的女性和孕妈妈在孕前、孕期和分娩过程中可能遇到的各种问题，包括去医院检查、饮食营养、疾病防治、孕期保健、胎教知识以及临产、产后注意事项和丈夫在妻子怀孕前后需要了解和参与的事情。希望孕妈妈的孕期能有我们的真诚陪伴！

坐月子专家完美方案

坐月子是女性一生中健康的转折点，特别是生育，生育能最大限度地排出体内废旧物，使身体恢复到健康状态，让你和宝宝一起新生。因此，产后的调养绝对不容忽视。女人，只有将自己调养得容光焕发、身心健康，才能拥有幸福的家庭和美好的人生。

坐月子要讲科学，做好月子，可以保证产后的全面康复和新生儿的健康发育。本书围绕怎样做好月子，面对不同需求的新妈妈，提供贴近生活、科学实用的知识，从坐月子前的准备工作，到产后生理、心理的全面康复；从饮食营养到居住环境；从新生儿喂养到穿衣、洗澡、换尿布等日常护理，都进行了具体阐述。我们相信，即将坐月子和正在坐月子的新妈妈们，一定能从书中找寻到解决各种问题的答案。从这一点上可以说，本书是坐月子家庭的必备书籍！

宝宝科学喂养完美方案

每一个新出生的宝宝都是圣洁的天使，是父母生命的延续，是家庭的希望。出生后至3岁，是宝宝生命的起点，是宝宝体格发育的关键时期，也是宝宝脑部发育的黄金阶段，可以说是宝宝生命中最重要的时期，需要爸爸妈妈无微不至的呵护，而喂养就是第一关。

本书首先列举了爸爸妈妈必知的营养知识，接着介绍了宝宝必需的营养和营养来源，然后详细地介绍了如何按照宝宝在不同时期的不同饮食特点，为宝宝选择合适的喂养方式，比如说分别介绍了母乳喂养、辅食喂养、幼儿时期的健康喂养等方案，并解答了新手爸爸妈妈在喂养过程中可能出现的疑难问题。另外，书中还给新手爸爸妈妈们介绍了一些宝宝常见疾病的饮食调理方法。

益智早教完美方案

0~3岁是宝宝成长发育的关键时期，正如著名幼儿教育学家蒙台梭利所说：“人生头三年胜过以后发展的各个阶段。”巴普洛夫说过：“从婴儿降生的第三天起开始教育，就迟了两天。”所以，一定要重视宝宝出生后的每一个时期，尤其是关键的头三年，充分开发宝宝的智能。

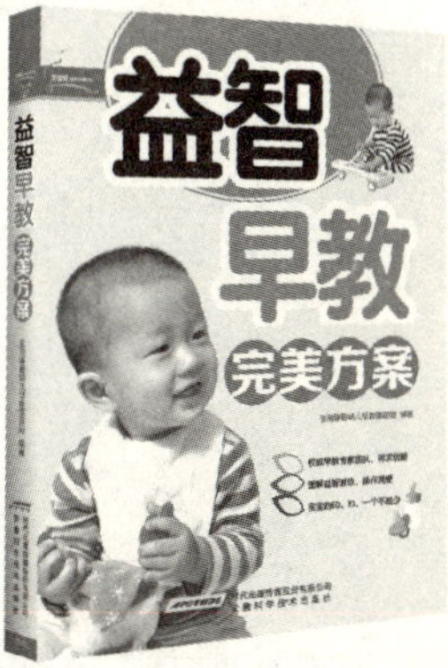

遗传不会完全决定一个人的智或愚，后天的环境对人的智能发展有着关键的影响。在0~3——宝宝智能发展的关键期，作为家长，不仅要给予宝宝无私的爱，更要做耐心、细心的观察者，以宝宝为中心，关心宝宝的需要，鼓励宝宝自由探索，为宝宝营造良好的环境，使其各种智能得到很好的发展，能够从容、自信地面对未来！

声明：本书中选用的诗歌、文章等未联系到相关负责人，您如果看到了，请与我们联系。谢谢！